李 昕

曹洪军◎著

Study on the Transformation of
Coal Resource-exhausted Cities

煤炭资源枯竭型城市转型研究

中国社会科学出版社

图书在版编目(CIP)数据

煤炭资源枯竭型城市转型研究 / 李昕，曹洪军著. —北京：中国社会科学出版社，2023.3

ISBN 978 - 7 - 5227 - 1287 - 1

Ⅰ.①煤…　Ⅱ.①李…②曹…　Ⅲ.①城市经济—转型经济—研究—中国　Ⅳ.①F299.21

中国国家版本馆 CIP 数据核字（2023）第 021193 号

出 版 人	赵剑英	
责任编辑	耿晓明	
责任校对	杨　林	
责任印制	李寡寡	

出　　版	中国社会科学出版社	
社　　址	北京鼓楼西大街甲 158 号	
邮　　编	100720	
网　　址	http://www.csspw.cn	
发 行 部	010 - 84083685	
门 市 部	010 - 84029450	
经　　销	新华书店及其他书店	

印　　刷	北京明恒达印务有限公司	
装　　订	廊坊市广阳区广增装订厂	
版　　次	2023 年 3 月第 1 版	
印　　次	2023 年 3 月第 1 次印刷	

开　　本	710×1000　1/16	
印　　张	19	
插　　页	2	
字　　数	263 千字	
定　　价	98.00 元	

序　言

　　该专著是李昕博士与我在完成山东省社科规划项目"资源型城市转型发展的金融支持研究——以山东枣庄、淄博为例"（批准号：16BJRJ09）基础上形成的新的成果。之所以选择这样一个题目，主要考虑以下几点：

　　一是在新时期党中央国务院明确提出"两个一百年"奋斗目标，即到中国共产党建党一百年时（2021）全面建成小康社会，到新中国成立一百年时（2049）建成富强、民主、文明、和谐的社会主义现代化国家。在全面建成小康社会决胜阶段，创新、协调、绿色、开放、共享的"五大发展理念"得到树立，中国将以发展理念创新引领发展方式转变，以发展方式转变推动发展质量和效益提升，让广大人民群众共享改革发展成果。

　　二是我国是一个煤炭资源大国，依托煤炭矿产资源优势"依矿建城"和"依城建矿"的县级以上城市达 80 多座。由于资源型城市生命周期规律的不可抗拒性，煤炭资源型城市终将面临资源逐渐萎缩、衰败直至枯竭的命运。截至 2013 年，我国地级以上煤炭资源枯竭型城市已达 33 座。煤炭资源枯竭型城市普遍面临主导产业没落，替代产业难以形成，城市基础设施建设相对落后，生态环境恶化，人才结构不尽合理等现实问题。在国家全面推进小康社会建设、努力实现"两个一百年"奋斗目标进程中，如何克服劣势，因地制宜，加快煤炭资源枯竭型城市的经济转型，是我国经济社会发展的重要课题。

三是煤炭资源枯竭型城市经济转型作为一个世界性难题，国内外学者为此作了不断探索。在20世纪末至21世纪初，学界在理论和实践方面均取得重要进展，成果相对丰富。然而在经济进入新常态、供给侧结构性矛盾不断突出、经济下行压力逐渐加大的形势下，关于煤炭资源枯竭型城市经济转型的研究又呈减少趋势。究其原因，主要是因为以前的研究热点多集中于具体城市为研究对象的案例研究，而如何从宏观上系统提出该类城市经济转型的整体思路、转型路径和政策体系的研究成果尚不多见。将煤炭资源枯竭型城市经济转型的研究置于新时代"创新、协调、绿色、开放、共享"五大发展理念之中，探讨新时期煤炭资源枯竭型城市经济转型的政策体系和具体路径，对于促进其经济转型实现可持续发展有着重要意义。

本书的创新之处主要体现有三。第一，拓展了煤炭资源枯竭型城市经济转型的研究视野。从政治经济学的角度分析了煤炭资源枯竭型城市畸形发展的深层次原因，指出"资源诅咒"加剧马太效应，分析了价格机制形成的非市场化机制、生态补偿和援助机制，讨论了可持续发展与代际公平之关系。以上均进一步拓宽了煤炭资源枯竭型城市经济转型发展研究的视野。第二，实证分析煤炭资源枯竭型城市的产业结构与城市化协调度和绿色发展障碍度，为探寻这些城市经济转型发展的主要制约点和关键突破点提供了依据。运用变异系数法、主成分分析法设计煤炭资源枯竭型城市产业结构与城市化综合评价指标体系和绿色发展评价指标体系；运用协调发展度模型与障碍度模型，找到了这些城市发展的软肋，为其经济转型发展的标准制定和目标实现提供了决策依据。第三，以"五大发展理念"为指导设计了新时期煤炭资源枯竭型城市经济转型的整体思路、政策体系和实现路径。从宏观层面设计了煤炭资源枯竭型城市经济转型的整体思路和政策体系；运用"创新、协调、绿色、开放、共享"理念分别设计了五个子体系的具体实现路径，可为相关部门、地区和企业决策提供咨询和借鉴。

李昕博士在俄罗斯远东联邦大学获得双硕士学位后于2013年6

月到山东省管理学学会就职，主要负责培训部的俄语教学和秘书处的日常工作。她认真负责的敬业精神，获得同事们的高度认可。2016 年 9 月考入中国海洋大学环境规划与管理专业攻读博士学位后，继续秉持创新拼搏的优秀品质，全身心投入科研和学习中，积极申报省部级社科规划项目并获得成功，以主要执笔人参与 3 项省部级项目；完成发表多篇 CSSCI、EI 等核心期刊论文；先后获得 2016—2017 学年"中国海洋大学优秀研究生干部"称号、2017—2018 学年"中国海洋大学优秀研究生"称号、2017—2018 学年中国海洋大学一等学业奖学金和 2018—2019 学年中国海洋大学一等学业奖学金；2019 学年获得"中国海洋大学优秀毕业研究生"称号。真可谓品学兼优、青年才俊。

李昕博士正值青年，风华正茂，无论从研究领域的广阔前景和社会需求，还是从她的认真执着和科研潜质来看，相信李昕博士都能"百尺竿头，更进一步"，在环境规划与管理、文化旅游与区域经济等相关领域的研究取得新的进展，为中国特色社会主义经济学和管理学筑根基、添砖瓦，贡献一份不可缺少的力量。

中国海洋大学教授、博士生导师

山东大学教授、博士生导师

山东省管理学学会创会会长

曹洪军

2019 年 6 月 3 日

目　　录

绪　论 ……………………………………………………（1）

　　第一节　研究背景 …………………………………（1）

　　第二节　国内外研究文献综述 ……………………（8）

　　第三节　研究思路和主要研究内容 ………………（28）

第一章　经济转型的政治经济学分析 ………………（31）

　　第一节　相关概念界定 ……………………………（31）

　　第二节　相关理论概述 ……………………………（44）

　　第三节　经济转型的政治经济学分析 ……………（54）

第二章　中国煤炭资源枯竭型城市分布及其发展环境分析 ……（70）

　　第一节　分布及其特点分析 ………………………（70）

　　第二节　煤炭资源枯竭型城市发展的主要制约因素 ……（81）

　　第三节　煤炭资源枯竭型城市发展的宏观环境 …………（88）

　　第四节　煤炭资源枯竭型城市发展的内部环境 …………（92）

第三章　资源型城市经济转型国际经验及其启示 ………（96）

　　第一节　资源型城市经济转型的国际经验及模式 …………（97）

　　第二节　资源型城市经济转型的国际经验的启示 …………（108）

第四章　产业结构与城市化水平协调发展研究 …………（111）

　　第一节　相关理论与文献综述 ……………………（112）

　　第二节　产业结构与城市化综合评价指标体系的构建 ……（116）

第三节　产业结构与城市化协调发展度测算与分析………（122）

第四节　产业结构与城市化协调发展实证结果及
　　　　建议………………………………………………（127）

第五章　绿色发展评价指标体系及障碍度分析………（130）

第一节　绿色发展的相关文献及理论………………………（131）

第二节　绿色发展评价指标体系构建………………………（135）

第三节　绿色发展评价及障碍度分析………………………（145）

第四节　研究结论与政策取向………………………………（154）

第六章　经济转型发展模式与实现路径的整体政策设计………（158）

第一节　主要发展模式选择及其设计………………………（159）

第二节　主要实现路径设计…………………………………（163）

第三节　整体发展思路与政策框架…………………………（167）

第七章　经济转型实现路径的具体政策设计………（173）

第一节　基于创新发展理念的政策设计……………………（174）

第二节　基于协调发展理念的政策设计……………………（180）

第三节　基于绿色发展理念的政策设计……………………（187）

第四节　基于开放发展理念的政策设计……………………（194）

第五节　基于共享发展理念的政策设计……………………（201）

第八章　案例研究………………………………………（208）

第一节　山东省枣庄市金融创新支持经济转型……………（208）

第二节　山东淄博市淄川区金融创新支持经济转型………（223）

第三节　辽宁抚顺市经济转型发展考察……………………（240）

第四节　内蒙古乌海市经济转型发展考察…………………（257）

参考文献………………………………………………（283）

后　记…………………………………………………（297）

绪　　论

第一节　研究背景

18世纪中期，资本主义工业革命迅速发展，人类社会逐渐步入了工业化时代，对矿产资源的需求量也与日俱增，致使世界各国对矿产资源展开了大规模开采，依赖矿产资源开采而形成的城市如雨后春笋般相继诞生。资源型城市主要以资源开采和初级加工业为主导产业，城市经济发展对资源有很强的依赖性，并且受到资源基础和单一产业结构等因素的严重制约。尤其在矿产资源开发过程中，由于产业发展规律和矿产资源不可再生性的约束，资源型城市必然面临资源逐渐萎缩和衰退，甚至枯竭，产业效益下降，资源主导产业进入衰退期，替代产业尚未形成，城市经济衰败，生态环境问题日益严峻，劳动生产力过剩等一系列不可持续发展的问题。资源型城市转型发展问题是一场深刻的经济社会改革，也是一个世界性难题。20世纪中后期，西方发达国家陆续对资源型城市展开了产业结构调整的不断探索，如德国鲁尔区、法国洛林区、日本北九州、美国休斯敦、阿联酋迪拜、澳大利亚珀斯、澳大利亚的哈默斯利、俄罗斯的库尔斯克等，掀起了全球性资源型城市经济转型的序幕。这些城市通过发展自身地区优势、重塑产业结构、建立灵活的劳动力市场、构建环境保护可持续发展策略等措施，在转型发展的道路上均取得了一定的成功。它们的成功在一定程度上为我国资源型城市转型发展提供了经验和启示。

　　我国的资源型城市兴起于中华人民共和国成立初期的工业浪潮中，尤其是以内蒙古、甘肃、新疆、山东、山西、东北三省等为主力军的重工业矿区，作为我国的能源基地和重要原材料供应区，它们为全国经济社会发展做出了巨大贡献。然而，一味地追求经济发展，长期依赖矿产资源的开采，忽视技术创新和其他产业发展，生态环境保护措施跟进不力，资源型城市也就很难避免"建设—发展—萎缩—衰败"的宿命。为此，2002 年我国国家计划委员会宏观经济研究院便在《我国资源型城市的界定与分类》研究报告中依据发生学、动态学、定性与定量相结合这三大原则，从城市发展中采掘业产值所占比重、采掘业产值规模、采掘业从业人员比重、采掘业从业人员规模四个方面为资源型城市给出了具体界定标准，同时界定出我国共有 118 座资源型城市，煤炭资源型城市就有 63 座，占资源型城市总数一半以上。① 随着我国资源型城市的发展，资源型城市所存在的问题矛盾愈发突出，国家政府及相关部门给予了大力支持和高度重视，但成效并不显现。2007 年 12 月 24 日，国务院制定出台《国务院关于促进资源型城市可持续发展的若干意见》（国发〔2007〕38 号），提出："加大对资源型城市尤其是资源枯竭城市可持续发展的支持力度，尽快建立有利于资源型城市可持续发展的体制机制。"国家发改委分别于 2008 年、2009 年和 2011 年分三批界定了 69 座资源枯竭型城市，以及大、小兴安岭林区参照享受政策的 9 个县（市、旗、区）。其中煤炭资源枯竭型城市有 36 座，阜新（煤炭）、伊春（森工）、辽源（煤炭）、白山（森工）、盘锦（石油）成为首批转型试点城市。截至2013 年国务院发布《全国资源型城市可持续发展规划（2013—2020年）》（国发〔2013〕45 号）时我国达到规划范围的资源型城市数量已有 262 座，占全国城市总数（661 座）的 39.6%，其中地级行政区

---

　　① 中华人民共和国国家计划委员会宏观经济研究院课题组：《我国资源型城市的界定与分类》，《宏观经济研究》2002 年第 11 期。

（包括地级市、地区、自治州、盟等）和县级市共 188 座，数量之多，规模之大，又因资源型城市受其所处地理位置的影响，相对于沿海城市其开放力度较小，经济发展速度缓慢，资源型城市治理及转型发展尤其困难。在国发〔2013〕45 号文件中根据城市发展规律和矿产资源的不可再生性，将资源型城市划分为成长型、成熟型、衰退型和再生型四类。成长型资源型城市共有 31 座，此类城市拥有雄厚的资源基础，资源型产业在本城市产业发展中占有绝对优势，经济社会发展动力十足。成熟型资源型城市共有 141 座，占资源型城市总数的半数以上，说明我国能源储备仍旧丰裕，处于成熟型的资源型城市仍有丰富的资源助力资源型产业发展，经济社会仍处于平稳较高水平发展阶段，为我国能源资源发展提供所需保障。而衰退型资源型城市是指资源的开发利用进入后期、晚期或末期阶段，经济社会发展缓慢甚至滞后的城市。具体而言，衰退型资源型城市是指矿产资源得到迅速发展，而开发能力进入衰退或枯竭的城市。国发〔2013〕45 号文件中划定了 67 座衰退型资源型城市，占资源型城市总数的近 25.6%，而这 67 座城市正是来自国家发改委分三批界定的 69 座资源枯竭型城市，其中曾被列为资源枯竭型城市的盘锦市与孝义市通过产业结构调整、加大对外开放力度、提高科技创新能力、修复优化生态环境、完善城市功能等措施摆脱了对资源的绝对依赖，逐步实现了经济社会的良性可持续发展，成为再生型资源型城市。本书主要针对正处于转型发展紧迫阶段的资源枯竭型城市，特别是煤炭资源枯竭型城市展开细致分析研究，以期探索出一条符合中国特色的煤炭资源枯竭型城市经济转型发展路径，实现资源枯竭型城市向再生型资源型城市转变，实现资源型城市的可持续发展。

一　理论背景

（一）城市转型发展的重要着力点

2015 年 10 月《中共中央关于制定国民经济和社会发展第十三个

五年规划的建议》报告中，提出了"创新、协调、绿色、开放、共享"五大发展理念，深刻地反映了"遵循经济规律的科学发展，遵循自然规律的可持续发展，遵循社会规律的包容性发展"的本质要义，是城市转型发展的重要着力点。"创新发展"是推动经济社会发展的核心动力，开拓思想创新，激发创新创业活力，以科技创新造就新产业、新产品，以制度创新创造良好的企业内外部环境是解决煤炭资源枯竭型城市"矿竭城衰"的主要措施之一。"绿色发展"主要化解人与自然的矛盾，建立资源节约型和环境友好型社会，促成人与自然和谐共生的发展模式，从而提高人们的生活质量、改变传统粗放型生产方式、创建良好的生态系统，以实现人类经济社会的可持续发展。"绿色发展"为新形势下党中央的决策领导提供了正确的科学价值导向，成为实现煤炭资源枯竭型城市经济转型发展的重要着力点。"开放发展"是打破原有故步自封的发展空间，加强内外交流，以互利共赢的发展理念推动全局发展。基于"开放发展"理念，发展外向型经济，是破除煤炭资源枯竭型城市发展困境、助力城市经济转型的重要途径。"协调"与"共享"理念从发展的全局关系出发，强调经济社会的持续发展必须坚持整体性、系统性、平衡性、公平性的发展原则，不论区域、城乡、经济社会、行政部门等都要协同共进，发展成果人人共享。

（二）城市转型发展的科学导向

"我们既要绿水青山，也要金山银山。宁要绿水青山，不要金山银山，而且绿水青山就是金山银山。""三山"的指导理念为城市转型发展提出科学导向。2016 年，联合国环境规划署发布《绿水青山就是金山银山：中国生态文明战略和行动》报告，表明我国新时代的生态文明理念及其实践经验已经得到国际认可。2017 年党的十九大更将增强"绿水青山就是金山银山"的意识写入党章。这一意识的提出为我国如何处理经济社会发展和生态环境保护的关系指明了方向，是煤炭资源枯竭型城市转型发展应遵循的重要原则之一。不能因贪图经济一时的快速增长，而无限度地对矿山进行掠夺式开采，破坏矿山及周边生态环境，将子孙后代的权益占为己有，是有悖于"代际公平"和可持续发展的。

"两化论"是结合我国实际及生态文明建设的实践经验总结得出的："生态产业化，产业生态化"的指导思想，即把"绿水青山"做成产业，在不破坏自然环境的前提下合理利用生态资源，积极拓展依托"绿水青山"的农林业、旅游业等，因地制宜做好生态产业为城市转型发展提供多元路径。并把已有产业向绿色化、生态化升级转变，加速淘汰传统落后产业，为煤炭资源枯竭型城市的产业转型升级提出了具体的战略措施。因此，矿产资源的开发利用，首先，必须立足于维护当地及周边的生态环境系统平衡；其次，通过运用先进技术手段，坚持节约、保护优先方针发掘和开采矿产资源，促进经济社会的持续发展；最后，让守得住"绿水青山"者真正得到"金山银山"，才能真正保护"绿水青山"。在保护和改善矿山的"绿水青山"的同时，充分发挥"绿水青山"的经济价值，将生态环境保护与经济发展相交融，将"绿水青山"真正变为"金山银山"，以美丽的生态环境促进煤炭资源枯竭型城市的转型发展。

二　现实背景
（一）我国生态文明建设的必然要求

2015 年 4 月，中共中央、国务院发布《关于加快推进生态文明建设的意见》，首次以中共中央正式文件的形式对生态文明建设进行全面部署，并且提出："从根本上缓解经济发展与资源环境之间的矛盾，必须构建科技含量高、资源消耗低、环境污染少的产业结构，加快推动生产方式绿色化，大幅提高经济绿色化程度，有效降低发展的资源环境代价。"同年 9 月，中共中央、国务院又发布了《生态文明体制改革总体方案》，强调必须健全自然资源资产产权制度，尤其提出要建立权责明确的自然资源产权体系、健全国家自然资源资产管理体制和探索建立分级行使所有权的体制。两份文件的发布进一步明确了煤炭资源枯竭型城市转型发展方向，为其经济转型发展路径的设计打下了坚实的基础。

2017年5月，中共中央政治局在以推动形成绿色发展方式和生活方式为主题的第41次集体学习中明确：必须构建"三大红线"，即生态功能保障基线、环境质量安全底线、自然资源利用上线，以此来推动生态文明建设全面开展。要严格把控自然资源利用上限，必须从转变经济发展方式入手，改变过多依赖增加物质资源消耗、过多依赖规模粗放扩张、过多依赖高能耗高排放产业的发展模式，把发展的基点放到创新上来，塑造更多依靠创新驱动、更多发挥先发优势的引领型发展。由此可见，煤炭资源枯竭型城市实施经济转型是摆脱"高耗能、高污染、低产出"传统发展模式的唯一途径，以创新驱动经济转型是其转型发展的最优方案。

（二）供给侧结构性改革促煤炭资源枯竭型城市转型发展

在我国经济进入新常态背景下，2015年11月，我国正式开启了"着力加强供给侧结构性改革"战略，并于同年底的中央经济工作会议中将"三去一降一补"作为2016年供给侧结构性改革的主要任务。① 供给侧结构性改革主要通过调整供需结构，实现经济结构优化升级，从而实现我国经济协调、持续、平衡发展。煤炭资源枯竭型城市在推进供给侧结构性改革过程中，应着力解决自身转型发展的薄弱问题，以市场需求为导向，去除过剩产能，提升煤炭产业市场竞争力；以科技创新为动力，提升煤炭产业的供给能力；培育新兴产业链，打破煤炭型产业传统发展模式，以绿色、生态发展促进产业转型升级。

（三）中国社会主要矛盾的转变

在当今党情国情世情发展变化下，中国特色社会主义建设已经进

---

① 《十九大报告关键词》编写组：《十九大报告关键词》，党建读物出版社2017年版。

入了一个全新的时代，中国特色社会主义主要矛盾已转变为"人民日益增长的美好生活需要和不平衡不充分的发展之间的矛盾"。改善生态环境，提高生产生活环境质量，来满足人民日益增长的美好生活的需要，以及缓解区域间发展不平衡、产业间发展不协调等问题，将是我党今后工作的重中之重。中国当前社会主义主要矛盾在资源型城市，特别是在煤炭资源枯竭型城市中表现尤为突出。中国是世界上资源种类丰富的资源大国，煤炭资源尤为丰裕，在新中国成立初期乃至现在仍在为国家创造巨大的财富，但因大多数煤炭资源型城市身处我国内部生态环境系统薄弱地区，伴随着资源的大规模开发，致使当地的生态环境愈加恶劣，弃矿、矿坑、矿渣等遍布四处，因错失改革开放的机遇，未能与沿海城市共同享受改革开放的一系列优惠政策和权益。经济发展相对滞后、发展水平相对较低、人口贫困化数量相对较多、生态环境恶化、科技管理人才严重匮乏等制约因素，更加制约了煤炭资源型城市的转型发展。因此，党的十九大报告提出："实施区域协调发展战略，强化举措推进西部大开发形成新格局，深化改革，加快东北等老工业基地振兴。"这一战略举措的推行，再次为我国煤炭资源枯竭型城市转型发展增添动力。

（四）国际合作平台为转型发展提供重要机遇

2013年以古丝绸之路沿线各国互利共赢为目标的"一带一路"建设全面展开。通过"一带一路"建设等多边合作，协同开展造林绿化，共同改善环境，积极应对全球气候变化等全球性生态挑战，为维护全球性生态安全做出新贡献。这种多方位、多层次、多角度的既有形又无形的国际合作，不仅致力于沿线各国经济、文化、教育、基础设施等方面的交流合作，更将以"绿色发展理念"为指导核心的生态文明建设融入国际交流合作中，积极推进各国间生态环境的修复与保护。"一带一路"建设为煤炭资源枯竭型城市的转型发展创造了新机遇，有效带动我国煤炭型企业扩大对外投资，延伸国外市场，缓解国内供需矛盾。同时通过创造新的"走出去，引进来"政策契机，倒逼煤炭资源枯竭型城市构建节约、集约、低碳、循环经济体系，倡导绿色、节能、环保、清洁产业，助力全球人类经济社会的可持续发展。

基于以上背景，煤炭资源枯竭型城市进行全面的转型升级势在必行。党和国家的一系列政策出台，将有力促进煤炭资源枯竭型城市的转型沿着科学的、可持续的发展道路砥砺前行。但就目前来看，我国部分地区的煤炭资源枯竭型城市因其特殊性还处于转型的初级阶段，政策措施仍不完善，需结合当地实情，并借鉴国外成功案例，通过分析评价获取适合中国特色社会主义煤炭资源枯竭型城市经济转型的新模式与实现路径。

第二节　国内外研究文献综述

一　国外研究文献综述

资源型城市通常是指依靠于当地丰富的自然资源，尤其是矿产资源，通过开采、加工等单一资源生产手段而逐步发展起来的资源型产业为主导的城市，表现出对自然资源的高度依赖性、产业结构的单一性等特征。[①] 资源型城市转型则是指，通过发展新的经济产业、创造新的经济增长点来促进传统资源型产业向新兴产业过渡的过程，以此摆脱资源高度依赖性，改善并恢复生态环境，最终实现城市功能、机制体制、发展方式的转型升级。[②]

20世纪60年代，资源型城市的经济转型在工业发展水平较高的西方发达国家成为研究热点，不同领域的学者从多个角度对其转型进行了全面探讨。随着全球经济一体化趋势的发展，以资源型产业为主导的资源型城市逐步暴露出越来越多的问题，如资源型产业的"资源

---

① 肖劲松、王东升：《资源型城市生态经济系统的价值双向流失及评估》，《资源科学》2010年第11期。

② 任建雄：《资源型城市产业转型的有序演化与治理对策》，《生态经济》2008年第7期。

红利”逐渐消失，资源型城市的经济发展陷入瓶颈。这逼迫着资源型城市开始探索经济转型的路径方法，在针对城市结构调整的同时，改变过去完全依赖资源型产业的城市建设和规划，以提高经济发展水平和综合发展能力。

20 世纪 90 年代，西方发达国家资源型城市的经济转型基本完成。西方学者们总结了经济全球化发展中西方资源型城市转型的过程，指出经济转型是一个复合系统，转型问题涉及经济、政治、法律、社会、文化等诸多领域。并对西方资源型城市转型的结果进行了归纳，列举出城市转型后的经济形态、发展模式、发展战略等。

（一）资源型城市转型的界定

19 世纪 20 年代英国学者奥隆索（M. Auronsseau），在开展城市职能分类和分类体系研究中首次提出了矿业城镇的概念，即以矿石开采及矿石初级加工为支柱产业的城镇。[①] 20 世纪 30 年代，布雷迪（A. Brady）[②]主要对加拿大经济史和文明史展开了系列研究，从此揭开了资源经济和资源型城市研究的序幕。通过研究，众多学者对资源型城市发展存在的差异做出了细致分析，其中鲁滨孙（J. L. Robinson）[③]选择了基蒂马特（Kitimat）、德雷顿谷（Drayton Valley）、埃利奥特湖（Elliot Lake）和谢弗维尔（Schefferville）四个资源型城镇，分别从自然地理、发展历程、行政管理、规划建设等方面进行研究，指出这些新兴的资源型城镇与 19 世纪及 20 世纪初期随着资源开发兴起的公司城镇有所不同。

对资源型城市转型的研究最初源于 20 世纪 70 年代，受技术创新和资源问题日益凸显等因素的影响，国外少数学者开始对此进行初步的思

---

① 周一星：《城市地理学》，商务印书馆 1995 年版。

② A. Brady, "Harold Adams Innis, 1894 – 1952", *Canadian Journal of Economics & Political Science*, Vol. 19, No. 1, 1953.

③ J. L. Robinson, "Geographical Reviews", *American Geographical Review*, Vol. 54, No. 2, 1964.

考，但研究方向仅限于资源型城镇的依附发展理论、资源型社区规划建设等方面①，尚未涉及经济转型等深入研究。20世纪80年代以来，资源型产业迅速发展，城市经济和人口结构②、生态环境③发生剧烈变化，以致造成社会混乱，这种绝大多数资源型城市发展不可避免的混乱现象被称为"社会瓦解"④，因而学者们开始关注资源型城市转型对社区及社会发展的影响，诸如经济增长⑤、劳动结构、生态环境⑥等方面，并利用一些城镇案例进行实证分析。与此同时，为应对和处理一系列社会发展问题、谋求可持续发展，一些资源型城市也进行了积极的探索，在经济体制、资源结构及产业模式上进行根本性的变革创新，以期在资源型产业和其他产业之间寻找到稳定平衡点。综合而言，该时期资源型城市转型发展经历了经济转型意识萌芽—策略执行—改进优化的学术探索阶段，资源型城市转型研究初具雏形。

20世纪80年代末期以来，巴尼斯（T. J. Barnes）⑦、海特（R. Hayter）⑧、马基（S. Markey）等⑨认为经济全球化和跨国公司的出现使得资源型城市进入了发展停滞期，经济的发展从资源依赖型开始走

---

① 柳泽、周文生、姚涵：《国外资源型城市发展与转型研究综述》，《中国人口·资源与环境》2011年第11期。

② J. Leshy, "Mining's Diminished Future", *High Country News*, Vol. 20, No. 20, 1988.

③ J. P. Thouez, B. Singh, "Perceptions and Attitudes to Air Pollution in an Asbestos Mining Town", *Geo Journal*, Vol. 8, No. 2, 1984.

④ R. Little, "Some Social Consequences of Boom Towns", *North Dakota Law Review*, Vol. 53, No. 3, 1977.

⑤ S. Rolland, "Mining Town: the Photographic Record of T. N. Barnard and Nellie Stockbridge from the Coeur D'Alenes. 1984", *Montana Outdoors*, 1985.

⑥ C. R. Aldwell, "Some Examples of Mining in Ireland and Its Impact on the Environment", *Environmental Geology and Water Sciences*, Vol. 15, No. 2, 1990.

⑦ T. J. Barnes, R. Hayter, "The Restructuring of British Columbia's Coastal Forest Sector: Flexibility Perspectives", *BC Studies*, No. 113, 1997.

⑧ R. Hayter, "Flexible Crossroads: Restructuring of British Columbia's Forest Economy", *Canadian Geographer*, No. 130, 2000.

⑨ S. Markey, G. Halseth, D. Manson, "The Struggle to Compete: From Comparative to Competitive Advantage in Northern British Columbia", *International Planning Studies*, Vol. 11, No. 1, 2006.

向技术带动型。20 世纪 90 年代海特（R. Hayter）等[1]总结了经济全球化发展中加拿大大陆主义的具体发展趋势，指出加拿大核心小城镇的资源是加拿大经济与社会发展的重要基础，但是资源型城镇同时也面临诸多问题，城镇的发展需要经济转型。库克（P. Cook）等[2]提出城市转型是一个有机复合系统，一方面可以理解为经济体制的转变过程，另一方面也可以理解为生产方式的转变过程，转型问题涉及经济、政治、法律、社会、文化等诸多领域。科利亚多斯（C. Collados）等[3]通过分析城市转型过程中的经济变化，提出城市转型作为经济形态的转变，通常指经济发展模式或发展战略的变化，这种变化分为两种情况：一是由较低层次的经济发展模式向较高层次转变；二是由粗放型向集约生态型城市转变。

国外提出资源型城市的概念较早，早期研究主要集中于资源型城市间的比较研究，着重分析资源型城市间发展存在的差异。随着资源型城市支柱产业资源日益枯竭，学者们进而提出资源型城市转型的概念，城市转型研究大多从经济转型的角度出发，探讨在计划经济体制向市场经济体制转型背景下的城市发展问题。另外，城市转型也可能发生在社会或者生态的某一领域，甚至是某一领域的某些方面，如产业发展、空间结构等方面。

（二）资源型城市转型研究的起源

针对资源型城市的发展起源，早期学者普遍认为资源型城市的资源是有利于城市发展的，而 1993 年，学者罗瑟（A. Rosser）[4]首次提

---

[1]　R. Hayter, T. J. Barnes, "Canada's Resource Economy", *Canadian Geographer*, Vol. 45, No. 1, 2001.

[2]　P. Cook, M. C. Uranga, C. Etxebarria, "Regional Innovation Systems: Institutional and Organizational Dimensions", *Research Policy*, No. 26, 1997.

[3]　C. Collados, T. P. Duane, C. J. Cleveland, "Natural Capital and Quality of Life: A Model for Evaluating the Sustainability of Alternative Regional Development Paths", *Ecological Economics*, No. 3, 1999.

[4]　A. Rosser, "Escaping the Resource Curse: The Case of Indonesia", *Journal of Contemporary Asia*, Vol. 37, No. 1, 2007.

出了"资源诅咒"概念，巴菲（E. F. Buffie）等①、叶戈罗夫（G. Egorov）等②对"资源诅咒"的作用机制进行了探索，并开始怀疑资源禀赋对城市发展所起的作用。帕皮亚科斯（E. Papyrakis）和杰拉格（R. Gerlagh）③、萨克斯（J. D. Sachs）和华纳（A. M. Warner）④ 探索运用实证研究的方法检验资源诅咒是否存在，认为资源型城市的发展往往受到多种因素的影响，进而无法实现产业的多元化发展，经济转型困难重重。马什（H. W. Marsh）等⑤以美国东北部煤炭资源型城市作为研究对象，通过对矿工社区展开调查发现，社区居民的归属感和认同感由于经济进入衰退期而显著降低，而当矿区经济陷入停滞甚至处于倒退时期时，矿工及其亲属的迁出意愿显著增强，只有半数人选择继续在矿区工作和生活。费尔切拉雷（C. O. Faischeallaigh）⑥ 对资源型城市转型发展的制约条件进行了探究，认为资源型城市的自然环境条件、产业工人单一化的职业技能、对转型时机把握不准确以及政府在资金政策上的支持不充分是制约资源型城市转型发展的最主要因素。阿杰（W. N. Adger）等⑦认为大多数资源型城市受制于产业多元化发展环境条件差，产业工人和企业家缺乏自我发展的主动性，缺乏必要的企业家素质和技能，同时由于资源型城市一般发展历史比较

① E. F. Buffie, V. Quotas, "Devaluation in the Small Open Economy", *Economica*（*New Series*）, Vol. 60, No. 240, 1993.

② G. Egorov, S. Guriev, K. Sonin, "Why Resource-poor Dictators Allow Freer Media: a Theory and Evidence from Panel Data", *American Political Science Review*, Vol. 103, No. 4, 2009.

③ E. Papyrakis, R. Gerlagh, "Natural Resources, Investment and Long-term Income", *Degit Conference Papers*, 2004.

④ J. D. Sachs, A. M. Warner, "Economic Convergence and Economic Policies", *Case Network Studies & Analyses*, Vol. 65, No. 4, 1995.

⑤ H. W. Marsh, J. R. Balla, R. P. McDonald, "Goodness-of-Fit Indexes in Confirmatory Factor Analysis: The Effect of Sample Size", *Psychological Bulletin*, Vol. 103, No. 2, 1988.

⑥ C. O. Faischeallaigh, "Economic Base and Employment Structure in Northern Territory Mining Town", *Resource Communities: Settlement and Workforce Issues*, CSIRO Australia, 1978.

⑦ W. N. Adger, M. C. Whitby, "Natural-resource Accounting in the Land-use Sector: Theory and Practice", *European Review of Agricultural Economics*, Vol. 20, No. 1, 1993.

短，缺乏城市凝聚力，因此在经济发生波动时极易导致大量的人力资源外流，进一步影响城市经济的发展。另有学者针对资源型城市发展所依托的资源禀赋所起作用的认识存在分歧。

（三）资源型城市转型动因探究

在 20 世纪 80 年代中后期，全球能源消费量开始激增，以自然资源型产业为主导的资源型城市随即产生了一系列问题。关于资源型城市转型发展问题的研究文献日渐增多，起初多围绕转型动因（或称转型原因）展开研究。

其中，有学者认为引起资源型城市转型的主要原因是由于矿区过度开采导致的环境问题。马什（B. Marsh）[1] 在对美国宾夕法尼亚州煤炭城市的研究中指出，采矿业衰退使本地居民大量外迁，矿区原有的自然景观和社会景观也遭到严重破坏，城市已进入衰退阶段。弗兰克（W. Frank）等[2]在回顾德国鲁尔工业区的产业转型时指出，日益暴露的单一重工业经济结构带来了传统主导产业的恶性衰退和生态环境的严重破坏。西蒙内（J. Simone）[3] 对矿产资源开采利用进行研究发现，矿区肆意开采引发的环境问题主要包括：水土河流的污染、有毒废气的排放、生态植被的破坏以及矿区的塌陷。日本学者岛田和治（K. Shimada）等[4]在对日本 1990—2030 年间低碳化转型的设计规划研究中，认为能源的消耗不断增加引发资源城市严重的地面塌陷、大量固体废弃物的堆积以及大面积城市水资源的污染。奇卡图尔

① B. Marsh, "Continuity and Decline in the Anthracite Towns of Pennsylvania", *Annals of the Association of American Geographers*, Vol. 77, No. 3, 1987.

② W. Frank, O. Peter, "Acid Mine Groundwater in Lignite Overburden Dumps and Its Prevention-the Rhineland Lignite Mining Area in Germany", *Ecological Engineering*, Vol. 17, No. 2 - 3, 2003.

③ J. Simone, "The Simple Analytics of the Environmental Services", *Journal of Public Economics*, Vol. 80, No. 2, 2000.

④ K. Shimada, Y. Tanaka, K. Gomi, et al. "Developing a Long-term Local Society Design Methodology Towards a Low-carbon Economy: An Application to Shiga Prefecture in Japan", *Energy Policy*, Vol. 35, No. 9, 2007.

（A. P. Chikkatur）等[1]研究煤炭开采利用的环境效应时，认为煤炭开采带来的环境问题主要在于煤矿露天开采造成的甲烷释放、交通运输过程带来的空气污染、与洗矿相关活动引发的水污染、植被破坏及地表塌陷等。

此外，研究发现，除了由于环境问题迫使资源型城市转型外，转型还与资源存储量不足、城市经济增长缓慢、就业岗位不足、养老问题等原因有关。高斯（M. K. Ghose）等[2]研究发现，印度约有70%的煤炭资源型城市资源储存状况已进入衰退期甚至枯竭期，市场竞争力在不断下降，单纯依靠现有矿产资源的开发和利用不足以应对煤炭过度开采所造成的环境负面效应。因此，走低碳化转型之路，发展接续产业和替代产业已成为实现人与自然和谐相处的不二选择。卡帕缇娜（L. Capatina）[3] 在对罗马尼亚的表层采矿产生的空气污染进行研究时指出：矿产资源在开采和使用中不仅会产生可悬浮颗粒，还会造成 SO_2、NO_2 等污染气体。西卡（J. Skea）等[4]根据对英国煤炭城市社会形态的研究指出，区域经济对煤炭能源过度依赖所造成的环境破坏，还会带来就业岗位减少、经济增长困难、养老问题突出等多重制约城市发展的障碍。

国外学者关于资源型城市转型动因的分析已经较为全面，其中主要动因是由于矿区过度开采出现的环境问题，例如植被破坏、水土流失、水污染严重、空气中悬浮颗粒含量过高等，已经严重影响了人们的身体健康。除此之外，资源型城市转型还与过度开发导致的资源储

① A. P. Chikkatur, A. D. Sager, T. L. Sankar, "Sustainable Development of the India Coal Sector", *Energy*, No. 12, 2009.

② M. K. Ghose, S. R. Majee, "Assessment of the Impact on the Air Environment Due to Opencast Coal Mining-an Indian Case Study", *Atmospheric Environment*, Vol. 34, No. 17, 2004.

③ L. Capatina, "The Study of the Air Pollution by a Surface Mining Exploitation From Romania", *Journal of the University of Chemical Technology and Metallurgy*, Vol. 43, No. 2, 2008.

④ J. Skea, S. Nishioka, "Policies and Practices for a Low-carbon Society", *Climate Policy*, No. 8, 2008.

存不足、经济发展缓慢、就业岗位不足、养老问题突出等问题紧密
相关。

（四）资源型城市转型发展路径研究

学者们试图从多种角度探究资源型城市转型的具体路径，以期实
现区域的可持续发展。部分学者尝试从财政支持的角度探索资源型城
市的转型，如布拉德伯里（J. H. Bradury）[①]分析了加拿大和澳大利亚
的资源型城镇的发展历程，通过实证研究得出资源型城市面临转型问
题需要建立早期的预警系统，制定适应的财政支持政策，设立保险以
及社区赔偿基金，构建地区多元化的产业基础，推行政府采购策略，
并通过区域规划建立结构联系。也有学者从资源型城市的人力资源转
型入手，研究通过有效组织和管理人力资源而实现城市可持续发展。
如詹姆斯（W. W. James）[②]认为通过有效评估、合理规划，培养涵育
人才，夯实人才基础，使组织拥有良好的人才储备资源，即开发人力
资源。优秀的人才资源是企业快速发展的前提条件，对城市发展意义
重大。同时，组织提供一个发挥自己才能和作用的平台，让个人可以
在这个平台上发挥自己所长，实现对个人成长的期望。斯特德曼
（R. C. Stedman）等[③]尝试从人才福利的角度，对前期关于资源型城市
转型相关问题进行了研究，指出虽然很多学者都对美国农村地区的资
源依赖与社会福利问题进行了研究，但是大多数将其看作一种现状和
特征，而忽视了不同资源基础下的城市发展特征，因此他提出要对不
同资源型行业进行对比分析，探究福利受某种资源依赖程度的影响下
的差异。同时，也有学者从区域竞争优势和比较优势的角度探索资源

① J. H. Bradury, "Towards an Alternative Theory of Resource-based Town Development", *Economic Geography*, Vol. 55, No. 2, 1979.

② ［美］詹姆斯·W. 沃克：《人力资源战略》，吴雯芳译，中国人民大学出版社 2001年版。

③ R. C. Stedman, J. R. Parkins, V. Beckley, "Resource Dependence and Community Well-being in Rural Canada", *Rural Sociology*, Vol. 69, No. 2, 2004.

型城市的转型研究，诸如马基（S. Markey）等①基于区域规划和区域发展的理论基础，对加拿大不列颠哥伦比亚省北部地区的转型发展进行了实证研究，探究了竞争优势对于区域经济振兴的影响机制，提出资源型城市转型应该从经济和资源的比较优势转向城市的竞争优势，哈吉姆（T. Hajime）② 对世界各国典型的石油资源型城市的经济转型进行研究，指出针对石油资源依赖型国家并没有统一的、行之有效的经济转型模式。

学者们在分析资源型城市转型范例的基础上，更多地采用了规范性研究，研究的重点集中于资源型城市的转型发展机制以及资源型社区的发展路径问题。综合以上学者对国外资源型城市转型发展路径的探讨，发现资源型城市转型路径具有相似特征，具体可以归纳为：采取定向和差别化政策，体现政府有针对性地扶持；进行区域和产业规划，为未来的可持续发展提供转型路线图；基于技术创新带动城市转型；发挥城市竞争优势；提供必要的财政税收优惠，积极扶持和培育地方财力；在发挥政策引导作用的同时，注重资源的可持续利用与发展。

（五） 资源型城市转型的金融支持研究

现有国外文献对经济转型过程中金融支持的研究尽管相对较少，但仍有学者对此问题进行了探讨。如洛克（S. Lockie）③ 对昆士兰州中部的科帕贝拉煤矿（Copabella Coal Mine）进行了研究，并发现资源型城市为了在实现循环发展和应对采矿行业即将衰退的现状，为了防止

---

① S. Markey, G. Halseth, D. Manson, "The Struggle to Compete: From Comparative to Competitive Advantage in Northern British Columbia", *International Planning Studies*, Vol. 11, No. 1, 2006.

② T. Hajime, Z. Dao-Zhi, Z. Laixun, "Resource-based Cities and the Dutch Disease", *Resource and Energy Economics*, Vol. 40, 2015.

③ S. Lockie, M. Franettovich, V. Petkova-Timmer, et al. "Coal Mining and the Resource Community Cycle: A Longitudinal Assessment of the Social Impacts of the Coppabella Coal Mine", *Environmental Impact Assessment Review*, Vol. 29, No. 5, 2009.

侵蚀社会资本，被迫考虑吸引二次投资，创新融资方法和经营替代产业，也获得显著的经济效益。他认为投融资的引进具有一定的被迫性，但也间接说明了投融资可以带来可观的经济效益，对经济转型具有一定的促进作用。安迪尼（C. Andini）[①] 在一篇开创性的论文中通过对 71 个国家的样本分析，所得到的横断面表明金融发展对经济社会长期增长具有正向的平均影响，故可以通过设立特别基金、建立金融公司，发展混合式金融支持模式。吉尔法森（T. Gylfason）[②] 则提出由于教育投资的不足，严重阻碍了城市经济转型的发展。希尔森（G. Hilson）[③] 认为必须提高市场化资金的运作来促进融资数量的增加，如挖掘土地价值，全面提高土地的增值收益。吉尔法森（T. Gylfason） 和希尔森（G. Hilson） 的研究结果恰好印证了莱文（R. Levine）[④] 的观点，都说明金融投资等方式对一个资源型城市的转型至关重要，并会产生正向的影响作用。因此，资源型城市要想实现成功转型，资本运营必不可少，更是转型成功的必要保障。

（六） 资源型城市转型的政府扶持政策研究

在国外资源型地区经济转型实践中，政府行为的作用也是不可忽视的。澳大利亚采取了高关税的贸易保护手段为本国制造业启动和发展创造环境，直到 20 世纪末，其制造业已在出口总额中占据 20% 以上的份额时，关税水平才整体降低，制造业的发展为保证澳大利亚免于坠入"资源诅咒"陷阱发挥了良好作用。皮特里克（H. Pitlik） 等[⑤]在其一篇

---

① C. Andini, " Financial Intermediation and Growth： Causality and Causes Without Outliers", *Springer-Verlag*, Vol. 23, 2009.

② T. Gylfason, " Natural Resources, Education, and Economic Development", *European Economic Review*, Vol. 45, No. 4, 2001.

③ G. Hilson, " Sustainable Development Policies in Canada, 5 Mining Sector： An Overview of Government and Industry Efforts", *Environment Science Policy*, Vol. 3, No. 4, 2000.

④ R. Levine, " Financial Development and Economic Growth： Views and Agenda", *Policy Research Working Paper Series*, Vol. 35, 1996.

⑤ H. Pitlik, B. Frank, M. Firchow, " The Demand for Transparency： An Empirical Note", *Review of International Organizations*, Vol. 5, No. 2, 2010.

著作中提及了英国在 2002 年提出的采掘业透明度计划（Extractive Industries Transparency Initiative，EITI），强调了政府可以与相关机构进行合作发挥其作用，旨在通过设立国际性的资源型城市政府管理标准来提高采掘业的透明度和责任落实度，达到强化资源型城市组织管理的合理化发展的目的。史密斯（S. M. Smith）等[1]在文章中也提及了这项计划，同时证明加入该组织的国家在可信度上都有很大的提升，尤其使加入该组织的发展中国家资源出口贸易、基础设施建设等方面更加健全，以此证明了政府行为在资源型城市经济转型中的核心作用。

对转型过程中政府政策的相关研究，主要包括对尚未出台政策的建议、对政府已出台政策的作用分析。布拉德伯里（J. H. Bradbury）[2]根据对加拿大和澳大利亚资源型城市的实证研究，提出了资源型城市转型的系统性政策建议，其中包括建立早期预警系统；制定财政援助、转岗培训、搬迁等策略；建立社区赔偿基金和专项保险机制；促进地区经济基础的多样化；实行地方购买策略；进行区域规划，建立结构联系等。亨宁斯（G. Hennings）等[3]研究了优先考虑当地经济发展、产业结构调整等政策对德国多特蒙德经济转型发展的影响，认为如果要很好地解决资源型城市发展中存在的一系列问题，仅仅依靠市场调节手段是远远不够的，政府宏观政策的引导作用至关重要。政府这只"看得见的手"应该进行引导和管理，并针对转型的实际需要制定切实可行的政策，以加速城市转型发展。

---

① S. M. Smith, D. D. Shepherd, P. T. Dorward, "Perspectives on Community Representation within the Extractive Industries Transparency Initiative: Experiences From South-east Madagascar", *Resources Policy*, Vol. 37, No. 2, 2012.

② J. H. Bradbury, "Living with Boom and Cycles: New Towns on the Resource Frontier in Canada", *Resource Communities, CSIRO, Australia*, 1988.

③ G. Hennings, K. R. Kunzmann, "Priority to Local Economic Development Industrial Restructuring and Local Development Responses in the Ruhr Area-the Case of Dortmund", *London: Global Challenge and Local Response: Initiatives for Economic Regeneration in Contemporary Europe*, 1990.

另外，内尔（E. L. Nel）等①以南非夸祖鲁—纳塔尔省北部煤矿城市为研究对象，对当地经济转型的发展对策进行了研究，认为要想更广泛有效地主动解决地方经济转型，需要通过政策支持和中央政府加强财政转移来解决创新能力不足、技能和财政限制等问题。同时，资源型城市经济基础的丧失、外部投资者和发展外援的缺乏、技术人员的外迁、种族隔离导致的歧视等是实现成功转型的阻碍因素。

综上所述，国外关于资源型城市转型的研究大多集中于 20 世纪八九十年代，重点研究方向聚焦于经济性转型研究，主要涉及了发展模式与方法、转型过程、金融支持、政府相关政策、转型理论基础等方面。而时至今日，生态环境恶化严重影响到人们生产生活，资源型城市的绿色可持续发展研究则成为当代及后续的重点研究方向，研究对象主要集中于德国、美国、日本等经济发达国家及其多个资源型城市，关于发展中国家的研究则相对较少；研究的资源型产业包括石油、煤矿等相关产业等；研究内容大多围绕转型的发展阶段、转型动因、转型路径、相关转型政策等思路展开，并通过理论研究和实证研究相结合的方法，利用多学科交叉研究，为资源型城市（地区）的经济转型提出了一些有针对性的解决方略。其中，关于扶持资源型城市转型政策的相关经验总结和研究开展较少，且缺乏一个系统化的归纳总结。

二　国内研究文献综述

（一）资源型城市和转型发展的界定

我国资源型城市形成较晚，针对其展开的理论探索也晚于西方发达国家。随着我国城市建设日益完善和经济发展逐步趋于稳定，资源型城

---

① E. L. Nel, T. L. Hill, K. C. Aitchison, et al., "The Closure of Coal Mines and Local Development Responses in Coal-Rim Cluster, Northern KwaZulu-Nata, South Africa", *Development Southern Africa*, Vol. 20, No. 3, 2003.

市问题才渐渐进入学界政界的关注视线。1978 年，李文彦就根据煤炭城市的分类、特点和发展共同性，对其工业发展与城市规划做出了具体分析。① 随后，李秀果带领其科研团队针对资源型城市大庆的区域经济调整规划进行了研究。② 进入 21 世纪后，在市场经济体制不断改革下，资源型城市单一经济结构的弊端暴露出来，诸多学者对资源型城市转型发展研究更加重视，分别从不同角度对其进行了详细的研究。

众多学者在资源型城市的界定方面，依据的标准不同，对其给出了不同的定义。齐建珍③从发生学和动态性原则出发明确指出，所谓资源型城市是指以当地不可再生性自然资源开采和加工业（统称资源型产业）为主导产业的工业城市。由于不可再生资源主要指矿产资源，所以也称"矿业城市"。并按发展阶段将资源型城市划分为：新建资源型城市、中兴资源型城市和衰退资源型城市。朱德元④认为资源型城市是以资源开采开发为经济支柱，并具有最基本的城市功能，但未有清晰空间界限的城市区域。王小明⑤以定量指标作为依据，将资源经济超过城市经济总量 40%，以及资源采掘、初加工的从业人数多于就业总人数 40% 的城市界定为资源型城市。杜辉⑥根据资源型城市发展阶段中产业依存度、就业依存度、财政依存度和产业集中化系数的不同，将其划分为四类：初期开发型、成长稳定型、逐渐衰退型、基本枯竭型。吴云勇、向涵⑦指出评判资源型城市主要有两个标准：开发兴起的缘由和城市职工所从事行业的分布比例。崔文静⑧着

① 李文彦：《煤矿城市的工业发展与城市规划问题》，《地理学报》1978 年第 1 期。
② 李秀果：《大庆区域发展战略研究》，人民出版社 1992 年版。
③ 齐建珍：《资源型城市转型学》，人民出版社 2004 年版。
④ 朱德元：《资源型城市经济转型概论》，中国经济出版社 2005 年版。
⑤ 王小明：《我国资源型城市转型发展的战略研究》，《财经问题研究》2011 年第 1 期。
⑥ 杜辉：《资源型城市可持续发展保障的策略转换与制度构造》，《中国人口·资源与环境》2013 年第 2 期。
⑦ 吴云勇、向涵：《辽宁省资源型城市转型的金融支持研究》，《中国商贸》2015 年第 4 期。
⑧ 崔文静：《资源型城市转型的制约因素与途径研究》，《企业改革与管理》2017 年第 7 期。

重强调，资源型城市就是开发利用本城市和地区的可耗竭矿产、森林等自然资源，形成以该资源为核心的密集产业集群，致使构成资源高度依赖的经济发展模式。

在转型发展的界定方面，国内外学者的看法颇为相近。张良、戴扬[1]提出应将"大规模的演变"即相对集中的时间段内，集中发生的一系列相互影响和作用、具有内在一致性的发展与制度变迁，称之为转型。经济转型则应注重政治、经济、文化的协调共生，并非只落脚于经济发展。孙雅静[2]提出资源型城市转型包含产业转型和城市功能转型两个方面。张文举等[3]明确提出资源型城市经济转型就是指资源衰退型城市以实现可持续发展为目的，调整产业结构，转变经济发展方式，依靠技术和制度创新，发展接续替代产业，摆脱对自然资源依赖的过程。

总体来说，资源型城市呈现出以下特点：一是城市经济社会的发展完全依赖当地的不可再生性自然资源；二是产业发展主要采取粗放式传统发展模式，停留在资源采掘业和初级加工业；三是以资源型产业为主导产业的第二产业远远高于第一、第三产业，资源经济占城市经济发展总量近半数，并有超过一半比重的从事采掘业和初级加工业的城市职工；四是不论"先矿后城"还是"先城后矿"而建立起来的资源型城市都具有最基本但并不完善的城市功能。因此，结合转型发展的相关理论来看，资源型城市的转型发展必须立足于产业经济转型与城市功能转型两个方面，不单从经济发展方面彻底摆脱不可再生资源的束缚，调整产业结构，发展多元化产业集群，杜绝资源型产业"一枝独大"的局面。更要推动城市功能转变，在不断完善城市基础设施的前提下，促进城市政治、经济、社会、文化、生态协调发展，实施"走出去，引进来"战略扩大城市区域间的交流合作，形成一个

---

[1]　张良、戴扬：《经济转型理论研究综述》，《开放导报》2006年第6期。

[2]　孙雅静：《资源型城市转型与发展出路》，中国经济出版社2006年版。

[3]　张文举、刘嗣明、郑永丹：《国内资源型城市经济转型文献综述》，《资源与产业》2015年第3期。

可持续的良性循环发展圈。

（二）转型发展模式

我国学者从对西方发达国家典型案例进行系统归纳中得出，西方具有典型资源型城市（地区）的国家根据其所有资源类别和所处发展阶段的差异，在转型期采取了不同的转型发展模式。官锡强[①]认为发达国家转型经验主要有三种：一是产业链延伸；二是新兴产业植入，改造传统行业，吸引外来企业；三是新主导产业扶持。宋飏等[②]通过对美国休斯敦、德国鲁尔区、法国洛林和美国匹兹堡四个典型矿业城市的转型发展和空间结构规划进行综合分析，归纳总结出矿业城市转型发展和空间规划模式："飞跃型""转型型""告别型"和"复兴型"四种空间可持续发展模式。李程骅[③]将转型模式分为产业链延伸型、整体转换型、混合发展型和特色引领型。

（三）产业转型发展

产业结构单一是制约资源型城市经济转型发展的主要因素，许多学者将调整产业结构、推动资源型城市经济社会的持续发展作为研究重点。张米尔[④]针对资源型城市产业转型提出三种模式：一是建立在资源开发的基础上，通过对下游加工业的大力发展，从而建立资源深度加工产业的产业延伸模式；二是充分利用当地的资金、技术和人才，积极改善生态环境，加大招商引资力度，借助外部力量，建立起基本脱离原有资源型产业链的新兴产业集群的产业更新模式；三是将前两者结合的复合模式。在此基础上，刘刚等[⑤]对我国资源型城市进

---

① 官锡强：《国外资源型城市经济转型思路及对我国的启示》，《改革与战略》2005 年第 12 期。

② 宋飏、肖超伟、王士君等：《国外典型矿业城市空间可持续发展的借鉴与启示》，《世界地理研究》2011 年第 4 期。

③ 李程骅：《国际城市转型的路径审视及对中国的启示》，《华中师范大学学报》（人文社会科学版）2014 年第 2 期。

④ 张米尔：《市场化进程中的资源型城市产业转型》，机械工业出版社 2004 年版。

⑤ 刘刚、陈真：《资源型城市的产业结构调整策略研究》，《中国国土资源经济》2008 年第 11 期。

行综合分类，针对不同类型的资源型城市提出了产业链延伸、产业转型和"边延边转"的三种产业结构调整策略。以党的十九大召开为标志，我国进入决胜全面建成小康社会的新时期，产业转型研究开始与生态资源环境管理和经济新常态等理念融合。孙浩进[①]指出，产业延续、产业替代等传统的资源型城市经济转型模式虽然扭转了其衰退的局面，但城市仍处于较低层次的产业结构和发展水平。因此，必须依托资源型城市内在功能与外部区域的耦合，以转换经济、生态、社会三种城市功能，构建"三位一体"的复合空间发展模式，在充分发挥资源型城市内在主要功能下，协调发展城市内的各项功能，推动资源型城市生态、经济、社会的全面转型。徐君等[②]提出在经济新常态下，供给侧结构性改革是实现经济高速发展的重要途径，资源型城市应从全面提升供给质量出发进行供给侧结构性改革，构建制度、产业、要素三方供给要素的良好循环系统，促进资源型城市经济、社会、城市"三位一体"的转型。

（四）转型发展的政府扶持政策研究

因受我国经济、社会、生态、资源等现状及未来发展趋势的影响，政府成为推动资源型城市转型发展的主要力量，政府政策扶持是实现其可持续发展的根本途径之一。苏文[③]认为资源型城市的转型发展应从政府转型入手，构建综合型、民生型、公共服务型、为民服务型、绿色型管理职能的新型政府，以此推动资源型城市顺利转型摆脱衰退宿命。孙明琦[④]指出，在资源型城市转型发展过程中，国家应积

---

① 孙浩进：《我国资源型城市产业转型的效果、瓶颈与路径创新》，《经济管理》2014年第10期。

② 徐君、李巧辉、王育红：《供给侧改革驱动资源型城市转型的机制分析》，《中国人口·资源与环境》2016年第10期。

③ 苏文：《政府转型——中国资源型城市经济转型之路》，《北京联合大学学报》（人文社会科学版）2009年第4期。

④ 孙明琦：《促进资源枯竭型城市转型的政策支持系统构建》，《商业经济》2012年第15期。

极承担起资源分配、政策引导及城市经济社会可持续发展的责任，通过构建包含产业政策、财税政策、环境保护政策、社会保障政策等主要内容的公共政策支持体系，破解转型中的疑难杂症。随着我国经济社会的全面发展，政府传统的职能定位与管理机制已不再适应新的发展趋势，必须重塑职能和创新管理机制。谭玲玲[①]提出重塑政府的政治职能、经济职能、社会职能和生态职能，完善沟通协调机制及财政支持政策体系，丰富发展城市特色文化，创建服务型政府。

（五）转型发展的金融服务和财政支持

金融服务体系和财政支持体系是促进资源型城市转型发展不可或缺的重要手段。傅永贞、卫晓燕[②]从健全金融服务体系、扩大金融业务品种、加大服务创新力度、优化信贷结构、加强信贷管理、拓宽社会融资渠道等方面，提出金融支持资源型城市转型的具体措施。喻从书[③]以黄石市为例，提出可通过转变金融战略思维、加大财政贴息力度和改善金融组织等手段，促进资源型企业转型升级。房红等[④]提出应遵循以实现资源型城市成功转型为目标，以解决财政缺失为重心，增强税收政策的适应度及注重财政支持政策应用成效的基本原则，构建高效的财政支持政策体系。"绿色发展"是化解人与自然矛盾，促成人与自然和谐共生的重要着力点，已提升到我国经济社会可持续发展的重要战略地位。张正贤[⑤]强调以绿色金融促"绿色发展"是资源型城市实现成功转型的必要途径，应充分合理运用相关财政政策和金融工具，即绿色信贷、绿色股票指数及相关产品、绿色基金、绿色保

---

① 谭玲玲：《资源型城市转型过程中的政府职能重塑》，《山东工商学院学报》2017 年第 1 期。

② 傅永贞、卫晓燕：《金融支持煤炭资源型城市经济升级转型探析——以陕西韩城市为例》，《西部金融》2013 年第 11 期。

③ 喻从书：《金融支持城市资源型企业转型的调查研究——以黄石市为例》，《法制与社会》2016 年第 3 期。

④ 房红、于嘉：《论资源型城市财政支持的原则与措施》，《学术交流》2017 年第 1 期。

⑤ 张正贤：《绿色金融在我国资源型城市经济转型中的应用研究》，《金融经济》2017 年第 12 期。

险、碳金融等，构建符合资源型城市转型发展的绿色金融体系。

（六）资源型城市转型发展的评价体系构建

在资源型城市转型发展的不断深化过程中，对其转型发展进行科学评估也逐渐成为学界的关注重点。余建辉等[①]以国家界定的 44 个资源枯竭型城市为研究对象，分别以体现城市综合发展水平的基础条件及体现资源枯竭型城市转型发展的经济、社会和环境四个要素为基础，构建资源枯竭型城市转型发展的指标体系。金悦等[②]以唐山市为例，从生态弹性力、承载媒体的支撑力和承载对象压力三个基础方面出发，结合当地地域特征和经济社会发展水平，构建了较为完善的资源型城市生态承载力评价指标体系和量化模型。韩学键等[③]构建了社会稳定性、环境友好性、科学创新性、人员发展性、资源竞争性和经济协调性六个基础指标的资源型城市竞争力评价指标体系，并运用DEA 模型针对我国东北部少数资源型城市竞争力进行综合评价。我国生态文明建设是推动资源型城市产业转型升级、生态改善、资源节约集约利用以及促进经济社会和谐稳定的重要引导者。随着生态文明建设理论与实践的不断创新发展，国内诸多学者纷纷提出构建资源型城市生态文明评价指标体系和可持续发展指标体系。杜勇[④]从资源保障、环境保护、经济发展和民生改善四个方面提取了 26 个具体指标，构建了资源型城市生态文明建设评价指标体系。李贵芳等[⑤]以焦作、大庆、铜陵和白山市为例，从经济、社会、生态、资源四个方面建立资

---

①　余建辉、张文忠、王岱：《中国资源枯竭城市的转型效果评价》，《自然资源学报》2011 年第 1 期。

②　金悦、陆兆华、檀菲菲等：《典型资源型城市生态承载力评价——以唐山市为例》，《生态学报》2015 年第 14 期。

③　韩学键、元野、王晓博等：《基于 DEA 的资源型城市竞争力评价研究》，《中国软科学》2013 年第 6 期。

④　杜勇：《我国资源型城市生态文明建设评价指标体系研究》，《理论月刊》2014 年第 4 期。

⑤　李贵芳、马栋栋、徐君：《典型资源型城市脆弱性评估及预测研究——以焦作—大庆—铜陵—白山市为例》，《华东经济管理》2017 年第 11 期。

源型城市脆弱性评价指标体系，并采用集对分析法（SPA）和趋势外推法构建模型，以深入研究不同类型资源型城市脆弱性变化规律。

（七）资源型城市转型发展的空间规划和布局研究

资源型城市是建立在资源开采、利用和初加工基础上的特殊城市，合理规划城市空间结构布局也成为研究资源型城市转型发展的重点。周敏等[①]从城市空间规划的角度出发，通过梳理我国资源型城市空间模式及存在问题，提出以经济产业转型为基础，重塑城市规划建设与管理结构，建立城乡紧密结合、区域交通一体化的多中心紧密型空间布局模式。陈强等[②]以平顶山老城区为例，指出在经济转型过程中，资源型城市的老城区承担着承载接续产业和合理利用采煤塌陷区两大责任。因此，在空间规划时必须充分考虑这两大责任，进行合理规划。张澄溪等[③]对朔州市资源型城市转型实际进行全面考察，结合国内外成功案例，提出了"一体两翼，一轴多点"的U型城镇空间布局，即以朔州市区为发展中心，带动东部转型新区和西部绿色生态区协同发展，并用一条交通运输轴线，贯穿多个县区次中心点，点、线、面三者紧密结合，以提升城市自身辐射力。

（八）工业遗产的保护和开发

合理开发利用工业遗产是促进资源型城市产业转型和城市功能转型的最佳途径。依托工业遗产发展城市旅游业，有助于调整产业结构、保护生态环境、弘扬发展工业文化、增加城市内涵、提升城市形象，推动资源型城市经济、社会、文化、生态的和谐统一发展。陈伟等[④]认为就

---

① 周敏、陈浩：《资源型城市的空间模式、问题与规划对策初探》，《现代城市研究》2011年第7期。

② 陈强、高峰、李丁：《资源型城市转型期老城区规划研究——以平顶山市新华区为例》，《现代城市研究》2013年第5期。

③ 张澄溪、赵健彬：《资源型城市在经济转型期的城市规划策略研究》，《山西建筑》2015年第36期。

④ 陈伟、陈波、陈雪雨：《探析资源型城市工业遗产旅游开发——以六盘水为例》，《世纪桥》2014年第4期。

六盘水这一典型资源型城市而言，可结合当地工业资源现状，发展生态工业园区模式、主题博物馆模式和公共游憩空间模式的工业遗产旅游业。刘金林[①]以资源枯竭型城市黄石为例，提出以当地矿业文化为基础创建地方学学科体系，通过构建遗址博物馆、主题博物馆、国家矿山公园、主题文化广场、休闲消费场所等措施开辟工业遗产文化旅游线路，打造工业遗产文化旅游品牌等路径，依托黄石工业遗产优势促进其转型升级。马立敏等[②]认为应从开展工业遗产普查、整合多重旅游资源、联动发展生产游和遗产游、发挥政府主导作用四个方面构建东北地区资源型城市工业遗产旅游。

通过以上综述，可以看出资源型城市的经济转型发展研究是一个内容极为复杂、长期的城市综合发展体系，相关研究文献不胜枚举，但仍存在一定的不足和有待进一步完善的地方，具体来说有以下几点：

第一，国内资源型城市的经济转型发展研究大多从经济转型发展的政府扶持政策研究、金融服务和财政支持研究、产业转型、城市空间规划等方面入手，也有相当一部分研究依据资源型城市的分布情况，分区域对其展开针对本地资源特点、经济发展趋势、生态环境状况等特征进行综合分析，并提出经济转型发展路径和政策建议。但就目前而言，有关资源型城市的经济转型发展研究都是随着转型发展过程中遇到的问题而逐步深入，缺乏前瞻性，所涉及的研究方面也相对分散，致使资源型城市经济转型发展缺乏综合系统性研究。

第二，现有文献研究对资源型城市经济转型发展缺乏深层次的理论支撑体系和逻辑分析，经济转型发展的政治经济学分析和基于"五大发展理念"的路径设计尚不多见。

---

① 刘金林：《黄石工业遗产开发与利用对策研究》，《湖北理工学院学报》（人文社会科学版）2016 年第 2 期。

② 马立敏、李友俊、孙菲等：《东北地区资源衰退型城市工业遗产旅游开发研究》，《黑龙江八一农垦大学学报》2017 年第 4 期。

第三，由于我国东北地区邻近东部经济发展繁荣地区，资源开发相对较早，资源型城市分布也相对集中，因开采力度较大，有相当一部分资源型城市率先进入资源衰退甚至是枯竭时期，这引起了政界学界的高度关注，为振兴东北老工业基地做了大量研究并出台了大量扶持政策。反观其他地区的资源型城市，虽然为国家贡献力量不亚于东北老工业基地，但针对其经济转型发展所展开的研究相对较少。

鉴于此，本书将资源型城市界定为以本区域内自然资源开采和初级加工为主导产业的城市，并根据自然资源种类的不同，可将其划分为可再生资源型城市和不可再生资源型城市。着重对依托煤炭资源开采而逐渐崛起，以采掘、初级加工为主导产业而发展壮大的不可再生煤炭资源枯竭型城市进行深入研究。基于"五大发展理念"对煤炭资源枯竭型城市的经济转型发展进行政治经济学分析，借鉴国际成功经验，以期促进当地政治、经济、文化、社会、生态等协调共生，实现经济社会的可持续发展，为我国资源型城市经济转型发展设计路径和政策保障体系。

第三节　研究思路和主要研究内容

一　研究思路

本书对已有的研究成果进行归纳总结，梳理界定出煤炭资源枯竭型城市转型发展的相关理论和概念，在此基础上对煤炭资源枯竭型城市的发展进程进行政治经济学分析；对中国煤炭资源枯竭型城市的分布、分类、特征、转型发展的主要制约因素以及内外部环境进行分析，总结该类城市经济转型发展所面临的挑战；构建煤炭资源枯竭型城市产业结构与城市化水平发展及绿色发展评价指标体系，对该类城市的产业结构与城市化协调发展以及绿色发展的障碍因素进行实证分析；对比分析国外资源型城市成功转型的案例，总结出其转型发展的具体模式，继而对中国典型煤炭资源枯竭型城市进行案例分析，以此梳理该类城市自身的优势和转型发展标杆。通过以上研究，设计出中国煤炭资源枯竭型城市经济转型发展的整体思路、政策体系和具体实现路径。

二　主要研究内容

绪论部分内容主要研究煤炭资源枯竭型城市经济转型发展的政治经济社会背景、国内外文献综述、研究思路和主要研究内容，旨在阐明促进煤炭资源枯竭型城市经济转型发展的必要性和宏观环境。

第一章是煤炭资源枯竭型城市经济转型发展的相关理论研究。该部分通过系统梳理理论和文献，科学界定"资源枯竭型城市"、"资源衰退型城市"、"煤炭资源枯竭型城市"、"经济转型与产业升级"、新时代中国特色社会主义主要矛盾、新时代生态文明思想等相关概念，并对"城市可持续发展理论""'资源诅咒'假说""社会—生态系统理论""产业结构演进理论""演化弹性理论"等相关理论归纳总结。基于此，从煤炭资源枯竭型城市的历史贡献与错失的发展机遇、马太效应与资源诅咒、价格机制形成的非市场化机制、资源城市的生态补偿和援助机制、代际公平与可持续发展等多个方面对煤炭资源枯竭型城市进行政治经济学分析。

第二章是中国煤炭资源枯竭型城市经济转型发展的现状调查与分析。包括以下三个方面：一是煤炭资源枯竭型城市的分布、分类及特征；二是煤炭资源枯竭型城市发展现状及目前经济转型发展的环境分析；三是制约煤炭资源枯竭型城市经济转型发展的主要因素及所面临的挑战。

第三章借鉴国外经验，对国外成功转型的案例进行剖析，总结其主要的经验及其启示，找出适合我国资源型城市经济转型发展的路径和模式。

第四章和第五章是数量模型构建及实证分析。根据国务院于2013年11月12日印发的《全国资源型城市可持续发展规划（2013—2020

年)》，以及 2008 年、2009 年、2010 年公布的煤炭资源枯竭型城市名单，并按照东部地区、中部地区和西部地区的区域划分，每个区域选择了 3 座具有一定代表性的城市作为研究对象，构建煤炭资源枯竭型城市产业结构与城市化水平综合评价指标体系，并对这 9 座城市进行产业结构与城市化协调发展度测算，总结分析提出相关政策建议。同时，选取其中界定为煤炭资源枯竭型城市的所属地级及以上级别的 33 座城市为样本，构建煤炭资源枯竭型城市绿色发展指标体系，进一步采用绿色发展评价模型对 33 个煤炭资源枯竭型城市在 2005 年至 2015 年的城市绿色发展水平进行评价，又通过障碍度模型找出影响煤炭资源枯竭型城市绿色发展水平的障碍因素并进行量化，以便客观、有针对性地对煤炭资源枯竭型城市绿色发展提出政策建议。

第六章和第七章是资源型城市经济转型发展的思路、模式与路径分析，以及政策体系构建。通过上述分析研究，提出适合我国资源型城市经济转型发展的思路和模式，并设计出科学合理的经济转型发展路径，促进资源型城市经济转型发展的政策保障体系构建。从创新、绿色、协调、开放、共享五个方面为实现煤炭资源枯竭型城市转型发展设计具体的政策体系，为国家有关部门和有关地区决策提供参考咨询。

第八章是对国内煤炭资源枯竭型城市山东省枣庄市和淄博市淄川区、辽宁省抚顺市以及内蒙古自治区乌海市进行案例分析研究，总结其转型经验及其制约因素，为相关城市转型发展提供模式和路径借鉴。

第一章 经济转型的政治经济学分析

第一节 相关概念界定

一 煤炭资源枯竭型城市相关概念

（一）资源枯竭型城市

自然资源可根据其产生方式分为可再生自然资源、可更新自然资源和不可再生自然资源。可更新和可再生自然资源，主要指其能在必要时间内循环再现或自行再生，相对而言此类资源的枯竭则成为一个暂时概念。而资源型城市提及的资源主要是以不可再生的矿产资源和再生能力弱而缓慢的可再生森林资源为主，此类资源一旦过度开采，将面临永久性无法恢复或长期无法再生的困境，对以此类资源开采、初级加工为主导产业的资源型城市造成不可估量的损失，从根本上抑制该类城市经济社会实现绿色可持续发展。由于自然资源的开发具有周期性，[①] 与之相应的资源型城市发展也应具备周期特性，通常可以分为五个主要阶段，即起步阶段、成长阶段、成熟阶段、衰退阶段和枯竭阶段。因此，在资源型城市的发展过程中，伴随着资源的开采利用，资源产量会逐渐降低走向枯竭，处于此发展阶段的城市则被称为

---

① 安慧、张斓奇：《资源枯竭型城市可持续发展定量评价：以黄石市和潜江市为例》，《中国矿业》2017 年第 12 期。

资源枯竭型城市，而经济转型则是其必然面临的重大难题。

就目前学术界的研究来看，并未对"资源枯竭"给予科学严谨的衡量标准，应辩证地看待"资源枯竭"，尤其对资源枯竭型城市中资源问题的关注应始自成熟阶段的衰退之初。首先，主体资源面临足量甚至过度开发的问题。一般从已采储量占可采储量的比重和采掘时间占设计年限比例两方面来界定，主要指主体资源累计开采储量占已探明储量的 60% 以上，采掘时间已达到允许开采年限的 3/4 以上。[1] 其次，受市场因素和技术手段局限性的影响，主体资源开采成本与收益比例失衡，继续开采无利可图，以其开采、初级加工为主导产业的城市必将步入衰竭期。[2] 最后，城市空间规划布局紊乱，城市功能逐步衰退。资源型城市建城伊始主要择矿而建，未能针对当地主要资源、城市空间布局等做出科学合理规划，致使在城市后续发展中往往要面临保护矿区资源还是扩大城市发展规模的两难选择。同时，导致城市的社会功能、教育功能、文化功能等发展受到阻碍限制。[3]

综上所述，资源枯竭型城市主要指以开采、初级加工不可再生矿产资源和再生能力弱而缓慢的可再生森林资源为主的产业，主体资源累计开采储量占已探明储量的 60% 以上，采掘时间已达到设计年限的 3/4 以上，主体资源萎缩，开发利用已进入后期、晚期或末期，效益规模显著下降，城市空间布局与城市功能亟待重新规划与转型发展。

（二）煤炭资源枯竭型城市

煤炭资源型城市历来是中国城市体系的重要构成类型之一，在中国的经济建设当中发挥着不可替代的历史作用。为了深入研究煤炭资源枯竭型城市转型政策，首先要做的是了解煤炭资源型城市的概念。

---

① 王恒礼、毕孔彰：《地学哲学与构建和谐社会》，中国大地出版社 2006 年版。
② 吴要武：《资源枯竭型城市的就业与社会保障问题分析》，《学术研究》2004 年第 10 期。
③ 于言良：《资源型城市转型研究——以阜新经济转型试点市为例演绎》，辽宁工程技术大学出版社 2005 年版。

目前，各界研究成果均未对煤炭资源型城市给出统一的定义。梁官考和李维①的研究指出，煤炭资源型城市是指由于煤炭资源的开发利用而逐步建立和发展的城市，并把煤炭资源的开采和初级加工作为城市主要产业。王爱华等②认为，煤炭资源型城市是指以煤炭资源的开采和初级加工的产业产值占城市总产值一半以上的城市，约40%的劳动力从事与煤炭开采、加工和运营等直接或间接相关的工作。赵开功和李彦平③指出，煤炭资源型城市是一种专业城市，主要指城市依赖煤炭资源的开采使其经济再次繁荣的城市。樊杰④给出了煤炭资源型城市开采和选择煤炭资源划分的标准，应该占该市的工业总产值比例为10%以上，煤炭工业的附加值在10%或更高，另外与煤炭型产业相关的就业人口占全部就业人口超过15%的城市称为煤炭资源型城市。因此，学者们普遍认为，煤炭资源型城市是因其在煤炭资源方面的优势而兴起或繁荣的城市，煤炭工业（包括煤炭开采和初级加工）在产业结构中占很大比例。⑤

综上所述，本书将煤炭资源型城市的定义总结如下：基于煤炭资源的开发，以煤炭资源开采和初级加工为主导产业，城市经济发展对煤炭资源具有很强的依赖性，主导产业占工业总产值比例为10%以上，从事与煤炭开采、初级加工和运营等直接或间接相关工作就业人口占全部就业人口15%以上，并且城市长期发展受到煤炭资源基础、单一产业结构等因素制约的城市。

结合资源枯竭型和煤炭资源型城市的相关概念，本书认为煤炭资源

---

① 梁官考、李维：《内蒙古现代煤化工产业发展现状及趋势分析》，《中国煤炭》2018年第7期。

② 王爱华、王娜、秦琼杰：《煤炭企业资源开发与利用效率审计评价体系构建》，《财会通讯》2018年第31期。

③ 赵开功、李彦平：《我国煤炭资源安全现状分析及发展研究》，《煤炭工程》2018年第10期。

④ 樊杰：《我国煤炭城市产业机构转换问题研究》，《地理学报》1993年第48期。

⑤ 麦方代：《煤炭矿区规划环评实践——以新疆白杨河矿区总体规划环评为例》，《环境保护》2017年第22期。

枯竭型城市是指煤炭累计采储量占已探明储量的 60% 以上，采掘时间
已达到设计年限的 3/4 以上，煤炭资源储备逐渐萎缩，开采难度增大，
开采规模和初级产品加工业明显减少，但其在城市工业总产值中的比重
仍然超过 10%，即便失业率居高不下，依旧有 15% 的就业人口选择从
事煤炭开采、初级加工、运营等直接或间接相关工作的城市。

二 产业结构优化与经济转型升级

国发〔2007〕38 号文件中明确提出，在发展过程中资源型城市
累积了诸多矛盾和问题，主导产业没落、替代产业暂未形成、产业结
构严重失调；生态环境持续恶化、失业率居高不下、社会不稳定因素
增加等方面的原因，致使产业结构优化与经济转型升级成为解决此类
矛盾的重要措施之一。

产业结构优化应当定义为整个资源型城市产业结构的重构升级，
是资源要素重新配置的关键所在，是经济转型升级的核心要务。资源
型城市的发展繁荣源自当地的资源禀赋，但随着时间的推移，受不可
再生性限制，高度依赖的资源逐步走向开发利用的极限，传统支柱产
业走向没落，如何利用现有优势资源，对市辖区内原有资源重新配
置，探寻一个或多个新兴支柱产业，是资源型城市产业结构优化的核
心。同时，资源型城市三大产业占比多以第二产业比重最高，第三产
业发展最为缓慢，产业结构优化最为关键的一点便是优化第一、第
二、第三产业比重，形成多元化均衡化发展的产业格局。从目前研究
来看，未明确给出评定产业结构调整的基准，以日本经济学家筱原三
代平提出的规划产业结构的两个基本准则来看：收入弹性基准和生产
率提升基准，并认为应优先考虑生产率快速提高和技术进步率高的产
业发展，以增加以上因素在产业结构中的比例。[1] 由此可见，产业结

---

① 胡雅蓓、邹蓉：《新常态下碳减排与经济转型多目标投入—产出优化研究》，《资源
开发与市场》2018 年第 8 期。

构转型升级的关键在于技术的"引进、消化、吸收、再创造"四个方面，在引进先进技术的前提下，仔细学习研究，将引进的先进技术充分消化吸收，从而创造出更适合自身发展的新技术体系。

经济转型升级意指经济发展历程与发展方式的转变，以及该过程中要素资源的重新配置。① 经济持续发展、社会稳定发展以及生态绿色发展是资源型城市转型主要包含的三大方面，其中最重要的无疑是经济持续发展。经济发展是谋求整个社会稳定发展的根本保证，只有经济发展才能为生态保护治理及社会稳定发展提供物质基础，经济转型则是促进经济可持续健康发展的必经之路。资源型城市转型具有普遍性和特殊性，转型中的最为常见的问题是：产业结构过于单一、资金缺乏、失业率居高不下以及对自然环境的广泛破坏等。而当前国内学者对煤炭资源型城市经济转型的研究仍处于案例研究阶段，缺乏相关理论体系，主要特征如下：一是早期研究主要涉及国外先进经验的引进，以及国内相似资源型城市转型模式的对比。二是聚焦于煤炭资源型城市的研究大都以案例研究为主。主要集中探讨东北和淮南地区煤炭资源型城市的城市问题，少有开创性和有针对性的建议。三是基于定量分析方法研究煤炭资源型城市的发展，但此类研究存在两方面问题：一方面是仅基于经济学单学科进行研究，忽视了城市的转型是一个开放复杂的巨系统，简单经济原理难以对其进行全面分析模拟。另一方面是以煤炭资源型城市的可持续发展为最终目标，然而，可持续发展的观念实际上切断了煤炭资源型城市转型系统性。针对过去研究中存在的问题，本书从系统论的角度，对经济转型中存在的问题进行了细化，探讨了煤炭资源枯竭型城市转型的路径选择。②

---

① 孙宏达：《煤炭资源枯竭矿井煤层气（瓦斯）资源分布规律及资源评价方法研究》，硕士学位论文，中国矿业大学，2014年。
② 任益佳：《资源型城市产业结构调整、人口流动与房价波动关系研究》，硕士学位论文，山西财经大学，2018年。

三 新时代我国社会主要矛盾发生深刻变化

中国作为一个经受多年战争洗礼而艰难成长起来的发展中国家，自1949年中华人民共和国成立以来，我国社会主要矛盾经历了三次转变。从新中国成立初期人民对经济文化迅速发展的需要同当前经济文化不能满足人民需要的状况之间的矛盾，到党的十一届六中全会转变为人民日益增长的物质文化需要同落后的社会生产力之间的矛盾，[①]再到2017年党的十九大对我国现阶段的社会矛盾再次做出科学论断，指出"我国社会主要矛盾已转化为人民日益增长的美好生活需要和不平衡不充分的发展之间的矛盾"。这三次社会主要矛盾的转化过程，体现我党始终将以人为本的基本原则放在经济社会发展的核心地位，根据我国所处历史阶段的发展实际出发，认真分析"需要"同"生产力"和"发展"间的关系，并对社会矛盾做出正确判断。新时期社会主要矛盾的转变并未改变以经济建设为核心的发展途径，但将服务于经济社会发展以满足人们日益增长的物质文化需求的生态文明建设，由从属关系调升为同经济社会和谐共生的平等关系，甚至主从关系。必须清楚地认识到，自然资源与生态环境是谋求经济发展的基础，经济发展受自然资源的制约是必然存在的客观规律。此次矛盾的转变完全符合我国当代经济社会发展的实际，主要体现在以下两方面。

一是生态环境问题已严重制约中国经济社会的持续发展。当前中国历经40年的飞速发展，一跃成为仅次于美国的第二大经济体。在追求经济高速发展的同时，也未能摆脱世界发达国家"先污染，后治理"的发展模式，以重污染、低效率的开采及低端制造业为重心，走的是一条速度型、粗放型、外延型的发展道路，严重扰乱了原有生态系统的平衡，经济社会发展与生态环境之间的矛盾愈发突出，日积月

---

① 《十九大报告关键词》编写组：《十九大报告关键词》，党建读物出版社2017年版。

累的生态环境问题如同磐石巨崖，始终制约着我国经济社会的健康持续发展，甚至严重影响人们的日常生产生活。以我国经济发展高度依赖的矿产资源为例，在现阶段日常生产生活过程中，95%以上的能源、80%以上的工业原料以及70%以上的农业生产资料均来源于矿产资源。从2010年至2015年我国全年能源消耗总量从32.5亿吨标准煤持续增加到42.6亿吨标准煤，到2017年能源消耗总量比重有所下降，但仍未达到理想水平。而这些高消耗的能源中多为不可再生矿产资源，特别是煤炭、钢铁、铜的消耗稳居世界首位，一旦资源衰竭便将对中国经济社会发展造成无法挽回的损失。因此，在经济社会演化发展过程中，必须充分考虑发展与生态辩证统一的关系，经济发展只有建立在完善的生态环境基础上，才能获取更多、更高效、更高质的生产力，实现经济社会的稳定高速发展，以牺牲环境来换取财富价值的经济发展模式，最终将导致生态环境系统的严重破坏，使生态环境问题成为经济社会持续发展难以跨越的门槛。

二是人民群众对美好生态环境的渴望。中华人民共和国成立初期，人民为了解决温饱问题，优先集中一切力量发展经济，在"征服自然"的同时，对人与自然和谐共生的发展规律尊重不够，但由于当时经济总量不大，加之工业化相对落后，环境问题尚不突出。十一届三中全会以后，我国实施改革开放政策，大大推动了经济社会的发展，人民物质生活水平大幅度提升。但随着工业化进程加快，生态环境遭到严重破坏。进入21世纪后，环境开始威胁人民群众的健康和正常的生产生活。水、空气是人类最基本的生存资源，但在工业化进程中，工业废水的排放量非常巨大，2007年我国工业废水排放量达到20年峰值246.6亿吨，对自然环境和人类生存产生的严重影响不言而喻。"雾霾"一词相信对于每个人来说都不陌生，伦敦雾霾正是工业化造成的空气污染。2004年"雾霾"一词便频繁出现在我国天气报道中，自2011年始，烟（粉）尘排放量记入《中国环境统计年鉴》，2012年修订的《环境空气质量标准》增设了细颗粒物（PM2.5）检测指标,"霾"成为人人谈之色变,避之不及的恶劣天气。在如此严峻的形势下,中共中央先后制定出台了一系列的措施方案,截至2016年年底全国工业废水排放量下降到186.4亿吨,2015年相较于2014年烟(粉)尘排放量由1740.8万吨下降至1538.0万吨,水与大气环境均呈现向好发展趋势。[①] 但生态环境问题更涉及土壤、植被、资源、海洋等与人们生产生活息息相关的方方面面,其保护修复是一个长期而艰巨的任务。同时,伴随着环保意识、生态理念日趋深入人心,如何彻底改善生态、摆脱环境问题成为人民群众最为关切的民生问题之一。这就意味着党中央必须从"以人为本、以人民群众的根本利益"为出发点,以满足人民群众对美好生活的需求为奋斗目标,促进生态文明建设,落实改善生产和生活环境,满足人民对优化生态环境、追求美好生活的需求,为人民谋福利,为人民谋发展,为人民谋生态。经济发展和环境保护的平衡点不仅包含定性层面的讨论,也包括定量层面的权衡。定性层面考量的主要是产业结构分布和布局是否符合功能区的内核定位。定量层面则需要考量污染物排放总量以及生态干扰程度是否符合环境质量要求。总体来看,坚持可持续发展观、科学技术发展和绿色产业水平的提高,是解决矛盾的根本着力点。

四 新时代生态文明思想

生态文明建设的"六项原则"是站在全人类发展的战略高度,从长期实践中总结而来,体现了尊重自然、顺应自然、保护自然的基本科学发展规律;体现了以人为本,以满足人民对优美生态环境、对美好生活的需求,为人民谋福利,为人民谋发展,为人民谋生态的最终核心目标;开创了生产、发展、生态三者协调发展的新型经济发展模式;构建了以山水林田湖草生态系统为综合体的统筹治理体系和最严

---

① 数据来源于中华人民共和国国家统计局、生态环境部《中国环境统计年鉴(2005—2018)》,中国统计出版社2006—2019年版。

格的环境资源资产管理体系；以及勇于承担起全球环境治理，推进生态环境治理国际合作的大国责任担当等系统论述。① 这不但是新时代生态文明思想的精髓，也成为新时代中国特色社会主义思想中不可或缺的重要组成部分。

（一）确立了正确的人与自然和谐共生的生态环境伦理观

坚持人与自然和谐共生，是具有时代特征的生态伦理思想。其主要内涵包括：一是尊敬自然，保护自然生态环境。"像保护眼睛一样保护生态环境，像对待生命一样对待生态环境"，还自然以宁静、和谐、美丽。绿色生态是最大财富、最大优势、最大品牌。二是提倡建立人与自然是生命共同体的关系。生态环境是人类生存最为基础的条件，是我国持续发展最为重要的基础。人类发展活动必须尊重自然、顺应自然、保护自然，否则就会遭到大自然的报复，这是规律，谁也无法抗拒。这也与"绿色发展注重的是解决人与自然和谐问题"是一脉相承的。三是确立了正确处理因对自然生态的使用而引发的人与人之间相互关系的理论原则和准则。尊重自然、崇尚自然的环境伦理观，将人类之间的道德关怀拓展至自然界，尊重自然界持续存在和繁衍生息的权利，从而为人类的发展创造持久的空间。在处理人与人之间的关系时，我们"不能吃祖宗饭、断子孙路，用破坏性方式搞发展"，遵循"天人合一、道法自然"的理念，寻求持续发展之路，给子孙后代留下天蓝、地绿、水净的美好家园，这为"代际公平"理念又重新赋予了新时代特色。在处理国际绿色生态关系方面，我国"坚持同舟共济、权责共担、携手应对气候变化等日益增多的全球性问题，共同呵护赖以生存的地球家园"。这不仅展现了大国的风范，也为处理国与国和全世界人民共同面对的生态环境问题树立了典范。

（二）"绿水青山就是金山银山"是生态文明建设的永恒主题

在理论界和实践中，"绿水青山就是金山银山"是新时代生态文

---

① 沙占华：《习近平新时代中国特色社会主义思想中的生态文明观探析》，《中共石家庄市委党校学报》2018 年第 10 期。

明思想的根源和主题，也是我国经济社会发展和生态文明建设的永恒主题和遵循指导。2016年，联合国环境规划署发布《绿水青山就是金山银山：中国生态文明战略和行动》报告，表明我国所倡导的生态文明理念及其实践经验已经得到国际认可。将"绿水青山就是金山银山"列为我国新时代生态文明建设的重要原则之一，其基本含义包括以下三个方面：一是生态文明建设必须将"绿水青山就是金山银山"的理念贯穿经济、政治、文化、法制建设的方方面面，坚持推进，走出一条经济发展与生态文明水平提高相辅相成、相得益彰的路子；二是为如何守住"绿水青山"，进而创造"金山银山"指明了方向。贯彻创新、协调、绿色、开放、共享的发展理念，加快形成节约资源和保护环境的空间格局、产业结构、生产方式、生活方式。这里讲的空间格局，主要是指以国土作为主体的生态文明建设的空间载体。按照人口资源环境相均衡、经济社会生态效益相统一的原则，整体规划国土空间开发，统筹人口分布、经济布局、国土利用、生态环境保护，科学分布生产空间、生活空间、生态空间，给自然留下更多修复空间；通过推进绿色发展生活方式，建立节约资源、保护环境的绿色生产和绿色生活方式；通过深化供给侧结构性改革，淘汰落后过剩产能，通过培育壮大节能环保产业、清洁生产产业、清洁能源产业，实现产业升级，建立适合绿色发展的产业结构。这就是当代中国生态文明建设所倡导的"产业生态化，生态产业化"经济发展模式。

（三）良好的生态环境是最普惠的民生福祉

坚持良好的生态环境是最普惠的民生福祉原则，是新时代生态文明思想最大的亮点，也是我国生态文明建设的初衷和归宿。一是始终强调"建设生态文明，关系人民福祉，关系民族未来"。生态环境保护是功在当代、利在千秋的事业。环境就是民生。提高环境质量是广大人民群众的热切期盼。二是坚持认为生态文明建设事关中华民族可持续发展和"两个一百年"奋斗目标的实现，保护生态环境就是保护生产力，改善生态环境就是发展生产力。党的十八大以来，党中央反复强调生态环境保护，并将生态文明建设提升到战略高度，就是因为生态环境是人类生存最为基础的条件，是我国持续发展最为重要的基础。三是坚持把解决突出生态环境问题作为民生优先领域。可以说，党的十八大以来党中央对环境保护做出的一系列紧锣密鼓的战略安排，全国环境保护大会上着重强调打赢蓝天保卫战等"七大战役"的部署，都是基于这一原则而展开。这充分体现了党中央"坚持生态惠民、生态利民、生态为民"的宗旨。

（四）坚持山水林田湖草是生命共同体的原则

将山水林田湖草作为生命共同体，是在"山水林田湖生命共同体"基础上的提升和发展。①其基本内涵可概括为：一是将山水林田湖草作为一个生命共同体，采取统筹规划、全面布局，系统地开展生态文明建设。这就需要摒弃传统的"哪里污染，治理哪里"单一治理手段，而将山水林田湖草作为综合体统筹治理，通过全方位、全地域、全过程的生态修复和恢复，实现生态系统的优良服务功能。二是遵守自然规律，科学保护生态系统，把乡情美景与现代生活融为一体，在新农村建设中"慎砍树、禁挖山、不填湖、少拆房"。有个别城市在生态城市建设中，大树进城、开山造地、人造景观、填湖填海等乱象，这并不是生态文明，而是破坏自然生态。三是主张在充分考虑生态环境系统各个自然要素的前提下，采用科学合理的综合治理手段，对生态环境系统展开全面修复治理，是尊重自然、顺应自然、保护自然的直接体现，更加符合自然发展的内在规律，有利于形成健康可持续发展的生态环境系统。

（五）坚持用最严格的制度、最严密的法治保护生态环境

用最严格的制度、最严密的法治保护生态环境，加快制度创新，强化制度执行，让制度成为刚性的约束和不可触碰的高压线。其基本

---

①　中共中央文献研究室：《习近平关于社会主义生态文明建设论述摘编》，中央文献出版社2017年版。

内涵为：一是坚持保护生态环境必须依靠制度、依靠法治，只有实行最严格的制度、最严密的法治，才能为生态文明建设提供可靠保障。要深化生态文明体制改革，尽快把生态文明制度的"四梁八柱"① 建立起来，把生态文明建设纳入制度化、法治化轨道，着力破解制约生态文明建设的体制机制障碍，这是依法治国向依法治环境的具体体现。二是按照新时代生态文明建设的总体要求，通过制度创新，补短板、填空白、修正不适宜的法律条例，以新的理念构建新时期与生态文明建设相适应的法制体系，以生态文明正义理念构建新型的、脱胎于工业文明法制的生态文明法制，包括符合生态文明向度的政治立法、经济立法、环境生态立法、生态文明法制、生态社会法制等，尽快确立《环境保护法》的基本法地位，增加资源生态保护等的缺失内容，修正不适应环境保护的相关法律条例等。三是加强执法能力建设。生态环境执法，需要构建以立法、执法、司法、行政处罚、社会监督有机结合的严密执法体系。牢固树立生态红线观念，在生态环境保护问题上，就是要不能"越雷池一步"，不搞"下不为例"。

生态文明体制改革的目标。到 2020 年，构建起由自然资源资产产权制度、国土空间开发保护制度、空间规划体系、资源总量管理和全面节约制度、资源有偿使用和生态补偿制度、环境治理体系、环境治理和生态保护市场体系、生态文明绩效评价考核和责任追究制度等八项制度构成的产权清晰、多元参与、激励约束并重、系统完整的生态文明制度体系，推进生态文明领域国家治理体系和治理能力现代化，努力走向社会生态文明新时代。

（六）创立了环境治理国际合作的新学说新主张

在全球生态环境持续恶化的大背景下，中国积极投身于全球环境

---

① 2015 年 9 月，国务院印发《生态文明体制改革总体方案》，提出八项制度：自然资源资产产权、国土空间开发保护、空间规划体系、资源总量管理和全面节约、资源有偿使用和生态补偿、环境治理体系、环境治理和生态保护市场体系、生态文明绩效评价考核和责任追究，是生态文明体制建设的"四梁八柱"。

治理中，主张共谋全球生态文明建设，形成世界环境保护和可持续发展的方案，引导应对气候变化国际合作。其基本内涵包括以下几个方面。一是提出了构建人类命运共同体的新主张。全球生态环境问题日益呈现出长期性、复杂性、广泛性等特征，生态环境问题已然成为世界各国共同面对的全球化问题。地球只有一个，也就意味着我们共同拥有同一个生态环境系统，生态环境是全球人类赖以生存、发展的载体。构建人类命运共同体，共谋全球生态文明建设之路，呼吁"各国人民同心协力，建设持久和平、普遍安全、共同繁荣、开放包容、清洁美丽的世界"。二是主张坚持共同但有区别的责任原则，坚持正确的利益观，积极参与气候变化国际合作。在此基础上，中国呼吁美国等发达国家履行它们应担负的责任，早日达成公平、合理、有效的全球应对气候变化解决方案，探索人类可持续的发展路径和治理模式。三是提出"一带一路"建设，打造"绿色丝绸之路"新构想。旨在通过"一带一路"建设等多边合作，互助合作开展造林绿化，共同改善环境，积极应对全球气候变化等全球性生态挑战，为维护全球性生态安全做出新贡献。这种多方位、多层次、多角度的既有形又无形的国际空间合作平台，不仅致力于沿线各国经济、文化、教育、基础设施等方面的交流合作，更将绿色发展理念融入国际交流合作中，积极推进各国生态环境的修复与保护。这进一步彰显中国将以负责任的态度和坚定行动，成为全球生态文明建设的参与者、贡献者、引领者。新时代生态文明观内涵丰富，包括建设生态文明是关系人民福祉、关乎民族未来的民生国计观，尊重自然、顺应自然、保护自然的人与自然和谐共生的自然观，"绿水青山就是金山银山"的绿色发展观，按照系统工程的思路开展生态环境保护的整体系统观，用最严格的制度、最严密的法治保护生态环境的制度法治保障观，培养公民环境意识的生态文明教育观，携手共建生态良好的地球美好家园的全球共赢观等，这些思想不仅彰显了强烈的问题意识、以人民为中心的民生情怀、宽阔的国际视野，也深化了对"三大规律"的认识，推动美丽中国建设提升到一个新水平，为全球环境治理提供了中国智慧。

第二节　相关理论概述

理论来源于实践，又反作用于实践，指导着实践的发展；理论是行动的指南，为行动的效度和信度提供智力支持和方向保证。对相关理论的概述，可以明晰各学派对于资源型城市转型的理论研究，从这些主流理论中找出促进资源型城市转型的理论指导和方法论支持。

一　城市可持续发展理论

城市可持续发展不仅仅是一个时政热点话题，更是一个世界性难题。我国作为世界上最大的发展中国家，在近现代经济发展中存在着一些不合理的地方，其中较为明显的是在城市发展早期，特别是资源型城市，形成了重经济增长、轻资源节约和不利于生态环境保护的高耗低效的粗放型经济发展模式，该模式的发展无疑问题重重。为了我国经济的持续健康发展，转变资源型城市的发展模式，寻求城市的可持续发展路径，成为迫在眉睫的大事。

人类社会得以向前发展，是建立在不断地向大自然索取的基础上的。工业革命以来，逐渐形成的"高投入、高消耗、高污染"的发展观，以及工业化、城市化、人口增长等给环境带来的巨大压力和一些毁灭性破坏，发展之殇成为人与自然之间难以逆转矛盾的催化剂。20世纪70年代，在发达国家部分具有前瞻性的环境学家和生态学家开始针对因一味追求经济增速而过度开发自然资源而导致自然环境遭到破坏的痛点，提出了人类与环境是不可分割的"共同体"的发展理念，达成了"只有一个地球"的共识。1987年，挪威首相布伦特兰为主席的联合国世界环境与发展委员会发表了《我们共同的未来》，标志着可持续发展概念的正式提出。而后，可持续发展概念很快得到世界各国政界和学术界的认可，并在1992年联合国环境与发展大会上，明确提出可持续发展概念。所谓可持续发展，是指当代人在努力解决代内公平发展的冲突、满足当代人需要的同时，需要担起人类存续的责任，要保证并增强后代人满足需要与生存发展的能力。[①] 各界普遍赞同下述观点：可持续发展意指既要满足当代人的需要，又不能影响后代人满足其需要之能力，其基本原则可归纳为公平性、持续性和共同性。所谓公平是指机会选择的平等性，这种平等性体现在代内的平等和代际的平等，在处理代际公平问题上应坚持"当代人优先"的基本原则，没有当代人的存活，就没有后代的繁衍，解决好当代人的问题是可持续发展的基础。但这不仅仅体现在当代人之间的公平，还要从人类存续的使命出发，对后代人的需求和消费负责；所谓持续性指的是整个生态系统在遭受特定干扰时能够维持其生产力的能力。人类的生存发展离不开自然资源，生态系统生产能力的持续，是人类生存发展的根本；所谓共同性原则，体现在生态系统本身是一个整体，各国或地区之间从属于这个系统中，相互发生着千丝万缕的联系。如何维护仅有的生态系统，需要各方力量的协同。总体来看，可持续发展理论的基本思想可归纳为以下三个方面。

第一，可持续发展鼓励经济增长。在经济学中，经济增长主要依靠量的增长和质的提高来体现。资源是有限的，需求是无限的，为满足需求的发展必然是要受到限制的，因此数量的增长是有限的，从而经济的可持续发展需要在质的飞跃上完成，从量变到质变，需要立足全局，要以系统观、科学的经济增长模式、高效的制度安排等提高经济活动的效率和成效，以此促进经济的可持续发展。因此，可持续发展亟待转变以数量论英雄的政绩观、以"高投入、高消耗、高污染"为特征的粗暴型经济发展模式，从而减少当代人因社会经济活动造成的生态环境压力，提高每一个单位经济活动的效度和效益。

---

① 方行明、魏静、郭丽丽：《可持续发展理论的反思与重构》，《经济学家》2017 年第 3 期。

第二，可持续发展谋求经济发展与环境之间的动态平衡。牛文元①指出，发展应是指在与环境的动态平衡中，经济水平得到了质的提升，经济发展与环境之间的动态平衡，是一个国家或地区发展的最高原则。人类进行经济活动往往会破坏生态环境的再生能力，导致生态系统的不稳定或不可修复，这种恶性结果又以自然灾害的方式传导到人类自身，如果不加以缓解或解决这种恶性传导，人类将不可持续发展。要实现可持续发展，必须使得自然资源的再生速度和质量不低于其耗竭速度，在这个动态的过程中，要从发展理念、发展决策、发展模式等各个方面维护经济发展与自然生态环境二者间的协调共生关系。

第三，可持续发展谋求的是自然—社会—经济的全面发展。可持续发展不仅仅考虑到制约人类发展的外在因素，还需将内在因素考虑在内，探求内外部协调共生之路，促进自然—社会—经济的全面发展。在有限的条件下，发展必须以自然资源为基础、整合社会资源并采用先进的经济发展模式，才能得以持续。它要求在人类社会的人口结构趋于合理、人口质量得到提高、保护环境、确保资源可持续利用等条件下，进行科学合理的经济建设。发展是一个复杂的系统，需要自然、社会、经济互为前提，以此互为动力，共同为可持续发展提供助力。

二 社会—生态系统理论

（一）社会—生态系统的由来

生态包括自然生态和社会生态，分别对应着两个系统——自然生态系统和社会生态系统。早期的生态学主要是研究生物的生理特性和生活习性。"生态学"概念是由德国生物学家恩斯特·海克尔在1866

---

① 牛文元：《可持续发展理论的内涵认知——纪念联合国里约环发大会20周年》，《中国人口·资源与环境》2012年第5期。

年定义的，意指研究生物体与其周围环境相互关系的科学。随着生物学研究的不断深入，该定义得到了进一步的发展，随之"生态系统"概念也被提出。这一概念的最早提出者坦尼认为，对生物体的研究与理解，不能仅仅考虑到其本身，还要将生命有机体与环境紧密结合在一起。生物体与环境相互联系，构成了一个巨大复杂的自然系统——生态系统。随着生态学研究层次的拓展，人类由前期对自然生态系统的研究领域逐渐转向社会生态系统领域，在向社会科学领域延展的过程中，使得出现了一批分支学科和交叉学科，其中就包括社会生态学。

（二）社会—生态系统理论基本内涵

构建可持续社会—生态系统的首要步骤在于理解并把握其复杂性。[①] 社会—生态系统，也叫"复合生态系统"。[②] 社会生态学主要研究社会—生态系统的结构、功能和稳定、演化机制，研究人的个体和组织以及周围自然、社会环境的相互作用。[③] 古明（G. S. Gumming）等提出社会—生态系统是自然环境与人类社会相互影响作用下的复合适应系统，兼有未知性、稳定性、组织性、阈值效应、历史性等特点。[④] 不同的时空存在着不同层次的生态系统，这些生态系统嵌入社会系统中，成为更加复杂的系统。社会—生态系统本身的复杂性，主要鉴于社会系统和生态系统间存在着未知的、不确定的要素流通与交互。社会—生态系统是人、自然、社会组成的复杂系统，这个系统非常庞杂，系统内的组成要素存在着牵一发而动全身的关系，任何要素的细微变化都会影响到其他要素。因此，不可忽视系统中要素之间的

---

① 牛文元：《可持续发展理论的内涵认知——纪念联合国里约环发大会20周年》，《中国人口·资源与环境》2012年第5期。

② 刘益宇：《可持续性的突现：社会—生态系统的知识生产模式探析》，《自然辩证法研究》2017年第12期。

③ 丁鸿富、虞富洋、陈平：《社会生态学》，浙江教育出版社1987年版。

④ G. S. Gumming, G. Barnes, S. Peiz, et al., "An Exploratory Framework for the Empirical Measurement of Resilience", *Ecosystems*, 2005.

复杂联系。马世骏等[①]学者提出的"社会—经济—自然复合生态系统"概念，着重强调这一系统整合的重要性。未来"社会—生态"系统理论，必将向内外部资源整合的方向发展。

（三）社会—生态系统的特征

余中元等[②]提出，在社会—生态系统作为一个动态庞杂巨系统，具有阈值的复合性和可变性，政治、经济和文化因素的能动性，人类活动的驱动性和系统演替的不稳定性和多稳态性等特点。阈值的复合性、可变性，更多的是受人类经济活动、政治活动和文化活动共同作用和共同影响所形成的。因为在人类的发展过程中，虽然高度地依赖着自然生态系统，但人类不同于一般的生物，人类具有逻辑思维；利用历史经验可以对未来做出一定的预判，具有预见能力；通过科学的方法论指导实践，具有改造客观环境的能动性等。这些独一无二的优势，使得我们在社会—生态系统中起到主体作用。相比于自然生态系统，人类活动影响的阈值，更容易被我们分析理解，在研究中也相对容易突破。就人类对阈值的影响而言，这个阈值理论上是变化的、可以掌握的。

（四）社会—生态系统的属性

根据演化弹性理论可知，弹性的三个基本要素分别是：维持力、适应力和转换力。演化弹性理论引入社会—生态系统中，使维持性、适应性、转型性等成为描述社会—生态系统属性的关键。霍林（C. S. Holling）[③]将恢复力正式引入社会—生态系统。他们认为系统遭受到干扰，吸收干扰造成的改变量并能继续维持系统功能和控制的能力，即为恢复力。恢复力或弹力的研究，在供应链运行、企业运

---

① 马世骏、王如松：《社会—经济—自然复合生态系统》，《生态学报》1984年第1期。

② 余中元、李波、张新时：《社会生态系统及脆弱性驱动机制分析》，《生态学报》2014年第7期。

③ C. S. Holling, "Understanding the Example City of Economic-ecological and Social Systems", *Ecosystems*, April 2001.

营、政府工作以及反恐等领域都有很强的实用性。适应力是指参与系统的行为者管理系统弹性的能力，是人类的自我管理约束。其中，国际著名学术组织"恢复力联盟"提出了适应性循环理论，用以分析社会—生态系统的动态机制（包括开发—保护—释放—更新四个阶段）。该理论假设如果存在其他因素使得这个动态机制发生偏轨，则可以说明适应性循环出现了病态发展，需要进行合理的制度安排，进而使得该循环重新步入正轨。而这些导致适应性循环系统偏离轨道的因素，往往是社会系统活动造成的。转换力，又可称为变革力，即当旧的系统不再适应现有发展状态时，需要创建一个新的系统，而为建立新系统付出的努力，即为转换力。由于前面所说，社会—生态系统有着适应性的属性，如果该系统长期存在低效的适应性阶段，就需要运用转型策略来组建更高效更具适应性的新系统。社会—生态系统理论的出现，为解决社会—经济—自然之间的矛盾提供了新的方法论，将该理论运用于资源枯竭型城市转型，可以为资源枯竭型城市的转型发展提供新的理论角度，为此类城市的可持续发展探索新路子、新方法。

三　产业结构演进理论

国家的发展依靠政治、经济和文化等全面协调发展，其中经济的发展最能体现一国综合实力的强弱，而经济的繁荣则依靠产业结构的不断优化升级。不同国家或地区，由于管理制度、资源禀赋、社会结构、历史文化习俗等存在差异，产业结构在其演化过程中处于不同的阶段。我国作为世界上最大的发展中国家、人口最多的国家，在其短短的发展历程中，利用后发优势在发展上取得了令世界瞩目的成绩，但"中国速度"令世人惊叹的同时，也存在着众多矛盾与问题，特别是为我国经济发展做出巨大贡献的资源型城市，逐渐出现了经济结构失衡、产业结构单一、生态环境恶化、人才外流等阻碍经济社会可持续发展的各类矛盾，可谓矛盾突出，积重难返，亟待转型。产业结构演进对于研究资源型城市转型升级具有极为重要的作用，基于此，应耳听八方、广纳各方科学合理的观点和理论，学习相关国家或地区有关资源型城市转型的成败经验，以此引导我国资源型城市转型升级。

早在 17 世纪，英国经济学家配第（W. Petty）[①] 已经注意到产业结构演变规律，与克拉克（C. Clark）一同提出了产业结构演化理论，即配第—克拉克定理。他们发现随着经济的发展，产业中心由第一产业过渡到第二、第三产业。此后，一些有关产业结构演化的经典理论随即提出，其中包括：霍夫曼比例、钱纳里顺序说等。霍夫曼（W. Hoffmann）[②] 指出，制造业中消费资料与生产资料之间的比例随着工业化的进程有所改变，工业化程度越高，该比例就越小，即霍夫曼比例。而钱纳里顺序说是由钱纳里（H. B. Chenery）[③] 研究提出的，他认为产业结构的演化遵循着第一产业优先、继而是第二产业、进而是第三产业的顺序。

进入 21 世纪，产业结构演化理论得到了进一步的发展，在各国经济不断开放的背景下，国际贸易交往频繁，各国产业格局不断拆分重组，使得产业结构理论研究的空间范围快速扩大、所面临的外部环境问题也是前所未有的。日本经济学家赤松在 2000 年提出了"雁行理论"，即为了使产业结构国际化，需要将国内产业与国际市场联系。也就是在利用两个市场、两种资源的背景下，做好国内产业与国际市场的接轨，发展全方位、立体化的产业结构，促进内需外贸与产能的协调发展。[④]

目前，国内外学者将研究方向转向资源禀赋对于产业结构演化的影响，提出可从产业延伸模式、产业嬗变或蜕变模式、产业融合模式来指导资源型城市绿色转型，极大地丰富了我国资源型城市转型升级

---

① ［英］威廉·配第：《政治算术》，陈东野译，商务印书馆 1978 年版。
② ［德］霍夫曼：《工业化的阶段和类型》，中国对外翻译出版社 1980 年版。
③ ［美］钱纳里·B. 霍利斯：《工业化和经济增长的比较研究》，吴奇等译，上海三联书店 1989 年版。
④ 高文静：《产业结构演进研究综述》，《合作经济与科技》2017 年第 12 期。

的理论成果。

（一）产业延伸模式

产业延伸是指原有产业向上、下游延伸。向上游延伸使得产业链拓展至基础产业以及技术研发环节，而向下游拓展则一般进入市场销售及服务环节。从价值链的分布理论角度看，产业延伸可以提高原产业的附加值，提高其弹性。无论是向上游，还是向下游的延伸，都需要根据产业的类型、所处产业链的地位、自身资源优势、技术优势等进行延展。此外，还可以进行横向延伸，促进产业间的生产要素交换。

（二）产业嬗变或蜕变模式

摆脱原产业对资源的依赖程度，加大资金、技术等投入，通过提升产品性能，带动相关产业的优化升级；或是进行产业转型，利用原产业的技术积累发展与原产业相关又有别于原产业的新产业；或是依据地区情况，直接引进新的产业。这三种方式的转型力度是递进的，要因时因地，利用一切可推进原产业嬗变的有利因素，量力而为，合理地选择具体方式。

（三）产业融合模式

产业融合是指不同产业或同一产业不同行业打破原有的市场边界，削弱行业间的进入壁垒，相互渗透、相互交叉、相互融合，为企业提供新技术、新模式、新产品、新市场、新服务等，促进其融合与创新，形成新产业发展模式的动态发展过程，是一种扩散性的技术创新。[①] 在产业融合的初始阶段以产业延伸为特点；随着工业化进程的发展，产业中心转向以第二产业为主、第一产业和第三产业为辅；随着新兴技术的发展、消费结构的升级，产业中心转移到以信息技术为支撑的第三产业，城市向综合性、立体化方向发展。考虑到不同城市的原有产业类型、现有资源禀赋以及区位条件等因素的不同，具体的

---

① 支航：《吉林省资源型城市绿色转型方式与机制研究》，硕士学位论文，东北师范大学，2017 年。

产业融合发展模式包括：综合性发展模式、主导产业转型模式、培育接续产业模式、资源带动发展模式、空间转移模式等。

四　演化弹性理论

弹性概念历经了工程弹性—生态弹性—演化弹性的发展演变历程，随着弹性概念的不断深入演化，其在不同领域的应用也得到了空前的发展。目前，利用《新汉英大词典》查找"弹性"一词的英文翻译有 Elastic 和 Flexible 两个解释，这两个单词在国外的学术界都有应用，一般的科研或写作可混用，不加以区分，但 Elastic 的使用率较高，从我国的众多翻译文献上，也可有所窥见，这两个单词均可翻译为"有弹性的、有弹力的、可伸缩的"等，没有本质区别。依据英语母语国家对"弹性"一词的解释，以及其语言习惯，加之国外专家学者的使用情况来讲，笔者认为使用 Elastic 一词更显切合。

自 1973 年霍林（C. S. Holling）首次把弹性的理念引入生态学领域之后，弹性概念在不同领域大放光彩。在物理学、经济学、心理学、生态学等不同领域，对于弹性一词的解释存在相同点，也有不同点。在物理学以及机械学上，弹性理论主要用于描述物体在外力的作用下如何运动以及如何发生形变。马歇尔（A. Marshall）率先将弹性概念引入经济学范畴，意指相对于另一变量，在一定条件下，一个变量发生一定改变的属性。弹性的概念可以应用在所有具有因果关系的变量之间，其中，作为诱因的变量通常被称为自变量，而受到影响发生改变的变量则称为因变量。而在心理学研究领域，认知弹性理论较为经典，其主流概念为：以多种形式同时重构自身知识，以便于对发生根本变化的情境领域做出应激性反应。[1] 当人类历史进入新的纪元时，随着全球经济、环境、政治一体化等概念越来越受到各界的重视，弹性概念对于解释跨国、跨地区、跨领域等动态复杂问题提供了

----

① ［英］阿尔费雷德·马歇尔：《经济学原理》，廉运杰译，华夏出版社 2005 年版。

可行性方案，弹性概念的应用与发展再度成为热点。截至 2018 年 11 月，据中国知网的数据检索可知，约有 244026 条检索结果与"弹性"一词有关，足见其魅力之巨大。

弹性概念之所以如此受到青睐，源自它对解决多领域、跨时空、非线性、不确定性等复杂系统的演化，可以提供新的视角、新的理论框架，便于人们认识复杂系统的演变过程、发展状态以及作用机制等。其中，弹性思想应用于城市研究，提出了弹性城市的概念，其内涵主要有：城市工程弹性、城市经济弹性、城市社会弹性、城市生态弹性等。相应地，也就出现了工程弹性指数、经济弹性指数、社会弹性指数以及生态弹性指数，加之总弹性指数等用来衡量城市化率的指标。

其中，城市生态弹性得到了越来越多学者的关注。结合本书的研究对象，所选取的支撑理论也更偏向于对城市生态弹性的借鉴。

随着国内外生态承载力的理论实证研究的不断发展，大多数学者普遍认同生态系统具有自我维持力和自我调节力。我国学者高吉喜认为生态系统的这种可调节能力就是生态弹性力。[①] 生态弹性则被定义为"在系统改变结构之前对干扰所能吸收的量值"。生态弹性强调在系统结构保持不变的条件下，系统对外界压力的承受、吸收以及内化等的能力，也就是系统的"反抗和适应"能力。这可以解释为，生态弹性反对单一的或单向的对系统外干扰力的反作用，追求在一定阈值条件下，可以出现多样化平衡和多种稳定状态共存的局面，这是一种多样的、动态与稳态相平衡的状态。

生态弹性的具体内涵可从弹性程度和弹性限度两个角度解释。城市生态弹性实则反映城市生态系统对于外界干扰或冲击的吸收、适应和转化能力，可以衡量一个城市发展的水平，且可代表一个城市发展的潜力。城市生态系统的弹性强度取决于系统自身的状态，例如其自然资源

---

① 高吉喜：《可持续发展理论探索：生态承载力理论、方法与应用》，中国建材工业出版社 2001 年版。

禀赋、社会结构、人口条件、基础设施建设等，这些决定了城市生态弹性的大小。生态弹性的大小主要映射出城市系统缓冲以及调节能力的高低，该阈值具有复杂性和可变性。在自然状态下，生态弹性主要取决于从属的系统本身，而在人类参与的条件下，生态弹性的大小更容易受制度安排的影响。因此，城市生态系统弹性的研究、评估都应在人类社会经济系统和自然系统的条件下进行，才能保证其研究、评估的效度。研究城市生态弹性理论的具体内涵，可以为煤炭枯竭型城市的转型提供更具体可行的理论支撑。在煤炭枯竭型城市的未来转型发展道路上，借助有关弹性的理论研究和实证研究的前沿成果，能更明晰影响城市生态弹性的相关因素，为促进煤炭枯竭型城市的转型发展做出较优的制度安排和可行的行动方案，促进该类城市的可持续发展。

第三节 经济转型的政治经济学分析

一 历史贡献与发展机遇错失

（一）煤炭资源枯竭型城市的历史功绩

我国煤炭资源储备量大，据中国第二次煤田预测资料显示，我国煤炭资源储量丰富，煤种齐全，不深于 1800 米的煤炭资源总量约 4.4 万亿吨，居世界第二位。根据煤炭资源型城市分类标准，我国煤炭资源型城市约有 90 多座。这些煤炭资源型城市在发挥一般城市的集聚、带动和辐射功能的同时，对我国的社会主义现代化建设做出重大贡献，中华人民共和国成立以来，这些煤炭资源型城市共计为国家贡献了 93.6% 的煤炭。2017 年，全国煤炭产量 35.2 亿吨，是 1978 年产量的 5.7 倍。40 年来，全国累计生产煤炭 693 亿吨，占一次能源生产总量的 74.3%，同时煤炭生产效率提高了近 10 倍。① 煤炭资源型城

---

① 《2017 年全国煤炭产量 35.2 亿吨》，产业发展研究网，http://www.chinaidr.com/news/2018-11/123044.html，2018 年 11 月 6 日。

市为国家经济建设提供了大量矿物能源，为资源贫乏地区提供了能源支撑，为区域经济发展提供了丰富资源，为基础加工制造产业不断扩张提供了基础资料，在为当地创造了大量就业机会的同时，加速了工业化、城市化进程，增强了国家经济实力。[①]

（二）煤炭资源枯竭型城市粗放式发展引致一系列问题

一是经济问题。资源型产业，特别是煤炭资源型产业是煤炭资源型城市的主导产业，在其建设初期凭借富足的资源，经济效益不断提升，但是当资源开发到一定程度时，单一的资源型产业很难进行产业调整，导致城市的经济效益不断下降。同时，发展资源型产业一般会消耗大量的资源和材料，产生大量的污染，资源型城市面临的经济社会不可持续的问题逐渐显现。在经济发展上，产业结构单一，第一、第二、第三产业发展不协调，第三产业发展滞后，这在一定程度上限制了煤炭资源型城市的可持续发展。经济转型发展缓慢，无法推动城市经济高质量快速增长，甚至出现了经济的衰退现象。煤炭资源型城市过度注重资源的开采从而限制了城市的可持续发展，由于资源的约束故步自封，错失了发展机遇。[②]

二是社会问题。煤炭资源型城市依赖的资源型企业经营历史悠久，为城市发展建设做出巨大的贡献，但是随着可开采资源的日益减少，资源型企业的负担日益加重。失去生产优势的资源型企业缺乏竞争力，面临着经营困境，大量企业员工面临下岗问题，极易影响社会稳定。企业办社会现象也增加了企业的负担。由于资源型城市往往依托大型资源型企业而设立，企业的组织框架自然也就成了其所在地方政府的化身，政企不分导致企业几乎包办了社会大小事务，企业办社会现象成为资源型城市的典型标志。一旦政企分离后，政府与企业目

---

① 冯思静：《煤炭资源型城市生态补偿研究》，博士学位论文，辽宁工程技术大学，2010 年。

② 曾贤刚、段存儒：《煤炭资源枯竭型城市绿色转型绩效评价与区域差异研究》，《中国人口·资源与环境》2018 年第 7 期。

标不一致，政府财力不支，也难以解决企业办社会的问题。同时，相关配套的社会基础设施十分落后，难以吸引新型投资进入，经济增长缓慢。

三是环境问题。在开发资源时，由于开采技术落后以及生态环保意识的欠缺，煤炭资源型城市大都采取粗放型的开采策略，投入大、效率低、消耗大，不仅造成资源的浪费，还引发了一系列诸如水资源污染、地质灾害、土地污染等环境问题。① 由于资源的不可再生性加之近几年大量的资源开采，在全国8000多座矿山中，接近2/3的比例已进入资源开发中后期，400余座矿山的资源陷入枯竭窘境。资源的日益枯竭，对资源型城市的未来发展形成了巨大的威胁。

（三）煤炭资源型城市经济增长乏力的表现

煤炭资源型城市受限于自然地理区位，缺乏普通城市的开放特性，整个经济体系基本处于封闭模式，且城市其他社会服务功能对主导资源产业具有严重依附性，难以形成自主运营的空间。在产业结构上，煤炭资源型城市产业结构单一，其非均衡性使得城市对单一资源型产业过分依赖，单纯输出廉价的原料，工业产品的附加值低，经济发展的驱动力不足，经济增长乏力，从经济、技术等各个方面无法支撑新兴产业发展，阻碍了城市的绿色可持续发展，在城市的建设和发展上缺乏竞争优势。在人才建设上，由于产业结构的落后，大部分产业处于粗加工阶段，科技含量较低，对劳动力素质要求低，高科技人才缺乏。在自然环境上，资源的不合理开采使得生态环境恶化，城市发展的资源环境基础出现危机，并逐渐出现了耕地退化、盐碱化和沙化、水资源需求告急、地质灾害等诸多生态环境问题，严重影响了区域乃至全国的社会稳定和可持续发展。②

---

① 秦志琴、郭文炯：《区域空间结构的"资源诅咒"效应分析——基于山西的实证》，《中国人口·资源与环境》2016年第9期。
② 徐杰芳、田淑英、占沁嫣：《中国煤炭资源型城市生态效率评价》，《城市问题》2016年第12期。

因此，要想扭转煤炭资源型城市资源日趋枯竭的局面，缩小资源开采收益下降对当地经济发展的消极效应，必须转变对自然资源过度依赖的情形，实行经济转型迫在眉睫，加快资源型城市可持续发展势在必行。这不仅是贯彻落实生态文明建设的必然要求，也是实现资源型城市可持续发展的必由之路。

二　"资源诅咒"与马太效应

（一）"资源诅咒"假说

任何城市的可持续发展都离不开基础资源的支撑，其中，有关城市可持续发展理论的学说众多，而与资源型城市可持续发展密切相关的一个重要理论为"资源诅咒"假说，该假说为资源枯竭型城市的可持续发展的不利情形构建了一个新的研究框架。

纵览权威学术期刊和优秀硕博论文，以及追索国内外专家学者的观点等，对于"资源诅咒"的理解与观点大致相同，但又各具特点。[1] 例如，萨克斯（J. D. Sachs）等[2]在"荷兰病"的背景下指出丰裕的资源禀赋也可能成为经济发展的绊脚石。而最早提出"资源诅咒"的概念是奥迪（R. M. Auty）[3]，其研究认为"资源诅咒"是指自然资源的丰裕对于一些国家的经济增长并不是充分的有利条件，反而是一种禁锢。罗瑟（A. Rosser）[4]从七个角度对"资源诅咒"做出相对全面的解释与概括，进一步激发了"资源诅咒"命题的研究。对此，一个被广泛认同的机理诞生：自然资源往往匹配着颇高的经济

---

[1]　李江龙、徐斌：《"诅咒"还是"福音"：资源丰裕程度如何影响中国绿色经济增长？》，《经济研究》2018 年第 9 期。

[2]　J. D. Sachs, A. M. Warner, "Natural Resource Abundance and Economic Growth", *National Bureau of Economic Research*, Vol. 12, 1995.

[3]　R. M. Auty, "Natural Resources, Capital Accumulation and the Resource Curse", *Ecological Economics*, Vol. 61, 2007.

[4]　A. Rosser, "The Political Economy of the Resource Curse: A Literature Survey", *World Politics*, Vol. 51, 1999.

租，并由此引致大量的寻租行为，而后者必然导致官僚主义滋生、损害公共利益等有碍制度管理的行为，这种制度弱化又导致了"资源诅咒"效应。布伦斯施伟勒（C. N. Brunnschweiler）等①指出，资源储量、宪法和制度共同决定了资源依赖程度，资源依赖程度不影响经济增长，而充足的资源储量对经济增长有积极作用。该观点将资源诅咒问题进一步细化，指出了资源储量与资源依赖之间的关系。随着专家学者研究的深入，"资源诅咒"假说也在不断发展，其内涵不断延伸，所涉及的研究领域也在不断扩展，成为资源综合开发利用等所引起的一系列社会问题的统称。

我国的专家学者在沿袭国外有关"资源诅咒"的理论框架、实证研究方法等的同时，结合我国国内资源型城市发展的特点，在原有"资源诅咒"假说经典理论的基础上，提出了一些新的观点。

徐康宁和王剑②以中国省际面板数据为样本进行实证研究，研究显示，在短期内煤炭、石油等自然资源是促进我国经济增长的关键要素，但长期而言此类要素的支持作用有所弱化，进而制约经济增长。由此看来，两位学者认同"资源诅咒"学说，认为丰裕的自然资源对经济发展有阻碍作用，并将其视为发展陷阱。刘吕红③认为，"资源诅咒"是保证人类生存发展基本需求的自然资源，是能够用来进行价值创造的自然诸要素，并进一步指出"资源诅咒"的现象并非必然出现的，资源优势转化为经济优势需要发挥制度、人才等优势，充分合理整合配置资源。邵帅和杨莉莉④则认为，"资源诅咒"是一个国家或

① C. N. Brunnschweiler, E. H. Bulte, "The Resource Curse Revisited and Revised: A Tale of Paradoxes and Red Herring", *Journal of Environmental Economics & Management*, Vol. 55, 2008.

② 徐康宁、王剑：《自然资源丰裕程度与经济发展水平关系的研究》，《经济研究》2006 年第 1 期。

③ 刘吕红：《"资源诅咒"与我国资源型城市可持续发展路径》，《经济管理》2008 年第 13 期。

④ 邵帅、杨莉莉：《自然资源丰裕、资源产业依赖与中国区域经济增长》，《管理世界》2010 年第 9 期。

地区经济活动过程中，过度依赖自然资源，资源型产业是其主要发展力，进而引发的一系列不利于地区可持续发展的负面效益。

此外，还有相当多的专家学者对于"资源诅咒"有自己的理解，这里不再赘述。结合上述国内外专家学者对于"资源诅咒"假说的解析，可理解为："资源诅咒"是指自然资源丰裕的国家或地区与其作用的国家或地区的经济增长之间存在着悖论关系。该悖论研究的对象更多的是资源丰裕的地区，此类地区在其经济发展的过程中，更容易出现"资源诅咒"，资源禀赋阻碍了该国或地区经济的增长，影响该国或地区的可持续发展。

对于"资源诅咒"的假说，经济学家认为"资源诅咒"的出现是多种机制共同作用的结果，资源本身不存在阻碍经济发展的作用。主要影响机制有：财富挤出效应、产业挤出效应、资源财富引发的寻租以及"荷兰病"现象，这些机制的出现与人类的惰性、市场的逐利性以及政府管理不当有关。但"资源诅咒"的出现往往是由于政府的不作为、乱作为而造成的。基于制度层面进行解析是对"资源诅咒"问题最切肤的探照，因为在特定的资源产权制度下，丰裕的自然资源会诱发寻租行为，导致腐败横生，弱化一国或地区的制度质量，这种制度弱化效应的传导，正是引发"资源诅咒"现象的症结所在。① 坦尼（S. Tsani）② 指出资源租金的使用应该与政府行政治理能力的提高联系起来，从而矫正丰裕的自然资源带来的恶化问题。因此，为了解决"资源诅咒"，需要政府这只"看得见的手"，协同各方力量进行合理的、科学的统筹发展，为可持续发展绘制蓝图、制定出优化的制度安排。

综上所述，一是"资源诅咒"这一概念来源于经济学，普遍存在

---

① 何雄浪、姜泽林：《自然资源禀赋、制度质量与经济增长——一个理论分析框架和计量实证检验》，《西南民族大学学报》（人文社会科学版）2017 年第 1 期。

② S. Tsani, "Natural Resources, Governance and Institutional Quality: the Role of Resource Funds", *Resources Policy*, Vol. 38, 2013.

于资源型城市之中，由于对某种相对丰富资源的过分依赖，导致资源型产业迅猛发展，从而忽视第三产业以及高新技术的发展，产业结构单一，产业转型较为缓慢，使得这一自然优势反而成为阻碍经济发展的主要原因，这些资源丰裕城市经济增长速度反而慢于资源贫乏城市，进一步影响了整个区域的可持续发展。

二是"资源诅咒"产生的诱因有以下几种：第一，对资源的过分依赖。我国的自然资源丰富，其中煤炭资源型城市有 90 多座，此类城市中大部分凭借自身资源优势，根据市场需求，优先发展资源型产业，虽然在发展初期取得较大成效，扩大了产业的规模，但这些发展却建立在对资源大规模开采、消耗的基础上，强化了对资源型产业的路径依赖，延缓了城市产业模式的转型升级，为经济发展滞后埋下了隐患。以煤炭资源为核心的产业发展模式，束缚了服务业、信息产业等第三产业的发展，三大产业发展失衡进一步加剧了"资源诅咒"的效应。① 第二，粗放型发展模式。在寻求资源型城市发展道路时，鉴于其丰裕的自然资源优势，政府优先发展基础能源产业，初步建立起粗放型资源产业发展模式，其特点主要表现为建设周期长、规模巨大、耗资众多。由此可见，粗放型资源产业发展模式具有顽固的发展惯性，产业转型升级较为困难，阻碍其进一步的发展变革，陷入路径依赖的怪圈。该模式固有的低效率、低技术、劳动力廉价等特性，使得此类煤炭资源型城市面临着环境恶化、经济下行的压力，城市经济社会发展缓慢，阻碍其经济转型发展。第三，国家经济重心转移。由于全国经济发展需要能源的支撑，资源型城市在国家建设初期贡献了巨大的力量。但随着国家改革开放进程的加快及社会主义市场经济的建立健全，国家经济工作重心逐渐转向沿海地区，资金的投向转入非国有经济、外资经济。以计划经济为主导，并以资源开采和初加工为

---

① 王保乾、李靖雅：《中国煤炭城市资源开发对经济发展影响研究——基于"资源诅咒"假说》，《价格理论与实践》2017 年第 9 期。

核心产业的资源型城市的产业模式弊端日益显现，调整和发展煤炭资源型城市产业结构刻不容缓。

（二）"资源诅咒"加剧马太效应的形成

我国资源丰富但分布不均，资源大多集中于中西部地区，随着东部沿海地区借助改革开放的发展机遇，进行产业结构的调整，自然资源禀赋丰裕的中西部地区经济发展水平远远落后于资源较为贫乏的东部沿海地区。而且资源型城市日益僵化的产业模式呈现出产业结构循环低效率、产业升级存在缺口等特征，导致产业升级困难。① 山西省作为一个典型的煤炭资源型城市，其发展状况一直不容乐观，经济发展水平较为落后，甚至出现财政收入的负增长，对煤炭基础性产业的过分依赖使山西省承受着沉重的经济与环保负担，使得山西省与东部沿海地区的差距渐次拉大。近年来，山西省进行了产业结构调整，将具有资源优势的初级产业集聚，取得了一定的成效，但是其经济总量在全国的排名仍然不是很理想，两极分化依然较大，究其原因还是主要依托自身的资源为基础产业进行发展，没有从根本上形成优势，难以取得进一步的发展。我国的煤炭资源型城市中有 20 个地级市经济总量明显落后，人均水平偏低，人均财力不足。即便是那些在地区生产总值总量比较大、经济转型也已获得一定成效的城市，在其所在省份的经济实力排名也相对靠后。这充分说明，经济转型升级和可持续发展是煤炭资源型城市的唯一出路。② 综合来看，煤炭资源型城市的总体发展大都不尽如人意，资源型城市由于环境问题，产业经济转型不充分，经济增速远远落后，城市间的两极分化严重，种种迹象显示煤炭资源型城市的转型迫在眉睫。

---

① 李江龙、徐斌：《"诅咒"还是"福音"：资源丰裕程度如何影响中国绿色经济增长?》，《经济研究》2018 年第 9 期。
② 邵帅、范美婷、杨莉莉：《资源产业依赖如何影响经济发展效率?——有条件资源诅咒假说的检验及解释》，《管理世界》2013 年第 2 期。

三 价格机制形成的非市场化机制

煤炭作为我国主要能源与国民经济命脉紧密相连，煤炭产业是自中华人民共和国成立以来国民经济发展的支柱产业，即便目前推行绿色可持续发展战略，构建集约、低碳、循环型社会，仍未能彻底改变煤炭在我国能源消费中的重要地位。如何实现煤炭产业的绿色可持续发展成为我国经济社会发展的关键所在，以煤炭资源价格机制为视角分析了解资源配置市场现状，有助于科学制定合理的煤炭资源型城市转型方案。

（一）资源价格管制是煤炭资源定价机制扭曲的主导因素之一

从理论与实践来看，经济社会发展过程中价格形成机制主要分为：计划机制、市场机制和混合机制三种形式，完全依托政府管控的计划机制极易出现"政府失灵"现象，而完全依赖于市场调控的市场机制又在一定程度上出现"市场失灵"，这便使计划与市场相结合的混合机制成为大多数国家所采取的资源价格管制措施。只有"看得见的手"与"看不见的手"相结合才能构建有效、务实的煤炭价格形成机制。

随着经济时代的变迁，我国煤炭价格也由国家计划控制逐步走向市场化改革，到目前我国宏观政策层面已经确定构建煤炭市场化形成机制，① 但考虑到煤炭作为我国主要能源与经济社会稳定及人民群众利益密切相关，相比于其他产品的价格改革力度，以初级煤炭能源为原材料的产成品的价格一直维持低价，并没有彻底摆脱政府的垄断控制。就如国家发展和改革委员会一直控制着全国电价，将电费划分为：工业、农业、商业、居住等不同等级，这与市场化价值机制相去甚远。国家人为地压制资源价格，针对某些资源还有压低价格行为，其初衷是为了保护资源消费型企业，以此促进经济较快增长。因对于

---

① 车康模：《我国煤炭资源价格形成机制研究》，硕士学位论文，山西财经大学，2011年。

重要资源价格和配置监管不到位，在平定物价方面也成效甚微，致使向社会传递了失真的经济信息，未能充分反映资源的稀缺性，造成资源浪费和使用效率低下。① 加之根据煤炭资源采掘、开发等自然因素以及供需关系等经济因素的引导，我国出现了山西、陕北、蒙中煤炭基地价格定位区，蒙东煤炭基地价格定位区，新疆煤炭基地价格定位区，云贵煤炭基地价格定位区四大定位区，以其基本价格加上向消费区辐射产生的费用基本促成我国煤炭市场终端价格的形成，② 也就从侧面映射出我国煤炭市场化定价大多由国有大型企业掌控，未形成科学合理的市场化机制。同时，我国资源价格与国家资源价格不相匹配，我国大部分资源价格远低于国际市场同等产品的价格水平。特别对于各国发展必备的石油、煤炭等能源，其国际市场价格波动尤为剧烈，我国国家发改委出于保护资源型企业，防止过快上涨损害经济的目的，并不会立即采取措施提升或降低国内资源价格，从而在一定程度上拉大了国内与国际资源价格差距，进一步致使我国煤炭资源价格扭曲。③

（二）非市场化的煤炭资源定价难以反映自身真实价值和稀缺性

资源型城市在建设初期，其资源开发及主导产业的发展壮大都依赖于国家大量的财政资金投入。资源型企业大部分为国有企业，国有资产占主导，而其他的经济成分很少，造成政府对资源价格的管控程度较深，从而使得我国煤炭资源价格与国际市场极度不匹配，煤炭资源价格被严重压低，并不能充分地反映其稀缺性，造成一种我国煤炭资源十分丰富的假象。④ 更重要的是煤炭作为不可再生资源，价格的低估严重影响了企业对资源的综合利用率和可持续发展。资源定价浮

---

① 刘刚：《资源和要素价格改革初探》，《宏观经济管理》2005 年第 7 期。
② 连璞、黄桦：《关于中国煤炭价格市场化形成机制第一周期的思考》，《中国煤炭》2010 年第 4 期。
③ 胡卓群：《中国要素市场的价格扭曲——基于投入产出表的分析》，硕士学位论文，复旦大学，2013 年。
④ 胡卓群：《中国要素市场的价格扭曲——基于投入产出表的分析》，硕士学位论文，复旦大学，2013 年。

于表面，仅单纯反映初级成本，而对进一步的附加成本，如环境污染的治理费用、煤炭产业的发展成本、安全成本等并没有考虑在内。煤炭资源价格偏低，加剧了煤炭资源的过度开采和大量浪费，加之中国大部分煤炭资源型城市由于长期采取粗放型开采方式，资源浪费更加严重，煤炭资源日渐短缺，在开采运输过程中，对生态环境造成了几近难以修复的严重破坏，也进一步加剧了煤炭资源的枯竭。压低煤炭资源价格获得竞争优势，或者大量开发低附加值的产成品，看似较为充分地利用了资源，实则是将资源附加成本遗留了下来，严重影响了未来的可持续发展。[①]

（三）煤炭资源价格扭曲引致的一系列问题

一是资源利用的低效和浪费。资源价格的低估影响资源的高效配置和集约使用，资源浪费现象较为严重。资源型城市从最初的资源开采到资源初级加工利用，均没有充分发挥资源的效用，对资源的开发利用一直延续着低效配置，粗放型资源型企业往往采取低资源要素投入，进行高污染、高耗能生产来攫取最大化利润，不仅仅造成生态环境的破坏，更造成资源浪费，资源利用率降低。相比之下，我国每单位 GDP 能耗比发达国家高了几倍，发达国家的资源利用效率远远高于我国，而我国基础资源的回收率仅为发达国家的 1/3。资源的开采者和使用者一直以来对资源的价值认识不足，没有充分考虑到资源的可持续性发展，给资源的综合利用和保护带来了严重影响。

二是资源价格扭曲引致环境成本增加。对资源产品的价值低估实际上是忽视资源的环境成本，其价值不仅包括开采成本、人工费用、运输成本、投入成本等直接成本，还包括生态环境治理成本和恢复成

---

① 车康模：《我国煤炭资源价格形成机制研究》，硕士学位论文，山西财经大学，2011 年。

本等隐性成本。① 在我国资源出口方面，一些资源型企业为获得竞争优势，压低资源价格，资源出口额的剧增实则隐含了高额的隐性资源成本。资源型城市过度依赖当地的资源，加上政府部门对资源管理的松懈，过度追求短期经济增长，忽视长远利益，造成对当地资源超额开采，严重破坏了生态环境系统平衡，增加了资源产品的隐性价值，再次加剧了资源价格的扭曲。

三是行业转型升级困难。政府对资源的价格监管造成了资源价格的非市场化，政府为了保护资源消费型企业的发展而压低资源的价格，更加助长了企业对资源的依赖程度，很多企业即使在面临环境恶化以及投资泡沫等矛盾时，仍能收到大量订单，保持利润上涨。对于这些高耗能的企业自身来说，不敢轻易尝试产业创新与投资创新，毕竟坚持国有传统的生产方式不会被市场立即淘汰，即使没有了充足的资源支撑，也没有充分发挥企业的产业优势，这便是在原有的基础上加固了原有落后的生产模式，造成行业结构升级的难度。②

四 资源型城市的生态补偿和援助机制
（一）资源型城市生态环境的一般外部性和区域外部性

外部性是导致市场失灵的根源所在。受利益机制所驱动，对城市中的有限资源进行不合理的开发利用会造成生态环境的严重破坏，进而导致资源外部经济性的出现。对资源型城市进行补偿与援助，是政府干预市场的典型表现。政府在市场失灵时进行干预，而市场失灵的表现就是其外部性。大部分的资源型城市普遍奉行掠夺粗放式的资源开采模式，使得资源型城市正面临一系列的生态环境问题。③ 资源型

① 王新城：《价格杠杆促进资源型城市产业转型升级研究——以河北省唐山市为例》，《价格理论与实践》2017年第8期。
② 曾贤刚、段存儒：《煤炭资源枯竭型城市绿色转型绩效评价与区域差异研究》，《中国人口·资源与环境》2018年第7期。
③ 邹建新：《生态文明战略下资源型城市转型过程中的困境与策略》，《四川理工学院学报》（社会科学版）2017年第4期。

城市对资源的不合理开发和利用造成生态环境问题，其根本上是环境的外部性问题。区域外部性，即区域发展与区域关系的"市场失灵"问题，一个地区经济报酬递增会剥夺其他地区的发展机会，政府优先开发某个地区也会形成对其他地区机会与资源的外部剥夺，而开发落后地区则必然转移发达地区的发展机会和资源，造成地区间资源配置不均衡，就会引发区域资源发展的"市场失灵"现象。

（二）发展援助机制对区域外部性的影响

由于自然地理因素的影响，不同地区的资源拥有量存在差异，从而导致地区发展方式的差异。资源型城市在设立之初就确立为资源贫乏地区提供资源的任务，由于本身开发方式的不当导致的生态环境破坏，不可避免对资源型城市的可持续发展造成严重的影响。又因煤炭资源的价值低估，资源枯竭型城市的地方政府以及企业很难支付城市生态长期被破坏所需的补偿费用，此类城市经济社会发展举步维艰，而得到资源补给的地区或城市通过产业转型升级得到了长足的发展，从而引发地区发展不平衡，即区域的外部性差异。通过发展援助，进行横向转移支付，由富裕的地区向面临资源枯竭的地区转移支付，或者使用资源的城市向资源枯竭型城市进行转移支付，来弥补资源供应造成的负担，来稳定地区发展，弥补地区条件差距形成的发展机会不均等现象，从而使得区域所有资源要素都能在公平参与条件下最大化地实现市场价值。①

（三）生态补偿机制的外部性效应

一是促进外部性资源内部化，即用生态补偿机制来弥补环境一般外部性影响的一个重要举措。资源开发价值补偿的不完善，包括与资源开发相关的生态保护、环境建设所体现的生态环境使用价值补偿的缺陷，是内部成本外部化在资源型城市最突出的表现，从而导致地区经济、社

---

① 郑文升：《我国资源型地区发展的补偿与援助——对东北地区典型问题的研究》，博士学位论文，东北师范大学，2008 年。

会、生态等发展的一系列问题，建立补偿机制是克服这些成本外部化问题的重要途径。通过发展生态补偿，克服内部成本外部化造成的价值流失。特别是对于煤炭资源枯竭型城市而言，发展循环经济，带动产业循环经济建设，将有助于推动生态补偿机制的建立，促进生态系统的良性循环，从而实现整个城市生态系统的最大化效应。

二是缓解市场失灵现象，增加生态环境治理的资金投入。市场在调节经济运行时往往会存在市场失灵现象，煤炭资源在开发、利用以及在资源环境保护的过程中存在的缺陷尤为突出，煤炭资源的环境成本在价格中没有完全体现，导致煤炭资源的经济效益与矿区的环境效益得不到有效的协调。发挥政府的作用，加强对开发区域资源环境保护的监管以及对受损的生态环境进行补偿，从而达到生态环境保护和生态补偿政策的良好运行。大力发展国家宏观调控下的市场经济体制，积极构建充分体现资源型城市人与环境协调发展的生态补偿制度具有重要的现实意义。通过建立生态补偿制度，可以为资源型城市的生态文明建设筹集到大量资金，为新的环保技术开发奠定坚实的物质基础，同时可以进一步构建和规范我国生态补偿的资金保障体系，提高资金的专款专用性以及资金使用效率。①

五　可持续发展与代际公平

（一）可持续发展与代际公平的关系

可持续发展是在满足当代人的需要的同时，又不对后代人满足其需要的能力构成危害的发展。从资源代际配置的角度而言，可持续发展要求保证资源消费为社会所带来的总效用得到有效维持且不断提高，从而保证资源所需的效用水平平稳上升，进而在资源的有效利用上保障社会发展的可持续性。而资源代际公平就是保持资源可持续发

---

① 杨利雅：《资源枯竭型城市生态补偿机制研究——以辽宁阜新为例》，《东北大学学报》（社会科学版）2008 年第 3 期。

展的一个重要内容，保持资源消费量代际配置的合理化，保证资源利用效率最大化，促进资源的有效配置，而资源代际配置的代际公平就是可持续发展的基本内容和前提条件之一。

（二） 资源代际外部性问题是影响可持续发展的突出问题

可持续发展从资源代际配置的角度可以将其归结为资源消费所带来的代际效用水平的可持续和资源代际配置的代际公平，而代际公平就是指资源代际配置保持一种内在的公平关系，所形成的公平合理消费关系，不会在某一时期产生过多的低效消费，也不会在某一时期出现过少的消费。在完全市场的条件下，资源实现了最优的配置，能够自发地满足社会可持续发展的要求。由于"经济人"利己主义的影响，加之代际的时间差距，资源的代际外部性问题便由此产生。对资源的过分开采虽然取得短期可见收益，实则是在透支子孙后代的利益。当代人为了谋取眼前利益，不顾未来的可持续发展，过多地占用现有资源，损害了下一代人的利益，产生的外部性问题也损害了代际公平的要求，从而影响了资源型城市的可持续发展。

（三） 在代际公平的基础上实现可持续发展

为了保持现代经济社会的平稳高速发展，对资源的消耗在所难免，此类消耗的资源既包括可再生资源也包括不可再生资源。实现资源代际配置的合理化是可持续发展的内在要求，资源配置的高效就在于用尽可能少的资源创造最大的价值。可持续发展是对资源的合理消费，而不是遏制或者过度消费，当代技术水平的提升使得资源的边际产出能力不断提升，而且其提升速度不低于资源消费数量耗减速度，即可保证资源消费为社会所带来总效用得到有效维持甚至有所提高，从而使可持续发展所需要的社会福利水平的可持续这一基本条件得到满足。① 所以说，那些牺牲后代利益而满足当代人消费需求，以及牺

---

① 王保忠、李忠民、王保庆：《基于代际公平视角的煤炭资源跨期配置机制研究——以晋陕蒙为例》，《资源科学》2012 年第 4 期。

牲当代人的合理利益去满足未来各代人需求的做法必须受到遏制。为
了实现资源代际配置的公平，人类社会的可持续发展必然是基于代际
公平，才会使得资源型城市的发展未来可期。①

---

　　① 郭忠杰：《代际外部性与可持续发展——基于资源代际配置角度下的可持续发展与
代际外部性问题研究》，硕士学位论文，暨南大学，2006 年。

第二章　中国煤炭资源枯竭型城市分布及其发展环境分析

第一节　分布及其特点分析

一　煤炭资源枯竭型城市分布

对于煤炭资源枯竭型城市的界定、分类和特征主要是基于城市GDP中煤炭资源占据经济总量的份额，再根据国家发改委发布的煤炭资源枯竭型城市名录，综合多方面因素确立的名单，主要的研究内容包括对这些城市的地域归属、行政等级以及常住人口规模等多方面进行分类比较。

（一）煤炭资源枯竭型城市的界定

到目前为止，针对煤炭资源枯竭型城市的界定没有一个严格统一的标准，国内外各专家学者也对其存在着各自不同的观点。总的来说，所谓煤炭资源枯竭只是本地区煤炭资源占探明总储量的比值减少，以现有勘探采掘技术所采掘的该煤炭资源呈急剧下滑趋势，并逐步走向采掘极限，但这并不表示整个城市所有资源都处于枯竭期。就统计规律而言，煤炭资源枯竭型城市的界定主要遵循动态学及定性与定量等原则，从煤炭资源开采占已探明储量比重、采掘年数、资源储备以及从事采掘业人员比重和规模等方面给予具体标准。2002年我国国家计划委员会宏观经济研究院在《我国资源型城市的界定与分类》研究报告中明确了我国资源型城市的界定标准："采掘业产值占工业总产值的比重在 10% 以上；采掘业产值规模，对县级市而言应超过一亿元，对地级市而言应超过两亿元；采掘业从业人员占全部从业人员的比重在 5% 以上；采掘业从业人员规模，对县级市而言应超过一万人，对地级市而言应超过两万人。"[①] 按照这一标准确定了我国共有 118 座资源型城市，煤炭资源型城市为 63 座，涉及 19 个省、自治区、直辖市（表2—1）。

表2—1　中国煤炭资源型城市按省、自治区、直辖市与行政级别分布

省（区、市）	数量	地级市	县级市	市辖区（开发区、管理区）
河北	4	唐山市、邯郸市、邢台市	武安市	
山西	11	大同市、阳泉市、长治市、晋城市、朔州市	古交市、霍州市、孝义市、介休市、高平市、原平市	
内蒙古	5	乌海市、赤峰市、满洲里市	霍林郭勒市	鄂尔多斯市东胜区
辽宁	4	抚顺市、阜新市	北票市、调兵山市（原铁法市）	
吉林	1	辽源市		
黑龙江	4	鸡西市、鹤岗市、双鸭山市、七台河市		
安徽	2	淮南市、淮北市		
福建	1		永安市	
江西	4	萍乡市	丰城市、乐平市、高安市	
山东	6	枣庄市	新泰市、龙口市、滕州市、邹城市、肥城市	

---

① 中华人民共和国国家计划委员会宏观经济研究院课题组：《我国资源型城市的界定与分类》，《宏观经济研究》2002 年第 11 期。

续表

省（区、市）	数量	地级市	县级市	市辖区（开发区、管理区）
河南	6	平顶山市、鹤壁市、焦作市	义马市、汝州市、登州市	
湖南	3		耒阳市、资兴市、涟源市	
广西	1		合山市	
四川	4	广元市、达州市	华蓥市、绵竹市	
贵州	1	六盘水市		
云南	2		宣武市、开远市	
陕西	2	铜川市、韩城市		
宁夏	1	石嘴山市		
新疆	1		哈密市	

资料来源：中华人民共和国国家计划委员会宏观经济研究院课题组：《我国资源型城市的界定与分类》，《宏观经济研究》2002 年第 11 期。

国家发改委根据历史贡献的多少、问题矛盾是否突出、类型兼顾与否、定量及定性等原则，制定了以资源储量、采掘业发展、民生情况、财政情况四个方面为一级指标的评价指标体系，进行综合打分排名，最终分三批界定了 69 座资源枯竭型城市，煤炭资源枯竭型城市就占半数以上为 36 座。2013 年国务院发布了国发〔2013〕45 号文件，将资源型城市界定为"以本地区矿产、森林等自然资源开采、加工为主导产业的城市"，我国达到规划范围的资源型城市有 262 座。其中有 67 座资源衰退型城市，也就是来自国家发改委分三批界定的 69 座资源枯竭型城市，其中资源枯竭型城市盘锦市与孝义市已成为再生型资源型城市。在国发〔2013〕45 号文件中煤炭资源衰退型城市就有 35 座，占资源衰退型城市总数的 52%。因考虑到研究的严谨性，我们将煤炭资源衰退型城市归为煤炭资源枯竭型城市，并根据国家发改委国发〔2013〕45 号中最新划定的资源型城市名单，按照中国地理区域及城市种类总结得出资源枯竭型城市名单（表2—2）。从表2—2中我们可以看出煤炭资源枯竭型城市涉及我国七大地理区域，受历史、采掘技术等发展因素的影响主要集中于东北（10座）、华东（6座）、华北（5座）、华中（5座）地区。因此，针对煤炭资源枯竭型城市展开经济转型发展研究是我国目前亟待解决的问题之一。

表2—2　　　　　　　　　中国资源枯竭型城市名单

地理区域	煤炭城市	有色冶金城市	黑色冶金城市	石油城市	森工城市	其他城市
东北	阜新市、抚顺市、辽源市、鹤岗市、双鸭山市、七台河市、北票市、九台市、舒兰市、通化市二道江区	葫芦岛市南票区、葫芦岛市杨家杖子开发区	辽阳市弓长岭区		白山市、伊春市、大兴安岭地区、敦化市、五大连池市、汪清县	
华东	枣庄市、新泰市、淄博市淄川区、徐州市贾汪区、萍乡市、淮北市	铜陵市、大余县	新余市			景德镇市
华北	张家口下花园区、张家口井陉矿区、承德市鹰手营子矿区、霍州市、包头市石拐区				阿尔山市	
华中	焦作市、耒阳市、资兴市、松滋市、涟源市	冷水江市、钟祥市、常宁市	大冶市、黄石市	潜江市、濮阳市		灵宝市
华南	韶关市、合山市	贺州市平桂管理区	昌江黎族自治县			
西南	华蓥市、重庆万盛区、重庆南川区	个旧市、昆明东川区、安顺市铜仁地区万山区、易门县		泸州市		
西北	乌海市、石嘴山市、铜川市、兰州市红古区	白银市		玉门市		潼关县
合计	35	13	5	4	7	3

资料来源：根据2013年中华人民共和国国务院发布的《全国资源型城市可持续发展规划（2013—2020年）》（国发〔2013〕45号文件）。

（二）煤炭资源枯竭型城市的分类

1. 按城市的行政级别分类

从煤炭资源枯竭型城市的行政级别划分，其中地级城市共计 14 座，县级城市共计 11 座，区级城市共计 10 座（表 2—3）。

表 2—3 　　　　　　煤炭资源枯竭型城市按照行政级别分类

行政级别	城市数量	城市名
地级城市	14	乌海市、抚顺市、阜新市、辽源市、七台河市、鹤岗市、双鸭山市、淮北市、萍乡市、枣庄市、焦作市、铜川市、石嘴山市、韶关市
县级城市	11	霍州市、北票市、资兴市、合山市、华蓥市、新泰市、松滋市、耒阳市、涟源市、九台市、舒兰市
区级城市	10	张家口市下花园区、张家口市井径矿区、承德市鹰手营子矿区、包头市石拐区、通化市二道江区、徐州市贾汪区、淄博市淄川区、重庆市万盛区、重庆市南川区、兰州市红古区

　　资料来源：根据 2013 年国务院发布的《全国资源型城市可持续发展规划（2013—2020年）》（国发〔2013〕45 号）文件及中华人民共和国国家统计局城市社会经济调查司《中国城市统计年鉴》（2015），中国统计出版社 2016 年版。

2. 按人口规模分类

城市规划部门一般按照城市人口总数（其中包括城市中心区、近郊区的非农业人口）划分城市的等级，其中共分为小城市、中等城市、大城市、特大城市四个等级。按照中国城市规模划分的标准，我国煤炭资源枯竭型城市中属于特大城市的有 3 座，属于大城市的有 5座，属于中等城市的有 6 座，属于小城市的有 21 座（表 2—4）。

表 2—4　　　　　　　**煤炭资源枯竭型城市按照人口规模分类**

城市等级	城市数量	城市名
特大城市	3	抚顺市、枣庄市、焦作市
大城市	5	淮北市、阜新市、萍乡市、辽源市、七台河市
中等城市	6	乌海市、鹤岗市、双鸭山市、铜川市、石嘴山市、韶关市
小城市	21	霍州市、北票市、资兴市、合山市、华蓥市、新泰市、松滋市、耒阳市、涟源市、九台市、舒兰市、张家口市下花园区、承德市鹰手营子矿区、张家口市井径矿区、包头市石拐区、通化市二道江区、徐州市贾汪区、淄博市淄川区、重庆市万盛区、重庆市南川区、兰州市红古区

资料来源：根据 2013 年国务院发布的《全国资源型城市可持续发展规划（2013—2020年）》（国发〔2013〕45 号）文件及中华人民共和国国家统计局城市社会经济调查司《中国城市统计年鉴》（2015），中国统计出版社 2016 年版。

根据"国家发改委课题组"提供的煤炭资源枯竭型城市发展基本数据整理可知，煤炭枯竭型城市的基本情况见表 2—5。

表 2—5　　　　　　　**煤炭资源枯竭型城市的基本情况**

	资源枯竭型城市	资源枯竭型地级市	资源枯竭型县级市
土地总面积（万平方千米）	12.6	4.1	8.2
涉及总人口（万人）	2524.7	1326.3	1042.3
涉及职工（万人）	353.2	237.3	85.3
登记失业人员（人）	22.3	16.3	5.3
失业人员占职工比重	7.8	7.23	6.21
失业人数占职工比重与全部城市平均水平对比		高2.34%	
GDP（亿元）	5023.3	3425.1	1523.5
人均GDP（元）	20031	26342	14326
职工年平均工资（元）	20342	21236	17453

资料来源：中华人民共和国国家计划委员会宏观经济研究院课题组：《我国资源型城市的界定与分类》，《宏观经济研究》2002 年第 11 期。

二 煤炭资源枯竭型城市特点分析

截至 2018 年 10 月 29 日，在中国知网中搜索"资源型城市"这一主题可获取 16557 篇相关论文，其中涉及"资源枯竭"的论文有 1160 篇，"转型"的有 3714 篇，"可持续发展"（包含"可持续发展""城市可持续发展""长远计划"）的有 1986 篇，"产业经济结构调整"的有 877 篇，尤其有 185 篇论文专门针对接续产业做出了相关细致研究，涉及"煤炭资源型城市"的论文共有 338 篇，主要集中在黑龙江省、山西省等地区的研究。但就"煤炭资源枯竭型城市"这一主题所搜寻的相关研究成果相对较少，现有的研究也仅局限于东北、华东、华北等局部地区，主要研究内容相对较少，没有形成自国家到地方、由点及面的转型体系。因此，对于煤炭资源枯竭型城市的特征总结显得尤为重要，有利于更好地对煤炭资源枯竭型城市经济转型开展系统细致的研究工作。

（一）传统煤炭资源型城市的特征

1. 城市发展过程中对煤炭资源的高度依赖性

首先，煤炭资源型城市的发展过程中对本地区煤炭资源储藏形成了较高的依赖性，凭借自身拥有较为丰富的煤炭资源，且自然资源的分布基本决定了煤炭资源型城市发展初期的分布形态和规模。[①] 以土地为本的农耕时代仅能够维持较低的城镇化发展，无法形成大规模的城市聚落。而自从 17 世纪进入工业化发展以来，资源型城市的发展优势才逐渐凸显，从传统的土地资源利用转变成了煤炭等矿产资源的开发，城市的发展和经济的增长对于煤炭资源依赖性越来越明显。在煤炭资源型城市建立初期，对于煤炭资源的开发并没有一个统一的规划，基于就近原则，煤炭企业首先会开发资源富集度高的地区，并向四周扩展，逐

---

① 樊杰、孙威、王玉平：《"矿产资源—基础工业"发展战略的综合集成研究——以中国东部地区为例》，《中国矿业大学学报》2004 年第 4 期。

渐形成了点状的开采区，随着开采的规模扩大，从业人员也逐渐增加，以点状开采区为基点最终成长为一个个大小不等的集镇。

其次，城市经济发展对煤炭资源型产业具有较高依附性。煤炭资源型城市的经济发展主要依赖于本地煤炭资源开采及初级加工，生产初级产品的资源型企业成为城市的支柱产业，其收益也成为城市的主要经济收入，而且城市煤炭资源储量对于城市的规模也有着直接的影响。我们就以 2013 年国务院发布的国发〔2013〕45 号文件中所总结的 33 座煤炭资源枯竭型城市为例（由于下花园区和井陉矿区同属于张家口市，万盛区与南川区同属于重庆市，因此后续研究中我们将所涉及的 35 座煤炭资源枯竭型城市划为 33 座，加之对于所搜取资料数据遵循科学性、严谨性、可行性等原则，我们将部分县级市、市直管区域归为地级市进行相关研究，在此说明，后不赘述），通过实地调研、查阅资料等研究，我们可以明显看出，比如徐州市贾汪区从 1563 年开始建矿，经历了国有统配煤矿、国营地方煤矿与乡镇煤矿等不同建设阶段，累计产出原煤几亿吨，在徐州市的前期和中期发展中，煤炭资源型产业成为经济的绝对支柱产业，并为本地居民和大量外来务工人员提供了工作岗位，一度使徐州的城市工业化、现代化进程大大加快。

2. 经济结构模式单一化

由于煤炭资源具有的易开采、高价值、利润大等特点，在城市管理者追求绝对的利益驱使下，资源型城市围绕煤炭资源形成了一条庞大的产业链，煤炭资源及其附属产业为城市的经济发展做出较大的贡献，并促使单一化的经济产业结构逐步形成，导致了城市经济结构缺乏层次性、协调性，致使城市经济的多元化发展受到了极大的制约。中国矿业联合会、国家发改委相关研究人员指出，煤炭资源型城市的矿业产值占城市工业产值的比重均大于 67.2%，而现实生活中，其比重远远大于统计结果。在表 2—6 中我们可以看出，在 2015 年 33 座资源枯竭型城市中，第一产业所占比重普遍偏低，尤其是乌海市，第一产业所占 GRP

的比重仅有 0.85%。有 21 座城市的第二产业所占比重远远高于第一、第三产业，所占比重最高的是石嘴山市 63.92%。第三产业比重大多在 30%—40%，所占比重最低的为广安市的 32.03%。由此可以看出，煤炭资源枯竭型城市第一产业发展相对滞后，第三产业在国家经济转型宏观政策扶持和地方政府努力实施转型的措施下有所提升，但仍旧无法改变第二产业是促进当地经济增长主导产业的现状。

表 2—6　　　　　煤炭资源枯竭型城市三大产业 GRP 比重　　　　　（%）

城市	第一产业GRP 比重	第二产业GRP 比重	第三产业GRP 比重	城市	第一产业GRP 比重	第二产业GRP 比重	第三产业GRP 比重
张家口市	17.87	40.01	42.12	萍乡市	6.89	56.7	36.42
承德市	17.34	46.84	35.82	淄博市	3.51	53.96	42.53
临汾市	7.84	48.53	43.64	枣庄市	7.59	52.69	39.72
包头市	2.71	48.38	48.91	泰安市	8.53	46.28	45.19
乌海市	0.85	57.01	42.15	焦作市	7.12	59.76	33.13
抚顺市	8.06	48.87	43.07	荆州市	22.19	43.7	34.1
阜新市	22.51	38.21	39.28	衡阳市	15.22	44.63	40.16
朝阳市	25.81	30.37	43.82	郴州市	9.77	54.65	35.58
长春市	6.21	50.11	43.69	娄底市	14.65	50.33	35.02
吉林市	10.55	45.42	44.03	韶关市	13.19	37.48	49.33
辽源市	8.38	57.43	34.19	来宾市	24.49	39.1	36.41
通化市	9.23	51.14	39.63	重庆市	7.32	44.98	47.7
鹤岗市	35.19	29.88	34.93	广安市	16.24	51.73	32.03
双鸭山市	38.22	22.77	39.01	铜川市	7.01	59.32	33.67
七台河市	16.09	36.78	47.13	兰州市	2.68	37.34	59.98
徐州市	9.49	44.27	46.24	石嘴山市	5.37	63.92	30.71
淮北市	7.8	58.1	34.1				

资料来源：中华人民共和国国家统计局城市社会经济调查司：《中国城市统计年鉴》(2015)，中国统计出版社 2016 年版。

3. 城市生态环境被煤炭开采严重破坏

煤炭资源型城市目前面临的主要问题包括大气污染、水资源污染、噪声污染以及固体废弃物污染等一系列相关的环境污染，煤炭资源型城市在煤炭的开采、加工、储藏、运输等环节，对于当地的自然环境造成了不同程度的破坏，其中主要形式有地面植被破坏、水土资源荒漠化、地表塌陷等，大部分采矿区的生态循环体系无以为继，阻碍了城市环境的有机发展。

（二）煤炭资源枯竭型城市的特征

煤炭资源枯竭型城市与传统煤炭资源型城市相比，对于煤炭资源及其相关产业在依赖度上更加显著，除上述现象以外，至少还有如下表现：

1. 城市经济被迫转型

城市辖区内煤炭资源储量的衰竭直接提高了煤炭资源开采的难度和生产成本，浅表层煤炭资源的枯竭，开采深层煤炭资源成本的大大提高，开采的综合经济效益急速下降。城市经济社会发展的速度受到煤炭资源严重束缚，随着资源的衰竭，煤炭资源型产业逐渐衰退，暴露了原有的单一产业结构难以维持城市长远发展的尖锐问题，城市无法完全依赖煤炭资源型产业保持高速发展，只有通过经济转型升级才能扭转城市走向衰败的趋势。

2. 城市主导产业难以接续

按照现有城市产业的分类原则，通常把城市产业分为基础性产业和非基础性产业。煤炭资源型产业则是煤炭资源型城市的基础性产业，也是此类城市经济社会得以快速发展的主导产业，而主导产业的地域化、周期化使此类城市的发展呈现出阶段周期性变化的特点。伴随着煤炭资源供给减弱，主导产业就会面临停产倒闭的风险，经济社会发展也会停滞不前。[①] 在城市建设发展期间，由于对煤炭资源的过

---

① 姜晓璐：《资源枯竭型煤炭城市的煤炭资源价值核算与补偿机制研究——以萍乡市为例》，硕士学位论文，南昌大学，2009 年。

度依赖，当地政府及相关部门很少投入资金、出台政策扶植新兴产业，一旦煤炭资源出现衰竭及煤炭资源型产业 GRP 贡献率下滑，煤炭资源型城市就会出现主导产业难以为继的困境。

3. 虚假城市化

城市化水平，即城市率，一般表示为在既定区域内城市人口占总人口比例。煤炭资源枯竭型城市在建城初期与稳定发展期等阶段为了吸引大量外来务工人员，为此类人员及家属给予了城镇户口的优惠待遇，使煤炭资源枯竭型城市短期内的城市化水平大大提高，形成了非正常化的城市繁荣景象。随着煤炭资源枯竭型城市的煤炭资源出现衰竭，城市的整体经济规模和煤炭型产业呈现下降趋势，关、停、合并了大量中小型煤炭型企业，致使生产劳动力过剩，失业人数急剧增加。虽然处于枯竭时期的煤炭资源型城市经济萎缩，但是这些拥有城镇户口的失业人口仍旧助推了城市人口的增长，也就是说，这一阶段的城市化水平已是明显虚高，不能有效地反映该城市的城市化水平。

4. 经济压力巨大

在枯竭阶段的资源型城市，经济社会发展滞后，面对经济转型发展的强大压力，亟须延长煤炭资源型产业链，快速寻求新的具有一定规模效益的接替产业，而此阶段的资金、科技、人才、基础设施、生态环境等方面都无法有力支撑城市的转型发展。在城市经济已经出现严重下滑的情况下，煤炭资源枯竭型城市的转型发展面临着巨大的经济压力，对传统产业链的延伸和新兴产业的培育更加力不从心。因此，在国务院 2013 年发布的国发〔2013〕45 号文件中，对于进入衰退型名单中的城市进行了统筹规划，并给予政策、专项基金等措施支持，国发〔2013〕45 号文件的颁布实施较大地缓解了地方政府的财政困难，但是对于未进入名单的资源型城市，尤其是中小型资源型城市来说，转型发展的资金来源仍旧是阻碍其转型发展的最大障碍之一。

5. 社会矛盾尖锐

煤炭资源的无限度开采利用，致使煤炭资源储量的降低、开采难度加大、生产成本提升，给煤炭资源型城市的整个产业链带来了多米诺骨牌似的连锁反应。据 2014 年的统计，我国煤炭资源枯竭型城市，在资源枯竭后初步造成的失业人数在百万人，涉及的家庭人口数有上千万人。[①] 失业人员学历和职业技能较低，有些甚至患有相关职业疾病，再就业难度较大，如此数量庞大的失业人员在城市里盲目地迁移，引发了一系列的社会矛盾。如何安置失业人员，完善社会保障体系，促使社会稳定都成为煤炭资源枯竭型城市经济转型发展需要解决的根本问题之一。

第二节　煤炭资源枯竭型城市发展的主要制约因素

多年以来，煤炭资源型城市始终没有摆脱对资源的依赖性。经过新中国成立初期的粗放型开采，到 20 世纪 80 年代，我国东北、山西等地区已经出现了第一批煤炭资源枯竭型城市，这些城市普遍存在经济结构失稳、经济发展停滞、居民生活水平断崖式下降、失业人口激增、城市生活环境恶化等一系列问题。为改变现状，很多煤炭资源枯竭型城市尝试相关行业的工业化转型之路，但是收效甚微。因此，煤炭资源枯竭型城市的经济转型刻不容缓，但就目前的研究来看，该类城市的经济转型升级主要包括以下几方面的挑战。

第一，对于煤炭资源枯竭型城市经济转型升级的定位问题。随着城市的经济规模不断萎缩、生态环境破坏等问题日益尖锐，更使得城

---

① 马欣：《山西省煤炭城市新型城镇化建设工程管理标准体系研究》，硕士学位论文，太原理工大学，2015 年。

市承受和抵御金融风险的能力降低，经济转型升级则是振兴城市经济、提升金融风险抵御能力、改善生态环境、提高居民生活质量的最佳方案，因此给予煤炭资源枯竭型城市的转型定位十分重要。① 明确转型发展的重心，充分利用好城市现有的基础条件（包括区位优势、人文优势等），制定切实可行的政策措施和财政支持政策，学习其他城市成功转型的经验，规划转型发展的具体路径，培育新兴绿色可持续的接替产业，是煤炭资源枯竭型城市经济复苏、实现转型升级的首要任务。

　　第二，转变传统粗放型经济增长方式，向低碳、循环、绿色、集约型迈进。煤炭资源枯竭型城市几乎都是长期以煤炭资源消耗作为发展的资本，进而取得了较为显著的城市经济总量的增长，但是这种经济增长的背后却是简单粗放的资本成倍相加，无限度地依赖煤炭资源造就了高消耗、高污染、高排放的"三高"煤炭型产业的发展，虽然实现了短期经济效益的快速提升，可仍旧难以持续。表 2—7 显示了 2015 年 33 座煤炭资源枯竭型城市污染物的排放量，就以重庆市为例，我们可以看出重庆市工业废水排放量、工业 SO_2 排放量以及工业烟尘排放量都是最高的，仅工业废水排放量就是铜川市的近九倍，虽说重庆市建成区绿化面积与绿化率都较高，但也无法抵御"三高"产业对其经济社会可持续发展的影响。目前低碳、可循环、绿色经济理念在国内外得到广为传播，政府、企业和社会公众也积极投身于三大经济的发展建设中，这种良性可持续的经济发展模式，可以推动企业技术设备的进一步改善，改进生产流程，提高产品附加值，最终可以促进资源的重复循环利用，使其发挥最大效益，以此来实现经济的长远发展。

---

　　① 姚喜军、吴全、靳晓雯等：《内蒙古土地资源利用现状评述与可持续利用对策研究》，《干旱区资源与环境》2018 年第 9 期。

表 2—7　煤炭资源枯竭型城市 2015 年建成区绿化与污染物排放统计

城市	建成区绿化面积（公顷）	建成区绿化率（%）	工业废水排放量（万吨）	工业SO$_2$产生量（吨）	工业SO$_2$排放量（吨）	工业烟尘产生量（吨）	工业烟尘排放量（吨）
张家口市	3791	44.08	4573	215975	61858	3006891	35693
承德市	5018	42.89	1373	154262	55393	1626751	50907
临汾市	2041	37.8	5080	364047	68424	2374761	81053
包头市	8390	42.81	4138	726457	176130	4216201	104177
乌海市	2629	42.4	1252	308784	80594	4293383	57359
抚顺市	6195	44.89	1792	132665	46684	2056574	71426
阜新市	3312	43.01	2399	149065	93342	1836238	30062
朝阳市	1546	20.61	648	120968	63451	1626376	62519
长春市	19624	38.78	3769	137383	52369	3717363	80781
吉林市	8088	31.23	8478	182591	63191	2934920	89241
辽源市	1854	40.3	1611	36702	19438	866698	18500
通化市	2027	38.25	12078	58489	40201	1430439	25433
鹤岗市	2253	42.51	3746	27582	13740	1448019	17455
双鸭山市	2534	43.69	3476	35666	18086	1576453	37697
七台河市	2968	43.65	1572	34593	14280	880454	15705
徐州市	11160	43.76	10968	419694	102162	7987091	60490
淮北市	3795	44.65	5378	76541	45320	1662324	18730
萍乡市	2097	41.12	1549	108398	83117	1510709	43277
淄博市	11995	44.93	15556	536628	158349	7370423	90347
枣庄市	6295	42.25	9485	259631	59560	6045562	29462
泰安市	5881	44.89	9771	242404	43417	1331415	16190
焦作市	4448	38.68	13928	237752	38881	3982090	23292
荆州市	2985	36.4	10897	183153	39744	449198	21238
衡阳市	4588	28.86	6103	154172	73232	772059	39852
郴州市	3458	44.91	8682	293555	36337	2575147	20865

续表

城市	建成区绿化面积（公顷）	建成区绿化率（%）	工业废水排放量（万吨）	工业SO_2产生量（吨）	工业SO_2排放量（吨）	工业烟尘产生量（吨）	工业烟尘排放量（吨）
娄底市	1886	40.13	4806	172105	87777	3328510	69889
韶关市	4557	46.03	5600	92049	33099	1336921	34161
来宾市	1321	32.22	6772	208696	60145	1108944	2970
重庆市	53579	40.32	35524	1178991	426800	15726149	196416
广安市	1977	39.54	1337	212366	41366	2986521	14714
铜川市	1919	43.61	398	79617	16891	1035659	54209
兰州市	7795	34.49	4138	153484	61240	3636636	45209
石嘴山市	4178	40.56	2369	313240	84650	3821992	82686

资料来源：中华人民共和国国家统计局城市社会经济调查司：《中国城市统计年鉴》（2015），中国统计出版社 2016 年版。

第三，要以可持续发展观引领转型升级。煤炭资源枯竭型城市发展的困境首先在于当地政府的管理理念和管理方法太过片面，缺乏前瞻性、系统性和创新性。大多数当地政府为了眼前的利益置生态环境保护于不顾，过度地开采煤炭资源，完全把城市 GDP 的增长建立在资源的消耗上。[①] 传统发展观下的经济增长负面效应不断扩大，一边发展一边污染，环境破坏现象比比皆是，完全不利于城市的长久发展。可持续的发展观是以经济—社会—生态三方协调发展为原则，追求资源的合理开发利用和城市可持续发展。当地政府及相关部门要以可持续发展观统筹规划煤炭资源枯竭型城市的转型升级发展，在维护生态环境系统平衡的前提下，寻求经济社会平稳可持续发展路径。

第四，稳定社会民生。煤炭资源枯竭型城市在资源衰竭，煤炭型产业整体出现衰退的情况下，大批从业人员面临失业，失业人数的增

---

① 焦华富：《试论我国煤炭城市的可持续发展》，《安徽师范大学学报》（人文社会科学版）2001 年第 1 期。

加不仅影响了失业人员的家庭生活，更为当地政府带来了沉重的负担，为城市的转型发展埋下了隐患。在此情况下，如何安置失业人员，完善社会保障体系，实现再就业，成为摆在煤炭资源枯竭型城市面前的巨大挑战。

通过上述对煤炭资源枯竭型城市发展过程中面临的问题分析，可以总结出城市在经济转型过程中主要的发展制约因素，应该包括以下内容。

（一）城市区位条件差

煤炭资源的形成与地质活动息息相关，煤炭资源富集的地区基本都处于地质断裂带或群山之中。据目前探明的储量来看，我国国土范围内的煤炭资源分布极不均衡，其中大部分都集中在内陆地区。中国煤炭开采始于西汉，是世界上最早发现和利用煤炭的国家之一。清晚期洋务运动时期，先后创办了基隆煤矿、开平煤矿、开滦煤矿等，到1936年我国年产60万吨以上的煤矿就有8个，全国原煤产量可达3900万吨，位居世界前列，[①] 时至今日储量已经大大减少，约占全国探明储量的3.12%。山西、陕西的开采历史也比较早，目前也基本处于稳定期。[②] 内蒙古属于新兴开采区域，储量和产量都比较大，约占全国总量的21.2%。与此同时，最近探明的新疆、宁夏、贵州等储量都比较丰富，以现存储量来看，山西、内蒙古、陕西、新疆、贵州、宁夏等地的储量占据全国前列，六地合计占全国总储量的82.1%。

从我国2020年探明的煤炭资源分布范围来看，我国煤炭资源的分布呈现出明显的地域性特色，其中比较明显的是西多东少、北多南少，从总量上看，内陆地区多，沿海城市少。受其地理位置限制，资源型城市对于人才的吸引力比较弱，招商投资更是局限于优势资源行

① 李仲均：《中国古代用煤历史的几个问题考辨》，《地球科学（武汉地质学院学报）》1987年第6期；李州：《清代盛京地区煤炭业研究》，硕士学位论文，渤海大学，2019年。

② 沈镭、程静：《矿业城市可持续发展的机理初探》，《资源科学》1999年第1期。

业，在人才的聚集和资金的运用方面明显不足。而且一般煤炭开采的矿区位于地形复杂、交通不便、远离集镇等地，也很难形成可持续发展的经济中心。

（二）城市功能不健全，企业办社会现象严重

在煤炭资源型城市大多是依矿而建，企业办社会现象十分突出。为了便于资源开采和生产生活，企业职工多数迁至厂区附近居住，为了满足生产生活需求，一些大型资源型企业逐渐担任起一定的社会职能，就近建成了医疗卫生机构、教育机构等，久而久之最终形成了具有一定规模的城镇，企业也就成为当地政府的化身。此类依照资源分布而逐步自发形成的城镇，建城初期未进行统筹规划，缺乏合理的城市规划布局，以企业来包办社会的所有事务，致使城市布局散乱，区域间交通联系不畅，社会功能不健全，一旦社企分离，因双方目标不一致也会对政府的相关工作造成严重影响，企业办社会现象是目前煤炭资源枯竭型城市必须解决的问题之一。

（三）企业权利和政府权力的博弈

我国60%的煤炭资源型城市建于中华人民共和国成立初期，在计划经济大背景下，城市建设注重于"大跃进"式的发展理念，未经前期统筹规划，短期内集聚了大量的人力、物力、财力等，形成了"九龙治水"的混乱局面，城市没有历史底蕴，在劳动密集型产业的发展过程中形成了"城市企业化"和"企业城市化"的不合理现象，也就是上述所说的企业办社会现象。这种不正常的城市发展模式虽然造就了煤炭资源枯竭型城市一时的经济高速发展，但是城市政府管理与企业管理在一定方面存在巨大差异，单就发展目标上政府与企业就有利益相悖点。企业无论在何时都在追求经济利益的最大化，而城市的发展却不能单纯地以GDP论成败，政府等相关部门必须协调统筹社会、经济、政治、文化、生态等各个领域。就如为了保护生态环境，还百姓碧水蓝天，政府部门必定出台相关政策整治"三高"等资源型企业，迫使企业拿出更多的资金投入环境治理，这也就增加其生产成

本，加之供需关系的改变，其生产效益会出现下滑，也就阻碍了企业实现经济利益最大化的目标。因此，煤炭资源枯竭型城市的转型发展必须摆脱"城市企业化""企业城市化"这种不合理现象，在政企剥离过程中，要权衡好政企的权益关系，要做到既满足了企业经济利益最大化，又不影响城市的绿色可持续发展。

（四）城市经济体对资源的高度依赖

煤炭资源型城市经济对煤炭资源的依赖比较严重，而且城市在发展过程中，没有及时拓宽产业渠道，形成了单一化、高污染的煤炭产业，并不断集聚人力、财力，抑制甚至扼杀新兴行业和高科技行业的发展，城市的产业多元化就会成为一个空壳、一个虚名。面对高科技行业的强大技术优势，煤炭行业并不具备太大的竞争力，一旦煤炭资源衰竭，整个资源型城市经济社会就会快速衰竭，城市的运转就会出现不可调和的问题。

（五）煤炭资源价格不平稳

据 2015 年资源型行业的数据统计，煤炭仍然为我国第一大能源产业，其提供了我国能源需求总量的 71.2%，但是整个煤炭行业的市场价格从 2012 年伊始，就持续走跌，并且从近几年的政策来看，国际社会正大力开发新型能源，煤炭等高污染能源的需求比重正逐年降低。[1] 但是煤炭资源型城市往往从自身经济发展角度考虑，对煤炭型企业并未做出限制发展的规定，造成了煤炭产量继续上升，进而带给整个煤炭能源行业供过于求的现象。加之我国始终没有放开对煤炭资源的价格控制，违背了市场机制，更因监管不到位，致使资源定价不能完全反映其稀缺性，也使开采成本持续走高的资源型企业所获取的经济效益逐年降低。而且，当前国际煤炭行业价格持续低迷也给我国煤炭进出口造成了较大的冲击。基于多方原因，煤炭行业已经进入了

---

① 孙平军、修春亮：《脆弱性视角的矿业城市人地耦合系统的耦合度评价——以阜新市为例》，《地域研究与开发》2010 年第 6 期。

寒冬期，目前并未看到煤炭行业复苏的迹象，而煤炭资源型城市的经济发展也随之出现大幅度下滑。

（六）煤炭城市环境治理难度大

面对新中国成立初期，国家对工业发展、经济发展的追求，资源型城市的发展模式基本都是"先污染，后治理"，煤炭资源型城市都是把煤炭开采量作为第一生产力，把城市经济总量增长当成唯一标准，在这种管理理念下，煤炭资源型城市长期把煤炭作为免费的资源进行开采，对城市的生态环境造成了不可修复的破坏。城市化和工业化进程使得煤炭资源型城市人口快速增加、城市规模不断扩大、资源消耗量成倍增加，工业垃圾和生活垃圾与日俱增，对环境造成了极大的污染。在 GIS 卫星地图上看资源型城市的分布，多处于位置偏远和环境较差的山地、荒漠、戈壁等地，这些地区的共同特征就是生态环境脆弱，自我净化能力差，一旦煤炭粗放开采造成地面植被破坏、地下水污染，环境本身的自净能力不足，只能依靠投入大量的人力财力进行二次修复。根据国家财政部的文件，国家每年都会拨专款对煤炭采空区进行地面塌陷治理，但是治理的效果并不明显，煤炭采空区的生态烂摊子难以根治，据《山西省煤炭资源统计年鉴》，在 1987—2003 年间，整个山西省共产煤 6.5 亿吨，而产煤区的环境污染带来的直接经济损失高达 4000 亿元。

第三节　煤炭资源枯竭型城市发展的宏观环境

一　煤炭资源型产业的单一化发展

中国煤炭资源型城市的发展与国外煤炭资源型城市的发展背景存在着一定的区别，中国的煤炭资源型城市是在工业化初期开始的，与欧美等发达国家相比，中国的工业化基础是非常薄弱的，没有达到工业化发展的基本条件。追溯历史，中华人民共和国成立初期，因为与欧美国家的资本主义建国思想有悖，在国际范围内很难得到工业化强国的大力支持，甚至一度还被经济封锁，在这样举步维艰的环境下，煤炭成为我国工业发展的廉价能源，从上至下的集体意志，使得当地政府以煤炭资源的探索和开采为荣，煤炭资源型城市的快速发展也是国家重工业发展的基础，在当时的社会背景下，更没有考虑到未来城市的可持续发展问题。

中国的煤炭资源型城市的形成与发展，基本都依赖国家的战略部署和能源部门的专项资金支持。根据我国能源行业的专属政策，煤炭资源型企业大多是国有企业，其特点是规模庞大且机构复杂，涉及的行业较广，一般资源型城市的煤炭资源型企业涉及的行业可以达到本市总行业数的72%以上，其影响力更是可以覆盖全市，对资源型城市的产业结构多元化发展有着重要的控制力。与此同时，通过对煤炭资源价格的压缩，推动了国家工业化的成本降低，煤炭资源型城市只能通过量的积累获得一定的收益，维持城市的经济发展，煤炭开采行业的做大使得其他行业难以获得多元化发展的动力。除此之外，由国家控股的煤炭型企业在运行过程中基本处于内部封闭状态，与所在城市的发展规划关联度较低，很难起到对城市其他行业的联动机制作用。

中国的煤炭资源型城市不同于自然形成的人文综合性城市，经常是哪里有煤就在哪里建设相应的附属机构，城市的发展具有极大的局限性和不稳定性，这种特性为城市的后续发展埋下了隐患。因为煤炭行业从业人员都是普通的技术工人，甚至文化程度较低的农村劳动力，加之教育配套设施的相对落后，造成了城市的整体文化水平低下，也在一定程度上给煤炭资源型城市的经济转型带来了较大的阻力，限制了城市未来的上升空间。

综上所述，以煤炭资源为主导产业的资源型城市，其行业结构具有明显的单一特性，存在着所有制、劳动力、产业结构等多方位单一的现象。煤炭资源型城市的核心产业是煤炭资源开采及初级加工业，煤炭行业"一枝独大"的局面，致使城市的产业结构单一化，从而导致大量的劳动力集中于煤炭行业，且90%以上的劳动力从事没有技术含量的低端工作。在我国实行改革开放之后,虽然经济体制已经由计划经济转变为市场经济,并且针对煤炭行业的政策也在不断地完善,但是由于煤炭资源型城市本身的局限性以及煤炭资源型企业的国有性质,使得城市的经济转型仍然进展缓慢。

二 粗放式增长方式的制约

长久以来,煤炭资源型城市都肩负着为国家工业化发展提供能源的重要任务。尤其是中国煤炭资源型城市的建立有着自身独特的历史背景,不仅仅是煤炭开采行业,在企业发展和城市基础设施建设方面也都采取了较为单一粗放的形式,往往城市需要什么就建设什么,并没有长期全面的统筹考虑,一旦煤炭枯竭,就抛弃原有的基础建设,又换一个地方重新建设,这就使得城市建设的效率低下,许多基础设施建设使用还不到正常设计寿命就被拆除或者是废弃,重复建设造成了资源的严重浪费。

煤炭资源型企业一般都没有完备的废弃物处理设施,在生产运营过程中往往都采取把固体废物和废水排放到自然环境中的措施,从表面上看是降低了自身的处理成本,实际上造成了更大面积的污染。在生态政策方面,由于缺乏主动保护环境的意识,地方政府通常未制定严格的环境恢复政策,也未对环境污染企业采取有效的处罚措施,在利益驱使和政策缺失的背景下,企业很难自主承担起保护环境的责任。

有些资源型煤炭企业为了进一步降低企业的人力成本,常采用限制工人年龄的办法。当工人达到一定的年龄后,其劳动能力就会下降,企业就会招聘新员工代替老员工,老员工就会被下岗,下岗的老员工由于文化水平低、生产技能单一,大部分都无法在短期内再就业,生活缺乏基本的保障,而煤炭资源型城市作为政府机构需要为这部分人提供基本的生活保障,无形中煤炭资源型企业成为善后者。煤炭资源型企业的这种做法给城市经济的有效利用以及经济转型带来了很大的阻力，不利于城市可持续发展。

三　存在要素结构的初级化和要素挤出问题

生产力的三大要素是劳动者、劳动对象以及劳动工具。在煤炭资源型城市中，劳动者就是煤炭资源型企业的工人，劳动对象就是煤炭资源，而劳动工具主要是煤炭开采、运输、初级加工机械设备和技术等。所以，煤炭资源型城市生产力的提高应该从劳动者工作技能和文化素养以及城市产业科技创新方面入手。煤炭资源型城市在建立初期，丰富的自然资源使其对于技术进步和人文素养的要求不那么强烈，丰富的资源对于技术和人文素养形成了明显的挤出效应。

由于煤炭资源部门存在着超额的利润，生产要素会不断地向煤炭资源部门集中，这样的结果就是对科技创新部门形成挤出效应，对科技和人文素养的漠视，也对研发人员体系和劳动力培养体系形成了挤出效应，长远发展就会使得煤炭资源型城市的经济增长完全依赖煤炭资源和短期资本的运转，而不是由技术进步和人文素养的提高，对城市的创新需求造成了严重的打击。

四　煤炭资源枯竭型城市生态问题严峻

就全国而言，煤炭资源枯竭型城市在经济的发展过程中普遍存在生态环境破坏的现象，比如煤炭资源过度开采、地质灾害严重、水资源污染、土地利用率低、工业"三废"等问题。其中工业"三废"（废水、废气、废渣）造成了煤炭资源的浪费和环境污染。截至目前统计数据可知，我国每开采 1 万吨煤要占用土地 0.5—1.1 公顷，而全国历年积存的废渣、尾矿累计占地面积达到了 6.7 万公顷。据调查，我国目前有 312 平方千米的采空区需要治理，占到应治理面积的 84.6%。采矿过程破坏煤层地质结构，使地下水受到不同程度的污染，地质灾害频发。总而言之，煤炭资源的过度开采已经造成了较为严峻的生态问题。

五 煤炭资源枯竭型城市发展能力的弱化

煤炭资源型城市最大的财富就是辖区内的煤炭资源，然而在开发和输出过程中，城市的煤炭资源总量在不断地减少，同时生产过程中对于城市的生态环境破坏却是累加的，生态资本无形中不断地流失，出现这种问题主要包括以下几方面的原因。

首先，煤炭资源的定价机制不完善，不仅有国家对煤炭资源进行宏观调控，还因煤炭资源型城市的金融体系发展滞后，一般煤炭资源的交易地点在使用方，这就造成了定价权的缺失，且采煤很容易受到价格波动的影响，而现有价格中并没有把环境成本等外部因素考虑进去，最终形成了较低的交易价。对于煤炭资源型城市来说，卖出的煤炭获利并不能支撑环境修复的费用，这样环境欠账越积越多，城市的发展就难以继续。

其次，煤炭资源开发过程中所获取的收益，在中央财政和地方财政的分配问题上也存在着一定的不合理性，中央财政通过税收等形式将很大一部分利润收入国库，地方财政留存的利润相对较低，对于地方环境保护的拨款严重不足，这样导致了煤炭资源型城市的生态欠账较多。

最后，矿产开发的收益分配体制也不健全，煤炭资源产权者占据了大部分的煤炭资源开发收益，这种收益分配机制造成了财富的两极分化，大部分收益掌握在少部分人手里。由于煤炭资源型城市的外部环境较差，既得利益者大多数都在外地购房、置业，形成了资金外流的现象。煤炭资源型城市传统的发展方式本就存在着很多弊端，随着开采时间的推移，产业效益下降、环境欠账越来越多等负面效应逐渐弱化了城市的发展能力。

第四节 煤炭资源枯竭型城市发展的内部环境

城市内部环境主要指城市各组成要素之间的相互作用，并且在特定条件下，城市的自然、经济、人文等多方面因素共同作用的结果。按照国际上的分类标准，城市综合体可以分成自然结构、经济结构、人文结构三部分，它们共同影响着城市发展的走势。煤炭资源型城市中，煤炭的储量和区位成为城市发展过程中的重要影响因素。

一　土地利用的结构性缺陷与土地功能性缺陷

土地资源为人类的生存和活动提供了天然的场所，成为城市发展中生产活动的有机载体，土地资源是经济活动的重要生产基地。煤炭资源枯竭型城市三大产业结构中，农业与能源型产业是人类活动对土地的直接利用。丰富的煤炭资源既是资源型城市发展的一大优势，又是生态环境破坏的主导因素。因为，煤炭资源的开采对于土地形成了强烈的干扰，破坏了土地原有的结构。煤炭资源型城市的发展使整个城市迅速地从农业化转向工业化，采矿业的扩张占用了原有的农田和土地，使耕地面积减少，由于采矿业对土地破坏的不可逆性，采矿区及其附近的土地不同程度地受到破坏和污染，致使周边农田大幅减产。同时，煤炭资源初级加工产业，为取得利益最大化，不断加大开采力度，采用粗放发展方式必然降低土地资源的有效利用，极大地降低了原生态土地的生态承载力，进而反作用于煤炭行业，抑制其持续发展。

二　城市经济结构缺陷

煤炭资源枯竭型城市对煤炭资源的高度依赖是无以为继的。煤炭资源型城市把不可再生的煤炭资源作为城市经济发展的主导产业，历经高速发展之后，必然受到资源衰竭的影响。城市产业关联性弱和煤炭产业资金专用性强，使得高度非均衡的产业结构表现出较强的局限性，已经严重制约了煤炭资源枯竭阶段产业结构调整和经济转型发展。特别是完全依附于本地资源贸易来支撑经济发展，高度依赖资源采掘、资源加工及其他制造业又相对弱小的煤炭资源枯竭型城市，第二产业内部结构不合理，整体竞争力较弱，随着经济社会的发展，其对经济增长的作用逐渐减小甚至出现负增长。而对于资源采掘业依赖程度较低，资源初级加工及与资源相关的制造业发展较为突出的煤炭资源枯竭型城市，第二产业结构相对合理，也较有竞争优势，城市内产业结构相对均衡，可利用延展资源初级加工等制造业发展，来推动本地经济增长，以中高端资源制成品买卖运输建立同其他区域经济发展的紧密联系，以此作为煤炭资源枯竭型城市经济转型升级的主要推动力。① 但总体来看，煤炭资源枯竭型城市的产业结构发展并不协调，经济转型很难彻底摆脱重工业的发展道路。

三　城市社会功能与人文结构缺陷

由于煤炭产业属于劳动密集型产业，煤炭资源型城市在发展过程中需要在短期内吸纳大量劳动力，致使大量农村和外来劳动力转移到城镇。当资源衰竭，大批中小型资源型企业倒闭，导致大量外来劳动力滞留在城市中，城市的户籍结构仍然不变，甚至呈现增长趋势，根据目前的城市人口计算办法，煤炭资源枯竭型城市的城市人口的典型表现就是城镇人口比例偏高，并且城市劳动从业人员在劳动技能、文化素养、知识体系、市场观念等与新兴产业不相匹配，从而引起了结构性失业现象。煤炭企业倒闭、企业员工下岗、再就业困难、后期安置乏力、子女教育资源匮乏等一系列问题，给当地居民的生产生活带来了很大的困难，岗位的紧缺和劳动力的富足形成了对立的局面。并且随着失业人数的增加，居民生活质量急剧下降，失去生活保障的失业人员为社会经济的转型发展增加了巨大的不稳定因素。如果社会保障体系不进一步优化，将引发政府、企业、员工三方的尖锐矛盾，社会结构性缺陷突出。

---

① 严太华、李梦雅：《资源型城市产业结构调整对经济增长的影响》，《经济问题》2019 年第 12 期。

煤炭资源枯竭型城市一般具有悠久的采矿历史，见证了采矿历程、采矿技术、采矿管理等的进步，也记录了工业革命时期大型生产厂房、框架、巷道等工业文化，但是由于煤炭资源枯竭型城市的特殊性，多数城市都会经历发展的瓶颈期，只注重经济建设，而忽略文化的提升，在工业化的浪潮中很难把地区文化保留并传承下去。

四 城市产业功能性缺陷

煤炭资源枯竭型城市土地利用结构性缺陷已经直接影响农业生产。城市重工业和轻农业思维的发展理念，导致农业生产用地有效面积不断减少，农业功能严重边缘化，人类的生存和发展是以农业生产为基础的，农业生产是人类社会发展的基本动力和未来发展的动力。土地用途的多样性，可用于农、林、渔、牧、工业、城市建设等方面，而煤炭资源枯竭型城市最大的问题就是土地缺乏多样性，很难促进城市多元化发展。由于结构的单一性，使城市在经济转型过程中出现动力不足的缺陷。

五 城市生态结构缺陷

城市生态环境是一个结构复杂且具有自我组织修复能力的系统，不仅养育了包括人类在内的所有动植物的生长，而且在一定程度上对排放于环境中的废弃物进行自动净化、过滤和降解。同时，它还具有环境自我更新的能力，能够通过物质和能量循环维持生态系统的健康运行。煤炭资源枯竭型城市的生态环境系统已经在无限度的煤炭开采中破坏殆尽，无法维护原有的生态环境系统平衡，城市生态环境系统处于非常脆弱期，严重影响了城市生态功能的服务性。

第三章　资源型城市经济转型国际经验及其启示

　　18 世纪中期资本主义工业革命迅速发展，人类社会逐渐步入工业化时代，对矿产资源的需求量也日益增加，致使世界各国对资源展开了大规模开采，依赖资源开采而形成的城市如雨后春笋般相继诞生。在矿产资源开发过程中受到产业发展规律和不可再生性的作用下，资源型城市必然要面临资源逐渐萎缩，产业效益下降，资源主导产业进入衰退期，替代产业尚未形成，经济衰败，环境生态问题日益严峻，劳动生产力过剩等问题。因此，20 世纪中后期，西方发达国家陆续对资源型城市展开了产业结构调整的不断探索，掀起了全球性资源型城市经济转型的序幕。

　　我国的资源型城市兴起于新中国成立初期的工业浪潮中，回顾中华人民共和国成立初期，尤其是以内蒙古、东三省为主力军的重工业矿区，作为我国的能源基地和重要原材料供应区，为全国社会经济发展做出巨大的贡献。然而，一味地追求经济发展，长期依赖资源的开采，忽视技术创新和其他产业发展，忽视生态环境保护，资源型城市难以逃脱"建设—发展—萎缩—衰败"的宿命。就目前来看，我国还处于转型的初级阶段，政策措施仍不完善，需借鉴国外成功案例，通过分析评价获取适合我国特色社会主义资源型城市经济转型的新模式与实现路径。

　　资源型城市转型不单单是一个国家的问题，而是具有普遍性的全球问题。早在 20 世纪 60 年代，欧美一些经济发达国家就遇到了资源型城市转型的问题，并对其展开了相关的探索研究和积极实践，在此过程中许多国家和地区因转型成功而实现区域经济的振兴，如德国鲁尔、法国洛林、日本北九州、澳大利亚珀斯等，也有一部分资源型城市因资源枯竭，并未采取积极转型措施，从而走向了衰落，如苏联的巴库。故而，梳理国外资源型城市成功转型的案例，归纳总结其经验，将对我国资源型城市转型起到启示和借鉴作用。

第一节　资源型城市经济转型的国际经验及模式

一　德国鲁尔区

20 世纪五六十年代，随着工业革命的进行，科技快速发展，能源需求结构发生变化，德国鲁尔区作为传统的煤炭资源型城市，其产业结构面临着巨大的冲击，经济持续下滑，人才流失不断加剧，失业率迅速上升，生态环境遭到破坏。[1] 面对一系列社会经济亟待解决的问题，德国联邦政府成立专门负责经济转型的部门鲁尔煤管区开发协会，对经济转型进行总体部署和规划，主要采取以下措施：一是延长煤炭经济产业链，开始重视煤炭生产和加工环节的技术投入；二是通过设置专业的产业规划机构，根据市场需求导向对传统产业进行科学系统的重新规划和布局；三是重视人才福利政策的颁布，加快基础设施的更新和建设，从而改善就业和生活环境，减少人才和人力资源流失；四是采取严格的环境保护措施，加强煤炭矿区的基本建设，严格控制工业排放，治理环境污染和生态破坏问题；五是对相关企业的转型升级进行扶持和补助，政府运用财政资金和免税政策帮助企业的发

---

[1]　S. Lockie, M. Franettovich, V. Petkova-Timmer, et al., "Coal Mining and the Resource Community Cycle: A Longitudinal Assessment of the Social Impacts of the Coppabella Coal Mine", *Environmental Impact Assessment Review*, Vol. 29, No. 5, 2009.

展；六是企业通过对相关符合条件的员工实施提前退休，对相关在岗员工进行技能再培训，提升人力资源素质；七是鼓励相关企业引进高新技术，实现主营业务的拓展与升级；八是发展多元化的产业类型，促进地区经济由单一化转向多元化转型。①

二 法国洛林区

法国是世界上工业化较早的国家之一，拥有悠久的资源开发历史，但是生产成本较高。20世纪60年代末，由于资源的过度消耗以及受到先进科技的冲击，传统的纺织、煤炭和钢铁三大支柱型基础产业逐渐衰落，法国通过政府主导与市场调节相结合的方式，开始向新兴产业转型。一是政府给予财政资助，通过免交职工家庭补贴保险费的方式鼓励企业雇用下岗工人，并直接对下岗工人给予经济补贴；二是建立金融公司，由政府出台优惠政策，采取鼓励性措施推动矿区建立金融公司，从而促进矿区工业化发展进程；三是设立特别基金，针对老工业区的经济转型，推出地区开发奖金、工业自应性特别基金、工业现代化发展基金三项基金促进老工业区企业的发展，基金主要来自国家直接拨款以及民间资金；四是积极争取国外的资金援助支持，将工业转型纳入欧盟援助计划，通过使外国投资者享受法国国民待遇，吸引外资的进入。②

三 日本北九州

日本的北九州地区煤炭资源丰富，曾经是日本著名的煤矿产区，是日本最主要的工业和港口城市之一，工业产值曾经一度达到日本

---

① 李晟晖：《矿业城市产业转型研究——以德国鲁尔区为例》，《改革与理论》2002年第6期。
② D. L. Erickson, "Policies for the Planning and Reclamation of Coal-mined Landscapes: an International Comparison", *Journal of Environmental Planning and Management*, Vol. 38, No. 4, 1995.

GDP 的 8%，是日本的重工业发祥地。

　　然而，由于大力发展重工业，"二战"之前北九州市的环境污染已经比较严重。战后伴随着日本经济的快速增长，到 20 世纪 60 年代中期，北九州的环境污染已经非常严重，烟囱不停地释放各种颜色的有毒烟雾，北九州市因此被称作"七色烟城"，从 1959 年起北九州市降下的粉尘量连续打破日本纪录。1969 年北九州成为日本第一座发布烟雾警报的城市。不仅粉尘污染严重，北九州市的水质污染已经到了无法忽视的地步，早在 1942 年北九州市的主要港湾洞海湾就已经无法捕鱼。伴随着日本"二战"以后经济的复兴，洞海湾的污染状况加剧。1968 年发生的"米糠油事件"① 更是使北九州市的环境危机达到顶峰。

　　北九州市政府在北九州市实现城市转型的过程中起到了重要的管理和推动作用。一是北九州市政府成立了专门的环境保护机构并且构建了完善的政府内部协调机制，为治理环境问题提供了充足的资金和人力，保证了环境治理的效果；二是北九州市政府采取了积极有效的治理措施来治理工业污染；三是北九州政府通过实施产业多元化策略，尝试引入新兴产业；四是开展科技创新，重视人才培养，创建产、官、学、研一体化的支撑体系。

　　通过种种措施，经过多年努力，北九州市的生态环境和产业结构发生了明显变化。通过北九州市的例子，展示了政府在城市转型中的作用。除了政府的积极推动，北九州市的转型还证明了环境治理和城市转型不是政府制定政策并强制企业执行的单方向过程，而是政府决策时吸收业界意见、执行政策时对有困难的企业加以扶持的双向

---

　　① 1968 年 3 月，日本九州、四国等地区的几十万只鸡突然死亡。经调查，发现九州一个食用油厂在生产米糠油时，因管理不善，操作失误，致使米糠油中混入了化学性质极为稳定的脂溶性化合物多氯联苯，此物质可通过食物链而富集于动物体内。被污染的食物油做了饲料，造成了数十万家禽死亡，并导致日本出现了大批中毒患者。1977 年，因此病死亡的人数达到 30 余人。1978 年 12 月，日本有 28 个县正式承认 1648 名患者（包括东京郡、京都郡和大阪府）。此事件在当时震惊了整个世界。

过程。

四 阿联酋迪拜

阿联酋迪拜作为中东地区石油资源最为丰富的城市之一，其经济发展主要依赖石油资源的开采加工。但是，由于石油是不可再生的自然资源，且具有单一性、波动性、依赖性和孤立性等特征，单纯依赖石油的发展使迪拜经济发展极端化、不可持续化。[①] 为实现经济发展的有效转型，迪拜从多角度采取措施。一是迪拜政府宏观把握全局发展方向，成立商业市场部，与迪拜工商部合作为经济的多元化发展提供资金支持，同时放宽经济管理，利用市场干预经济，营造宽松的市场经济环境。[②] 二是通过基础设施建设全面促进迪拜经济发展，运用石油美元和投资资金用于改造各个领域的基础设施建设，多次改建和扩建各大港口，加强航空基础设施建设。三是积极进行经济转型，实施以旅游业、会展业、交通运输业、转口贸易业、房地产业等为主的横向多元化发展战略，进而成功实现了经济转型，减少了对石油的过度依赖，从而形成目前石油产业增加值仅占迪拜 GDP 比重的 1%，非石油产业多元化发展迅速。[③]

五 澳大利亚珀斯

珀斯是澳大利亚西澳大利亚州的首府，是澳大利亚第四大城市。西澳大利亚州地广人稀，面积 250 万平方千米，是澳大利亚最大的州，占全国面积的 1/3，人口仅有 180 万，73% 的人口居住在首府珀斯。珀斯地处澳大利亚地中海气候地区，拥有丰富的矿产资源，包括

[①] 冯惠尧：《迪拜多元化经济转型模式研究》，硕士学位论文，大连外国语大学，2018 年。

[②] ［英］克里斯多夫·M. 戴维森：《迪拜：脆弱的成功》，杨富荣译，社会科学文献出版社 2014 年版。

[③] ［阿］穆罕默德·本·拉希德·阿勒马克图姆：《我的构想——迎接挑战，追求卓越》，张宏、薛庆国、齐明敏译，外语教学与研究出版社 2007 年版。

铁矿石、天然气等，是一座非常著名的综合矿城。

珀斯开创了独具有特色的经济转型模式——"长距离通勤模式"（long distance commuting，LDC），其主要做法旨在生产区建立满足基本生活所需要的临时场所及公共服务设施，而让工人居住在距离较远的中心城市，实现产居分离。不仅缓解了劳动力紧张的问题，而且减少了矿产开采的前期投资，基本上实现了矿竭而城不衰。

近些年来，澳大利亚政府加大了对西部开发的力度，为澳大利亚西部地区和珀斯的发展带来了新的活力。政府主要采取的措施包括：一是调整产业结构，除了西澳大利亚州传统行业，大力发展工业和商业，创造大量的就业机会。二是引进先进技术，加强传统产业技术含量，发展高新技术产业。三是转变发展战略，过去澳大利亚一直以发展澳大利亚东部地区政治经济为主，而现在澳大利亚转而大力发展西部地区，并且有意将西澳大利亚州的首都珀斯建立成通往亚洲的门户。但是，澳大利亚政府并不直接介入该州的发展，也没有提供特别的财政支持，而是在工业政策上对这些开发企业进行扶持。联邦政府对企业的政策支持由过去的保护、发展转向为鼓励，通过科研和培训来增强对外竞争力。其具体的开发规划与执行由西澳大利亚州政府具体规划和执行。鼓励政策包括：设立"资本建立基金"，提供无息贷款、提供基础设施、减免税收等。但开发计划不具有法律的强制力，而是依靠有关各方的合作与协调。[①]

这种模式在珀斯之所以能够成功运用，起决定性作用的原因是珀斯自身的地理环境因素。珀斯矿产资源丰富，但是地广人稀，对于整个澳大利亚西部地区而言城镇之间分布都比较远。相较对于国外的许多资源型城镇而言，它们的工人流动性比较强，经常会在很多城市之间辗转以寻求最佳的工作机会，因此这些城镇规模一般来说还是比较

---

① 沈镭：《我国资源型城市转型的理论与案例研究》，博士学位论文，中国科学院研究生院，2005 年。

小的，而且这些城镇的发展受到当地企业的影响较大，因此国外有的学者针对这种情况提出了公司城的概念。

该模式比较适用于那些位于偏远和生态环境恶劣的资源型地区，且有一定开采年限的资源型企业，可以节约附属设施建设成本，但对于地方经济没有很强的拉动作用。如果选用这种模式就必须加强资源型企业与当地居民及经济发展的联系，可以为当地居民增加就业岗位，并且可以连带推动当地的发展，如可以兴建学校、商业区等。而相对于目前我国的这些资源型产业而言，这种模式对于那些居住在中心城市的人并没有太大的作用，但是可以利用这些城市周边的小镇，在城镇内部建立居民点从而减少通勤成本。

六　经济转型的主要模式总结

综上分析，国外对资源型城市的案例分析及理论研究较多地集中于对德国鲁尔区、日本北九州、澳大利亚珀斯等发达地区的研究，尤其是对德国鲁尔区老工业基地的相关研究，其研究成果及理论建树尤为让人瞩目，然而对国际上其他国家资源型城市转型的研究较少。通过对以上案例文献进行总结归纳，得出国际资源型城市的经济转型主要采取了以下模式。

（一）产业链延伸战略

产业链延伸是指在现存的一条产业链基础上尽最大可能向上下游拓展延伸。资源型城市主要可以利用自身的资源优势，加大发展资源的深加工，加深相关产业的关联度，延伸产业链，从而带动本地区经济转型。

德国鲁尔区是世界上最大的工业区之一，工业生产主要集中在煤炭、钢铁、电力、机械、化工五大部门，而煤炭开采和钢铁加工是全区经济发展的基础，一旦衰落则必定会使整个区域衰败。因此，在20世纪60年代德国联邦政府率先对工业区内的产业结构做出调整，对传统的老矿区进行清理整顿，关、停、并、转那些生产成本高、机械化水平低、生产效益低的企业，并对煤炭业和钢铁业进行集约化改组，以达到降低成本提高效益的目的。与此同时，鲁尔区利用资源优势，从生产技术方面进行创新改革，深化拓展产业链，建立了煤化工产业、煤电产业、钢铁机械产业的联营机制，逐渐形成了部门结构复杂、内部联系密切、高度集中的地区工业综合体。

20世纪80年代，因美国经济的衰退，石油价格下滑，休斯敦的经济出现下降趋势，为了改变单一的石油产业结构，当地政府采取一系列政策措施延伸产业链，积极调整产业结构，及时实施产业接续，在促进石油科研和开发的同时，带动为其服务的机械、钢铁、电力、水泥、粮食、造纸、交通运输等产业的发展。并且在此建立了美国最大的宇航中心——约翰逊宇航中心，汇集了全美科学和工程方面最优秀的高科技专业人员，带动了相关的1300多家高新技术产业，为形成现如今的美国高技术中心奠定了基础。

（二）新主导产业扶持战略

资源型城市着重以矿产资源开采、初级加工为主导产业，产业结构单一，难以适应市场需求。一些地区资源随着开采量逐渐衰竭，主导产业已无法支撑本地区的经济发展，扶持新主导产业成为经济转型的首要策略。

20世纪50年代以后，因世界能源消费结构的转变，石油销量逐渐增加，加之煤炭资源日趋枯竭，鲁尔区的"煤炭危机"随之而来。"煤炭危机"的产生又对钢铁产业带来连锁效应，使以煤炭、钢铁为基础产业的鲁尔区面临着巨大的经济危机。德国联邦政府意识到这种单一的产业结构已无法推动经济的快速增长，为了阻止煤炭、钢铁业的持续衰退，稳定社会经济发展，便利用自身充裕的劳动力市场、便捷的交通以及巨大消费市场的优势吸引和建立技术精良的中小企业，大力发展石油化工、汽车、电子信息、消费品工业等接替产业。积极促进第三产业发展，吸引外来投资，涌现出了大量新兴企业和外来企业，从1958年至1973年该地区的企业数量增长到459个，涉及汽车、化工、电子、服装等各个行业，不仅解决了职工就业问题，而且实现了区域产业多元化的目标。

洛林拥有法国近 80% 的铁矿资源，且埋藏浅便于开采，但由于铁矿品质较低，从 20 世纪 70 年代起，钢铁产量直线下降，加之国际市场需求的影响，洛林钢铁产业的发展受到严重阻碍。又因国际市场上大量的廉价煤炭进入国内市场参与竞争，煤炭产业也受到了严重冲击，这使得洛林工业区经济走向衰退。为了阻止传统产业持续衰退，重振矿区经济，洛林在关闭煤矿、铁矿、炼钢厂等生产成本高、资源消耗大、环境污染严重、缺乏市场竞争力的产业的同时，又运用高新技术改造传统工业，提高钢铁、机械、化工等产业的技术含量和产品附加值，使企业能够满足市场需求。并且着重发展核电、计算机、激光、电子、生物制药、环保机械和汽车制造等高新技术制造业，培育骨干企业，承接传统工业，促进经济的持续稳定发展。到目前为止，洛林已成为汽车制造业的重要基地，雷诺、奔驰等均在洛林设立分厂，该区企业制造业的产值已占当地国民生产总值的三成。

（三）外资引进战略

为了阻止资源型城市经济的持续衰退，实现经济的成功转型，各地政府都采取了相应的产业结构调整规划和政策措施，但由于扶持转型的资金匮乏，且来源单一，并没有加速城市转型的快速实现。因此，对于尽快实现本地区的经济转型而言，大量筹措资金，吸引外资投入就显得尤为重要。

法国洛林在经济转型过程中，尤其注重多方筹措资金，并制定各种优惠政策，吸引大量外资投入。法国政府成立了受影响工业专项基金，平均每年约有 30 亿法郎投入转型中，欧盟还对城市产业转型投入每年约 20 亿法郎，两者分别占总投资额的 30% 和 20%。除此之外，法国政府制定了各种吸引外资引入的优惠政策，扩大对外开放。法国利用土地价格低于欧洲其他国家的优势，吸引外企来此建厂，并给予外企 50% 的地方资金资助，若将厂房建于老矿区遗址，还可得到政府更多的补助。洛林还在国外设立了专门的代办处，对大型国际公司主动出击，对其在本地落户的可能性进行分析，邀请其参观访问工业区，使之了解洛林地区的优惠条件和良好的环境优势。大型国际公司的入驻不仅给洛林带来大量外来资金的投入，同时还缓解了就业压力，将本地区的经济转型与国际接轨。

（四）政策扶持战略

经济转型是资源型城市遵循市场发展规律的必然选择，但也离不开政府宏观调控。政府不能取代市场，而是完善市场。为了促进经济转型，政府采取了一系列的政策措施，辅助城市在经济转型时期平稳过渡，而日本北九州就是实施政策扶持战略最具特色的代表。

日本北九州曾有"钢铁工业支柱、军事工业基础"之称，"一战"期间，凭借钢铁、煤炭、化学、矿山机械等产业的迅猛发展，逐步成为日本四大工业地带之一。20世纪60年代，因煤炭储量下降，开采成本提高，外加工业生产所造成的生态危机，尤其是1968年的"米糠油事件"，日本北九州陷入了产业衰退和环境污染的双重危机当中。因此，日本北九州开始转变经济政策，使"产业振兴政策"与"环境保护政策"结合起来。首先，转变能源政策，由原先的煤炭资源利用转向国际市场价格更便宜的石油资源，逐步关闭一些低产能、高耗能的矿井，分阶段陆续减少煤炭产量，放弃对煤炭产业高昂的保护政策。其次，实行新的产业政策，加强改善基础设施，兴办工业园区，吸引外企迁入，创办一系列新兴产业。最后，制定和颁布相关的环境法律政策，大力发展循环经济，并且政府对环境治理也给予一定的财政支持。通过利用这一系列的有效措施，日本北九州不但实现了经济的成功转型，由传统的煤炭产区转变为高新技术产业园区，而且在生态环境治理方面也实现了重大突破，促进了环保产业的发展。

（五）国土整治战略

部分资源型城市在资源开采过程中，由于只一味地注重资源开采，不仅造成了资源枯竭，同时引起了当地严重的生态环境问题。改善矿区环境、恢复矿区生态也成为当地政府在转型过程中不可忽视的问题。为此，大多数国家地区资源型城市转型过程中采取将经济转型与国土整治相结合的办法，转型的同时对本地区遗留矿区进行整体规划。

1963年洛林成立了专门的国土整治与地区领导办公室，将煤炭产业转型同国土整治相结合，并列入整个地区规划。企业关闭后，针对废弃的老工业矿区进行总体规划与重新建设包装，集中处理和解决土地污染、环境破坏等问题，充分有效利用闲置土地，在老工业遗址上建立居民住宅区、娱乐中心，并在此基础上建新厂房，或种植花草，恢复生态，美化环境，使洛林变成环境优美的新工业区。

而德国鲁尔通过借鉴他国历史经验，结合自身特色，创建了传统老工业区与旅游业相结合的特色规划模式。1998年将全区工业遗产统一规划，把有代表性的废弃工业厂房建成博物馆、大型景观公园、游乐园、影视基地、大型购物中心等。到目前为止，已经形成了一条连接19个工业旅游景点、6个国家级博物馆和12个典型工业城镇的工业旅游线路，从而促进鲁尔旅游业的飞速发展。并且，鲁尔还制定了"绿色空间"计划，全民参与，将鲁尔打造成了现如今的绿色生态城市。

（六）人员安置战略

资源型城市对传统工业的改造，必将导致大量人员失业，而产业结构不合理，第三产业发展滞后，城市就业空间不足，剩余劳动力无法安置，这一问题如若解决不当，必然会造成社会动荡，阻碍经济转型。恰当解决人员就业，充分利用好人力资源是经济转型成功的基石。

美国匹兹堡有着丰富的烟煤、石灰石和铁矿石，在19世纪70年代发展成为美国最大的钢铁基地，并被誉为"世界钢铁之都"。因"二战"期间对钢铁需求量的猛增，迅速进入了钢铁工业发展的"黄金时代"，钢铁、冶金、焦炭以及重型电气制造设备等行业成为当地经济的支柱产业，集中了当地大部分就业。但是，由于地区经济过于依赖钢铁工业，造成了环境污染严重、产业集中度高、就业渠道单一等问题，当地经济逐步走向衰退，经济转型则成为其解决问题的根本途径。因当地创建的资源型企业大多数为私营企业，遵循市场规律运行，所以在面对经济转型的问题时，政府更偏向于依照市场经济的发展规律，尊重企业自身的选择，着重解决失业人员安置、培训、再就业以及生态补偿等遗留问题。第一，有计划有顺序地逐步关闭传统工矿业，给予工人充足的心理准备，以避免社会动荡；第二，加强人员技能培训，帮助其再就业，实现劳动力就业结构调整；第三，为失业人员设立社会保障和救济专项基金，帮助其渡过最初难关，以尽快实现转岗再就业。这些措施的实施，在很大程度上缓解了资源型企业关闭后的人员安置再就业的压力，提高劳动人员的专业素质，从而也增强了转型后的企业市场竞争力。

（七）总体规划战略

一个地区经济转型的成功实现，必定是经济、社会、生态、文化等多方面相互协调发展的结果。故各国家地区在转型过程中，不但追求经济的快速发展，还考虑到整个区域的历史文化、生态环境、社会稳定等多方面因素，将其总体协调规划，使资源型城市得到全方位的转型升级，彻底摆脱资源枯竭的命运。在这一方面，德国鲁尔区的做法值得我们学习借鉴。

德国联邦政府于1920年5月5日颁布法律，成立专门负责经济转型的部门鲁尔煤管区开发协会（简称 SVR），为鲁尔区最高规划机构，对经济转型进行总体部署和规划，以达到调整鲁尔经济及社会结构，重振鲁尔经济的目的。协会由60%的市县政府代表和40%的企业代表共88个成员组成，并由其中7个成员组成的委员会负责协调日常事务。协会形成初期只负责制定关于工业和民用地、交通道路、绿化环境等"一般开发规划"，随着协会的不断完善壮大，从20世纪60年代起发展成为全区规划的主要负责机构。除此之外，为了配合协会的规划管理还设立了一系列的配套机构和相关管理机构，为鲁尔区科学规划实现成功转型打下结实的基础。

第二节　资源型城市经济转型的
国际经验的启示

由于各国各地区所处的地理位置、自然环境和社会经济文化发展程度各有不同，但其解决问题实现成功转型的战略方法却不尽相同，因此在对上述几个国家地区成功转型经验模式的分析总结中，我们可以得出以下启示。

第一，拓展产业链，培育接替产业，实现产业结构多元化。资源型城市在转型前大都以矿业开采作为支柱产业，此单一的产业结构在面临资源枯竭的问题时，没有能力继续支撑本地区的经济发展。因此，为了避免"矿竭城衰"，实现可持续发展，就必须调整产业结构，加强支柱产业，将其产业链向下延伸，增加科技含量，提高产品附加值。同时，结合当地经济实际发展情形，培育新兴企业，发展替代产业，尤其要扩大第三产业，增加服务业所占比重，以满足市场需求，使本地区经济向多元化发展。

第二，成立专门区域发展领导机构进行总体指导和规划。资源型城市的发展具有其社会的、经济的、历史的特殊性，从世界各国资源型城市的研究成果和转型案例来看，必须尽早从战略高度上谋划转型。经济转型的实质是以非资源消耗型产业的发展替代对资源过度依赖的产业。因此，必须认识到转型的迫切性，科学制定转型规划措施，由传统的资源依赖型的单一产业主导的地区经济结构发展转向资源深加工、相关产业拓展，实行"资源开发型产业与非资源开发型产业并举"的多元化发展战略。如可以借鉴法国洛林地区经验，重视第三产业构建多元化的产业结构，使城市在资源衰竭后仍然可以依靠多元化的产业发展道路保持经济的稳定和繁荣。从德国鲁尔工业区的转型经验来看，成立专门的领导机构对实现经济的成功转型至关重要。资源型城市经济转型不单只涉及经济的发展，更涉及城市建设、文化、生态、就业等方方面面，如若协调处理不当，不仅经济转型无法实现，也必将会引起社会的动乱。而且，经济转型不是一蹴而就的，而是一个需要长期奋斗的复杂过程。因此要成立专门的领导机构，给予其相应的权力和责任，使其从全局利益出发，协调和调动各方面转型的积极性，结合当地实际制定切实可行的具体规划，并监督落实实施。

第三，健全金融体系，支撑经济转型。资源型城市转型大多面临着资金短缺等问题。一是可以借鉴德国、法国等发达国家的经验，针对城市经济增长迫切需要的战略性新兴产业给予必要的资金扶持，建立城市转型基金，扶植转型企业发展。[1] 二是要充分发挥政府的主导作用，运用利益补偿、贴息等政策手段促进金融资本向转型企业转移。三是要重视民间资本和国外资本的作用，从国外的转型经验来看，要充分利用多元化的资本来源，运用国内的民间资本和国外资本，吸引多元化的投资主体参与到转型之中，为加速经济转型提供资金保障。[2] 一方面，要营造良好的投资环境，从而吸引资金的投入；另一方面，也要降低市场门槛，放开市场管制，确保引资工作的顺利进行。制定和出台相应投资政策，协同多方力量筹措转型资金，扶持产业结构调整。资源型城市经济转型过程中需要大量的资金来支持其关闭生产成本高、资源消耗大、环境污染严重、没有市场竞争力的产业，培育发展替代产业，生态环境治理，下岗职工培训等措施的实施。国家一方面加强对转型城市的投入外，另一方面还应在财政和税收方面给予补贴优惠等政策扶持，例如土地优惠政策、项目补助资金、税收返还政策等，鼓励创办中小企业，加强科研开发，吸引大量外资投入，从而反哺本地区的资金资源。

---

① C. Andini, "Financial Intermediation and Growth：Causality and Causes without Outliers", *Portuguese Economic Journal*, 23 Jan. 2009.

② A. Vaona, "Regional Evidence on Financial Development Finance Term Structure and Growth", *Empirical Economics*, 18 July 2007.

第四，以科技创新引领经济转型。科技创新是资源型城市经济转型的基本动力，无论对支柱产业的改造升级，还是发展创建接替产业都离不开科技创新。政府和企业各部门不仅利用科技创新调整产业结构，还应积极开展管理制度创新，加强人才培养，促进科技创新，为经济转型提供强有力的智力保障。

第五，完善社会保障体系，注重教育和职业技术培训，实现劳动人员就业和再就业。资源型城市在转型过程中会出现大量的剩余劳动力，应充分利用发展这一优势，而不要因大量无处安放的劳动力阻碍经济顺利转型。完善社会保障体系，为大量劳动人员提供最基本的社会生活保障。在此基础上，给予其职业技术培训的机会，为其自主创业提供帮助和相应的优惠政策，实现就业和再就业。

第六，将经济转型与市政建设、文化建设和国土整治结合起来，以绿色生态文化创造投资环境。由于资源型城市对矿产资源无度开采，在其开采、运输、使用过程中都对当地生态环境造成了严重的危害，甚至威胁到当地居民的日常生活。想要实现当地经济的复苏，吸引外资流入，在经济转型的同时必须对当地国土进行总体规划整治，加强城市基础设施建设，对当地生态环境展开全方位的治理。只有完善硬件设施，营造出良好的绿色生态环境，才能吸引更多的企业在此落户。

第七，加强职业培训，提高劳动力素质。从各国资源型城市转型的经验来看，人力资源的转型都是其中的关键点。资源型城市产业工人的特点是劳动技能单一，大多数文化水平不高，只适应于固定的劳动领域，无法适应新兴产业的发展。因此，必须重视加强对劳动力的职业培训，提升其职业技能，从而为产业的转型提供相匹配的劳动力。可以借鉴法国的经验，建立工人培训中心，根据不同的企业需求和个人特征开展有针对性的技能培训。同时，政府应当鼓励有能力的劳动力进行个人创业，给予必要的资金和政策支持，营造良好的创业环境，使生产要素在城市经济发展中充分流动，实现城市经济的繁荣持续发展。

第四章 产业结构与城市化水平
协调发展研究

产业结构调整与城市化水平的发展是社会经济发展过程中的核心，一般而言，产业结构的升级和城市化水平的发展之间互相影响，一方面，产业结构的升级改造不断促进产业整体水平的提升，提高产品的附加价值，创造更高的利润，使得产业集聚程度显著提升，此时，产业结构的升级调整，能够在一定程度上带动城市基建设施的发展，同时也会带动城市第三产业的发展。[①] 另一方面，城市化进程的加快，会大大激发第三产业的发展热情，更多的资本会在城市化进程中流向第三产业，推动金融行业、教育行业、互联网行业等第三产业的进步，而这也会为城市产业结构转型升级提供丰富的市场需求，推动城市产业结构转型升级的完成。[②] 因此能够看到，城市产业结构发展与城市化水平之间优质的协同，对于城市经济转型发展具有重要的价值。在我国逐步迈入"新常态"的时期，煤炭资源枯竭型城市当下正处于产业结构转型升级的关键时刻，探寻煤炭资源枯竭型城市的产业结构与城市化水平的耦合协同度显得尤为重要，只有良性的协同，

[①] 杨浩、蒲海霞：《京津冀地区产业结构变化与城市化协调发展研究》，《城市发展研究》2018年第6期；纪明、杜聪聪：《产业结构演进对城镇化影响的实证检验》，《统计与决策》2017年第17期。

[②] 宋丽敏：《城镇化会促进产业结构升级吗？——基于1998—2014年30省份面板数据实证分析》，《经济问题探索》2017年第8期；沈正平：《优化产业结构与提升城镇化质量的互动机制及实现途径》，《城市发展研究》2013年第5期。

才能更好地促进煤炭资源枯竭型城市资源合理配置，推动城市经济转型发展。为此本章在梳理相关文献的基础上，基于煤炭枯竭型城市产业结构与城市化水平互动机制，分别构建了煤炭资源枯竭型城市产业结构发展与煤炭资源枯竭型城市的城市化水平的评价指标体系，并以涵盖我国中东西部的 9 个煤炭资源枯竭型城市为研究对象，测算了 9 座城市 2005—2015 年间产业结构发展与城市化水平的协调发展度，并针对实证分析结果为我国煤炭资源枯竭型城市经济转型发展提出相关的政策建议。

第一节　相关理论与文献综述

一　问题的提出与理论基础

我国经济发展逐步进入"新常态"时期，煤炭资源枯竭型城市当下正处于经济转型升级的关键时刻，产业结构转型升级作为经济转型的重要组成部分，探寻煤炭资源枯竭型城市的产业结构与城市化水平的耦合协同度显得尤为重要，只有良性的协同，才能更好地促进煤炭资源枯竭型城市资源合理配置，推动城市经济转型发展。产业结构变化和城市化这两个概念一直以来是学术界的研究热点，两者之间的相互影响一直以来也都备受学者们的关注。早在 1954 年刘易斯（W. A. Lewis）[1] 通过建立数学模型，印证了城市化的过程中必然会导致劳动力开始向城市区域转移。日本学者小岛瑞三[2] 通过对全球部分发展中国家的城市化数据进行分析，在探析各国工业化进程后指出，拉丁美洲发展中国家的工业化水平落后于其城市化进程，而亚洲各发

---

[1]　W. A. Lewis, "Economic Development with Unlimited Supplies of Labour", *Manchester School of Economic and Social Studies*, 1954.

[2]　Reeitsu Kojima, "Introduction: Population Migration and Urbanization in Developing Countries", *The Developing Economies*, XXXIV -4, 1996.

展中国家两者基本同步发展。穆拉塔（Y. Murata）[1] 运用定量回归的方法，对产业结构变化和城市化之间的影响机制进行了论证，认为这两者之间确实有着互动的关系。陈可嘉等[2]对福建省进行研究，构建空间模型论证了福建省产业结构对城市化进程之间相互作用的关系。王军生等[3]从系统科学的角度，将城市化和产业结构协调发展看作一个系统，以陕西省为例，定量分析了陕西省城市化和产业结构的协调发展水平。黄晓军等[4]运用 SPSS 分析，对东北地区过去 10 年的产业结构变化和城市化之间的互动联系进行了回归分析，明确了产业结构之间的互动关系进行了明确。佟新华[5]对吉林省人口城市化产业结构与城市化之间的互动关系，运用 1952—2013 年的时间序列数据进行计量分析，认为人口城市化对于第三产业的带动作用远远大于第二产业。

　　现有的研究对于帮助我们认识产业结构变化和城市化之间的关系有巨大的作用，但多集中于两者互动影响机制、动态关系、发展模式等方面，而对两者之间耦合协调度方面的研究较少，并且在两者协调度研究方面，研究区域的选择多以省或国家为研究对象，选择特殊城市作为研究对象的文献相对欠缺，为此，本书在当前我国资源枯竭型城市亟须城市发展和产业转型的大背景下，以煤炭资源枯竭型城市为研究区域，探讨产业转型与城市化水平之间的耦合协调关系。在梳理相关文献的基础上，基于煤炭资源枯竭型城市产业结构与城市化水平

　　① Y. Murata, "Rural-urban Interdependence and Industrialization", *Journal of Development Economics*, Vol. 68, No. 1, 2004.

　　② 陈可嘉、臧永生、李成：《福建省产业结构演进对城市化的动态影响》，《城市问题》2012 年第 12 期。

　　③ 王军生、张晓棠、宋元梁：《城市化与产业结构协调发展水平研究——以陕西省为例的实证分析》，《经济管理》2005 年第 8 期。

　　④ 黄晓军、李诚固、黄馨：《东北地区城市化与产业结构演变相互作用模型》，《经济地理》2008 年第 1 期。

　　⑤ 佟新华：《吉林省人口城市化与产业结构的动态关系研究》，《人口学刊》2015 年第 4 期。

互动机制，分别构建了煤炭资源枯竭型城市产业结构发展与煤炭资源枯竭型城市的城市化水平的评价指标体系，并以涵盖我国中东西部的9座煤炭资源枯竭型城市为研究对象，测算了9座城市2005—2015年间产业结构发展与城市化水平的协调发展度，并针对实证分析结果为我国煤炭资源枯竭型城市经济转型发展提出相关的政策建议。

二 相关理论基础
（一）产业结构升级相关理论

产业结构转型升级是指，产业结构由阻碍经济发展转向促进经济发展，最终实现产业结构的合理化与高度化。在这里产业结构的合理化是指产业结构适应当前的经济发展形势，产业结构的高度化是指产业结构转型着眼于未来经济形势的合理化的一种产业结构状态。

1. 库兹涅茨理论

库兹涅茨在分析三大产业比重变化的基础上认为，产业结构随着经济的发展，会使得第一产业比重逐步降低，第二产业比重在早期会出现较为明显的提升，而后会逐步降低，第三产业会逐步稳定上升。

2. 克拉克定律

克拉克认为随着经济的发展，产业结构会延续从第一产业向第二产业转移，第二产业逐步向第三产业转移的这样一个过程。

3. 梯度转移理论

梯度转移理论认为产业结构的发展程度是由主导产业所控制的，随着社会经济的不断发展，生产逐步从高梯度地区向着低梯度地区转移。也就是发达国家先开始进行产业结构转型升级，而后通过主导产业转移促进发展中国家产业结构转型升级。

（二）城市化理论

城市化理论分为古典学派、生态学派、新古典学派、行为学派、结构学派、新韦伯主义学派、后现代主义学派等诸多学派。其中行为学派是通过对人类活动进行分析，探寻人类活动在城市形成过程中的作用规律，将城市化的研究与社会学联系在了一起；结构学派则是将城市化的进程看作社会经济发展过程中的社会选择，而不是由个人所能决定的；后现代主义学派旨在突出城市、社会人文、生态环境的协同。

学者们提出的城市理论模型分为以下几种：单一中心城市模型、多中心城市模型、空间不匹配理论、郊区城市化理论。单一中心城市模型是指城市只有一个中心，为此形成由中心向外辐射，租金降低、商业功能下降。多中心城市模型是指一个城市有多个中心点，更有利于城市拓展，方便城市民众的日常生活。空间不匹配理论是指人口居住地与工作单位所在地理位置上的不匹配，使得就业者难以在离家较近的地方找到合适的工作单位，同时也使得地理位置较为偏僻的单位也难以招聘到求职者。郊区城市化理论整体而言是一种与城市化背道而驰的表现形式，这种现象一般会出现在城市化后期，因为到了城市化后期，城市的各类诸如交通拥堵、污染严重等问题会逐渐加重，与此同时郊区就业机会的增多，基础设施建设的完善，交通状况不断提升，城市的人们为了更好的生活品质，会逐步向郊区转移。

区域城市群理论主要有以下三大理论观点：中心地理论、大都市带理论、城市间相互作用论。[①] 中心地理论是地理学与经济学结合的产物，该理论是由德国学者克里斯塔勒和廖什先后提出，被认为是20世纪人文地理学里程碑式的理论，该理论的基本特征是建立在理想状态下，每一个地方均有接受一个中心地的机会，中心地是向周围供给商品和服务的地方。大都市带理论，大都市带是在城市化发展后期的产物，随着城市化后期城市的逐渐壮大，大城市内包含小城市，形成巨大的城市集群，人们分布在都市群的不同层级，共同实现整个都市带的城市化。城市间相互作用论，当城市间的吸引力大于排斥力时，两个城市会紧密联系在一起，从而使得实力壮大，吸引更多的人、

---

① 李照成：《青岛产业结构与城市化进程的耦合研究》，硕士学位论文，青岛大学，2015年。

财、物，从而城市的规模会得到持续壮大。

第二节 产业结构与城市化综合评价指标体系的构建

一 研究指标的选取与数据来源

（一）研究区域的选取

国务院于 2013 年 11 月 12 日印发的国发〔2013〕45 号文件中对于资源衰退型城市进行了归纳，共计 67 座资源衰退型城市，其中地级市以上城市共计 24 座，同时根据 2008 年、2009 年、2010 年公布的煤炭资源枯竭型城市名单中选取出煤炭资源枯竭型城市，并按照我国中东西部三个区域的划分，每一个区域各选择 3 座具有一定代表性的城市作为研究对象，具体而言：东部地区包括山东省枣庄市、辽宁省辽源市、黑龙江鹤岗市；中部地区包括安徽省淮北市、河南省焦作市、江西省新余市；西部地区包括甘肃省兰州市、陕西省铜川市、宁夏回族自治区石嘴山市。

（二）产业结构与城市化综合评价指标体系构建原则

煤炭资源枯竭型城市产业结构与城市化综合评价指标体系的设计，应在充分考虑煤炭资源枯竭型城市发展特征的前提下，遵循一定的原则，客观、科学、全面地评价煤炭资源枯竭型城市当前产业结构与城市化水平与质量。本书的煤炭资源枯竭型城市产业结构和城市化综合评价指标体系构建过程需要遵循以下几个原则：

1. 系统性原则

该原则要求我们在设置各个指标时要有逻辑性，每一个子系统都有一组指标组成，各指标间处于既相互独立，又保持联系，是一个有机的整体。整个指标体系从宏观到微观层层递进，不可分割。

2. 一致性原则

建立产业结构与城市化综合评价指标体系，目的旨在客观公正地对城市产业结构发展现状和城市化水平发展现状进行评价。构建的指标体系必须能够满足构建评价指标体系的目的，保持一致性。

3. 典型性原则

在构建过程中确保评价指标具有典型代表性，能够尽可能准确地反映出煤炭资源枯竭型城市产业结构发展水平和城市化发展水平。

4. 可行性原则

指标的选择上一定要做到可获得、可操作、可比较、可量化。构建的煤炭资源枯竭型城市产业结构发展水平和城市化发展水平要做到计算度量与计算方法上的统一，指标简单明了，不过于复杂。

5. 简明科学性原则

各指标的设计必须以科学性为原则，能够客观真实地反映煤炭资源枯竭型城市产业结构和城市化水平。

（三）产业结构与城市化水平综合评价指标体系指标的选取

产业结构与城市化耦合协调发展是一个涉及城市方方面面的复杂系统，为了探寻煤炭资源枯竭型城市中两者之间的协调耦合关系，本书将整个系统分为两个子系统，即煤炭资源枯竭型城市产业结构综合评价指标体系和煤炭资源枯竭型城市的城市化水平综合评价指标体系。两个子系统分别拥有自己的准则层和指标层。

1. 城市化综合评价指标体系指标选取

城市化的评价体系是一个十分复杂的系统，在实证研究过程中诸多学者也对该指标体系选取过各种各样的指标，本书基于当前已有的诸多研究，[①] 并结合煤炭资源枯竭型城市的现实特点，将城市化综合评价指标体系指标的选取范围界定在：人口发展水平、经济发展水平、社会与生活质量、资源环境这 4 个准则层，基于此构建了囊括人口发展水平、经济发展水平、社会与生活质量、资源环境 4 个准则层，共计 12 个指标层的煤炭资源枯竭型城市的城市化综合评价指标

---

① 张晓棠：《陕西省城市化与产业结构协调发展水平研究》，《经济与管理》2005 年第 1 期。

体系，本书所选取的二级指标即指标层具有以下特点：第一，二级指标与一级指标的一致性。二级指标的选择需要根据一级指标也就是准则层的要求，能够反映一级指标的目的，并且要与一级指标的内容息息相关。第二，二级指标对于特定城市的针对性。煤炭资源型城市有其独特的城市结构、判定标准，所以在选取二级指标时应当注重对于具体城市类型的针对性，这样指标才能够更有效地反映该类城市的实际情况。第三，指标样本数据搜集的可操作性。二级指标在本书是最具体的指标层级，需要对其用客观的方法进行赋权，因而二级指标的选取必须要有对应的样本数据支持。第四，二级指标比例化处理。样本数据在获取时往往会出现各种各样的单位形式，不可以简单地直接比较。所以在初步处理数据时对样本数据进行比例化操作，把数据转化成比例的形式，从而部分消除数据的单位影响和城市规模影响。因此，由于上述特点，本书的指标层能够针对煤炭资源枯竭型城市的具体情况传达准则层目的，并为指标客观赋权提供可操作的样本数据，具体见表4—1：

表4—1　　　　煤炭资源枯竭型城市的城市化综合评价指标体系

目标子系统	准则层	指标层	单位	指标性质
煤炭资源枯竭型城市的城市化综合评价指标体系	人口发展水平	人口密度	人/平方千米	正向指标
		人口自然增长率	‰	正向指标
	经济发展水平	人均GRP	元	正向指标
		人均社会消费品零售额	元	正向指标
		地区生产总值增长率	%	正向指标
	社会与生活质量	每百人公共图书馆藏书	册	正向指标
		每万人拥有公共汽车数量	辆	正向指标
		人均城市道路面积	平方米	正向指标
		每万人医生数	人	正向指标
	资源环境	建成区绿化覆盖率	%	正向指标
		生活垃圾无害化处理率	%	正向指标
		污水处理厂集中处理率	%	正向指标

2. 产业结构综合评价指标体系指标的选取

根据前文对于产业结构的内涵表述以及产业结构相关理论基础，基于当前的诸多研究[1]与煤炭资源枯竭型城市的城市现实特点，本书将煤炭资源枯竭型城市产业结构综合评价指标体系指标的选取界定在产值、合理化、就业结构这3个准则层，基于此构建了包含产值、合理化、就业结构3个准则层，8个指标层的煤炭资源枯竭型城市产业结构综合评价指标体系。具体见表4—2：

表4—2　　　煤炭资源枯竭型城市产业结构综合评价指标体系

目标子系统	准则层	指标层	单位	指标性质
煤炭资源枯竭型城市的城市化综合评价指标体系	产值	第一产业占GRP比重	%	负向
		第二产业占GRP比重	%	正向
		第三产业占GRP比重	%	正向
	合理化	工业固体废物综合利用率	%	正向
		人均水资源量	吨	正向
	就业结构	第一产业从业人员比重	%	负向
		第二产业从业人员比重	%	正向
		第三产业从业人员比重	%	正向

二　指标权重的确定

指标赋权是指标体系构建过程中的关键环节，通过对专家评分法、线性加权组合法、变异系数法、主成分法、熵值法、层次分析法等多种研究方法进行比较，本书认为变异系数法确定指标权重较为适合本书的研究。变异系数法各项指标的权重通过各个对象数据的变异程度来确定，指标的变异程度越大，则该指标的影响也越大。

---

① 方大春、张凡：《人口结构与产业结构耦合协调关系研究》，《当代经济管理》2016年第9期。

（一）样本数据来源

选取 2005 年至 2015 年中国城市统计年鉴作为数据来源。为保证运算过程可行，本书采用缺失值替换法补齐部分缺失数据。

（二）数据无量纲化处理

使用变异系数法时应当注意首先需要将原始数据进行无量纲化处理，通过这种手段，能够有效保证数据的稳定性。同时，在计算过程中还要注意正向指标和负向指标的计算差异，保证计算的准确性，本书中涉及的指标仅有第一产业占 GRP 比重和第一产业从业人员比重两项是负向指标，其余指标均为正向指标。

由于选取的各评价指标的指标单位存在差异，即数据具有量纲而存在量纲效应，每个数据表现力不同，所以应当对所选数据进行无量纲化处理。常用的无量纲化处理方法主要有标准化、极值化等，但是由于标准化处理后的数据只能反映各指标之间的影响，不能反映指标间变异程度差异，因此其相较极值化处理方法不适用于多变量间的无量纲化。所以本书选取极值化方法对数据进行无量纲化处理，公式〈4—1〉是用来处理正向指标无量纲化处理，公式〈4—2〉用于负向指标无量纲化处理。

$$X_{ij} = \frac{(x_{ij} - minx_i)}{(maxx_i - minx_i)} \qquad \langle 4\text{—}1 \rangle$$

$$X_{ij} = \frac{(maxx_i - x_{ij})}{(maxx_i - minx_i)} \qquad \langle 4\text{—}2 \rangle$$

其中，X_{ij} 表示第 i 个指标的第 j 个无量纲化数据；x_{ij} 表示第 i 个指标的第 j 个原始数据；$minx_i$ 表示第 i 个指标的最小值；$maxx_i$ 表示第 i 个指标的最大值。

（三）变异系数法确定指标权重

变异系数法各项指标的权重通过各个对象数据变异程度来确定，指标的变异程度越大，则该指标的影响也越大。变异系数法的公式为

公式〈4—3〉、公式〈4—4〉①

$$W_i = \frac{V_i}{\sum\limits_{i=1}^{n} V_i} \qquad \langle 4—3 \rangle$$

$$V_i = \frac{\sigma_i}{\overline{X}_i} \qquad \langle 4—4 \rangle$$

其中 i 表示指标，$i = 1$，2，3，…，n；W_i 为第 i 项指标的权重；V_i 是第 i 项指标的变异系数；σ_i 为第 i 项指标的标准差；$\overline{X}_i$ 为第 i 项指标所有数值的平均值。

通过计算赋权后的煤炭资源枯竭型城市产业结构和城市化指标体系见表4—3与表4—4。

表4—3　赋权后的煤炭资源枯竭型城市的城市化综合评价指标体系

目标子系统	准则层	指标层	单位	指标权重（%）
煤炭资源枯竭型城市的城市化综合评价指标体系	人口发展水平	人口密度	人/平方千米	0.0656
		人口自然增长率	‰	0.0200
	经济发展水平	人均GRP	元	0.0525
		人均社会消费品零售额	元	0.0644
		地区生产总值增长率	%	0.0196
	社会与生活质量	每百人公共图书馆藏书	册	0.0679
		每万人拥有公共汽车数量	辆	0.0449
		人均城市道路面积	平方米	0.0404
		每万人医生数	人	0.0482
	资源环境	建成区绿化覆盖率	%	0.2302
		生活垃圾无害化处理率	%	0.0323
		污水处理厂集中处理率	%	0.0267

---

① 李晶、庄连平、舒书静：《城市化质量与产业结构协调发展度的测算》，《统计与决策》2014年第19期。

表4—4　赋权后的煤炭资源枯竭型城市产业结构综合评价指标体系

目标子系统	准则层	指标层	单位	指标权重
煤炭资源枯竭型城市的城市化综合评价指标体系	产值	第一产业占GRP比重	%	0.0324
		第二产业占GRP比重	%	0.0246
		第三产业占GRP比重	%	0.0504
	合理化	工业固体废物综合利用率	%	0.0326
		人均水资源量	吨	0.0559
	就业结构	第一产业从业人员比重	%	0.0108
		第二产业从业人员比重	%	0.0445
		第三产业从业人员比重	%	0.0362

第三节　产业结构与城市化协调发展度测算与分析

一　九座城市产业结构与城市化发展水平测算

在得到具体指标权重后，对9座城市进行城市化和产业结构化发展水平测算，具体模型算式如下：

$$Y_1 = \sum_{i=1}^{m} W_i X_i \qquad \langle 4—5 \rangle$$

$$Y_2 = \sum_{i=1}^{n} W_i X_i \qquad \langle 4—6 \rangle$$

其中，Y_1是城市化发展指数，共m个指标；Y_2是产业结构发展指数，共有n个指标；W_i是第i个指标的权重；X_i是第i个指标通过标准化处理后的数值。

将数据代入公式中计算得到9座城市在11年间产业结构发展水平和城市化发展水平，具体见表4—5和表4—6：

表 4—5　　2005—2015 年煤炭资源枯竭型城市的城市化综合得分

	城市	2005	2006	2007	2008	2009	2010	2011	2012	2013	2014	2015
东部地区	枣庄市	0.098	0.120	0.132	0.143	0.150	0.374	0.132	0.156	0.141	0.183	0.198
	辽源市	0.175	0.202	0.199	0.208	0.233	0.337	0.222	0.222	0.225	0.226	0.256
	鹤岗市	0.075	0.087	0.101	0.105	0.103	0.206	0.135	0.130	0.121	0.133	0.137
中部地区	淮北市	0.171	0.153	0.174	0.181	0.163	0.325	0.208	0.219	0.217	0.227	0.221
	焦作市	0.187	0.178	0.193	0.180	0.211	0.420	0.236	0.233	0.234	0.243	0.234
	新余市	0.072	0.109	0.104	0.147	0.155	0.307	0.199	0.209	0.207	0.215	0.219
西部地区	兰州市	0.182	0.238	0.252	0.259	0.267	0.523	0.302	0.333	0.251	0.264	0.297
	铜川市	0.086	0.086	0.082	0.077	0.085	0.191	0.142	0.152	0.163	0.171	0.174
	石嘴山市	0.086	0.106	0.137	0.167	0.193	0.337	0.183	0.188	0.208	0.247	0.266

表 4—6　　2005—2015 年煤炭资源枯竭型城市产业结构综合得分

	城市	2005	2006	2007	2008	2009	2010	2011	2012	2013	2014	2015
东部地区	枣庄市	0.115	0.113	0.116	0.114	0.114	0.116	0.121	0.123	0.122	0.127	0.127
	辽源市	0.131	0.133	0.120	0.150	0.160	0.156	0.160	0.161	0.164	0.156	0.158
	鹤岗市	0.108	0.137	0.133	0.132	0.128	0.128	0.128	0.120	0.126	0.124	0.117
中部地区	淮北市	0.153	0.147	0.138	0.136	0.137	0.142	0.137	0.141	0.140	0.144	0.146
	焦作市	0.148	0.148	0.146	0.147	0.159	0.158	0.151	0.137	0.137	0.143	0.149
	新余市	0.106	0.116	0.112	0.104	0.117	0.129	0.135	0.136	0.143	0.139	0.141
西部地区	兰州市	0.172	0.172	0.175	0.164	0.166	0.169	0.180	0.178	0.175	0.179	0.185
	铜川市	0.099	0.100	0.099	0.096	0.115	0.112	0.116	0.121	0.124	0.124	0.126
	石嘴山市	0.139	0.155	0.148	0.148	0.131	0.124	0.126	0.136	0.142	0.149	0.145

从表 4—5 中能够看出，2005—2015 年，9 座城市城市化发展水平整体呈现上升态势，其中西部地区资源枯竭型城市的城市化发展水平增速较快，例如，西部地区石嘴山市 2005 年城市化得分为 0.086 分，到了 2015 年得分已经上涨到 0.266 分；中部地区的新余市 2005 年城市化得分为 0.072 分，到了 2015 年得分为 0.219 分，总体来看

中西部地区城市化增速要高于东部地区的资源枯竭型城市。

从表4—6中我们能够清晰地看到，当前煤炭资源枯竭型城市的产业结构综合得分增速缓慢，部分城市甚至出现了下降趋势，比起城市化进程，我国煤炭资源枯竭型城市的产业结构增速过于缓慢，这也证明了区域的产业结构转型升级较为滞后，且产业升级的内在动力不足，制约着煤炭资源枯竭型城市的产业结构发展，进而影响着经济转型发展。

二　煤炭资源枯竭型城市产业结构与城市化协调发展度测算

城市产业结构与城市化具有互相作用的关系，产业结构的转型升级一定程度上可以推进城市的城市化进程，另外，城市的城市化进展顺利，才能够更有力地促进保障城市产业结构的调整升级。这两方面相辅相成，只有两者协调发展，城市的经济转型发展才能够越发成功，为此，城市产业结构与城市化不仅要协调，还需要在高水平上协调，即需要两者协调发展，而不是协调停滞不前，协调发展的测算有协调度和发展度两个方面，协调度体现了两者之间的协调程度，发展度体现着系统整体的发展高度。

首先本书计算9座城市的产业结构和城市化的协调度，追求综合效益的最大化是协调度计算的重要依据，本书借鉴李晶等计算协调度的公式①来进行9座城市协调度的计算，具体计算公式见公式〈4—7〉：

$$C = \frac{Y_1^2 Y_2^2}{(Y_1 + Y_2)^4} \qquad \langle 4—7\rangle$$

其中 C 为协调度，Y_1 是城市化发展指数，Y_2 是产业结构发展指数，协调度 C 是大于0小于1的数值，这个值越接近1说明协调度越好，越接近0说明协调程度较差，具体的判别标准见表4—8。协调度

---

① 李晶、庄连平、舒书静：《城市化质量与产业结构协调发展度的测算》，《统计与决策》2014年第19期。

的具体数值见表4—7。

表4—7　　　　　　　　　　　协调度数值

城市		2005	2006	2007	2008	2009	2010	2011	2012	2013	2014	2015
东部地区	枣庄市	0.987	0.998	0.992	0.975	0.963	0.522	0.996	0.972	0.990	0.936	0.907
	辽源市	0.959	0.917	0.881	0.948	0.932	0.749	0.948	0.950	0.951	0.934	0.891
	鹤岗市	0.936	0.903	0.963	0.974	0.977	0.894	0.999	0.997	0.999	0.998	0.988
中部地区	淮北市	0.994	0.999	0.974	0.960	0.985	0.716	0.917	0.908	0.909	0.902	0.918
	焦作市	0.973	0.983	0.962	0.980	0.961	0.631	0.906	0.870	0.868	0.870	0.904
	新余市	0.928	0.998	0.997	0.942	0.961	0.694	0.928	0.912	0.934	0.910	0.908
西部地区	兰州市	0.998	0.949	0.936	0.902	0.894	0.545	0.876	0.824	0.937	0.928	0.895
	铜川市	0.990	0.989	0.982	0.976	0.956	0.869	0.980	0.974	0.963	0.950	0.949
	石嘴山市	0.892	0.931	0.997	0.993	0.928	0.619	0.933	0.949	0.930	0.881	0.834

在计算出协调度的基础上，正如上文所提到的，协调度仅仅是协调发展度的一部分，因此接下来本书要结合综合发展度，来计算协调发展度，具体计算过程见公式〈4—8〉、公式〈4—9〉：

$$T_i = \alpha Y_{1i} + \beta Y_{2i} \qquad \qquad \langle 4—8 \rangle$$

$$D = \sqrt{CT} \qquad \qquad \langle 4—9 \rangle$$

其中 D 为协调发展度，C 为协调度，T 为综合发展度，α 和 β 分别为煤炭资源枯竭型城市的城市化和产业化的系数。本书认为两者同样重要，因此 $\alpha = \beta = 0.5$，从而计算出各城市每年的协调发展度，该协调发展度大于0小于1，0为完全不协调，1为完全协调。

本书通过借鉴方大春、黄木易等人对于协调度类型和等级的划分，[1] 刻画协调发展度的判别标准和类型，具体见表4—8：

---

[1]　方大春、张凡：《人口结构与产业结构耦合协调关系研究》，《当代经济管理》2016年第9期。

表4—8 协调发展度判别区间与类型

判别区间	0—0.100	0.101—0.200	0.201—0.300	0.301—0.400	0.401—0.500
失调类型	极度失调	重度失调	重度失调	轻度失调	濒临失调
判别区间	0.501—0.600	0.601—0.700	0.701—0.800	0.801—0.900	0.901—1
协调类型	勉强协调	初级协调	中级协调	良好协调	优质协调

依据公式〈4—7〉、公式〈4—8〉、公式〈4—9〉计算2005—2015年间9座煤炭资源枯竭型城市的产业结构与城市化协调发展指数，计算结果见表4—9。

表4—9 协调发展度数值

	城市	2005	2006	2007	2008	2009	2010	2011	2012	2013	2014	2015
东部地区	枣庄市	0.324	0.341	0.351	0.354	0.357	0.358	0.355	0.368	0.361	0.381	0.384
	辽源市	0.383	0.392	0.375	0.412	0.428	0.430	0.426	0.427	0.430	0.422	0.429
	鹤岗市	0.293	0.318	0.336	0.340	0.336	0.386	0.362	0.353	0.351	0.358	0.354
中部地区	淮北市	0.401	0.387	0.390	0.390	0.384	0.409	0.398	0.404	0.403	0.409	0.410
	焦作市	0.404	0.400	0.404	0.400	0.422	0.427	0.419	0.401	0.401	0.410	0.416
	新余市	0.287	0.335	0.328	0.344	0.362	0.389	0.394	0.397	0.404	0.401	0.404
西部地区	兰州市	0.420	0.441	0.447	0.437	0.440	0.434	0.459	0.459	0.447	0.453	0.464
	铜川市	0.303	0.303	0.298	0.291	0.309	0.363	0.356	0.365	0.372	0.374	0.377
	石嘴山市	0.317	0.349	0.377	0.395	0.388	0.378	0.380	0.392	0.403	0.418	0.414

三 实证结果分析

通过对比协调度数值和协调发展度数值我们发现一个非常有趣的现象，那就是这9座资源枯竭型城市产业结构与城市化的协调性非常好，但这些城市的协调发展度却较低，基本均处于失调状态，具体分析如下：

（一）从表4—7中能够发现2005—2015年11年间9座煤炭资源

枯竭型城市的城市化与产业结构的协调性均接近1，说明近年来，中东西部各省都在响应国家的号召，针对资源枯竭型城市开展的产业结构优化调整取得了一定的成效。各个城市在保持经济稳定发展的同时，也在积极地摸索产业结构优化升级的道路。

（二）从表4—5与表4—6中我们能够清晰地看到以下两点现实情况，首先，当前煤炭资源枯竭型城市的产业结构综合得分增速缓慢，部分城市甚至出现了下降趋势，比起城市化进程，我国煤炭资源枯竭型城市的产业结构增速过于缓慢；其次，在城市化发展水平增速上，中西部地区城市化增速要明显高于东部地区的资源枯竭型城市。这两点现实情况表明了当前区域的产业结构转型升级较为滞后，且产业升级的内在动力不足，制约着煤炭资源枯竭型城市的产业结构发展。同时，能够从数据中看到，国家西部大开发战略积极带动了中西部地区城市化进程，为今后的经济转型发展提供有力助力。

（三）从表4—9中我们可以看到，不同于城市化与产业结构的高协调性，城市化与产业结构的协调发展指数过低，按照表4—8的划分标准，这9座煤炭资源枯竭型城市到目前仍处于濒临失调的状态，仍有较大的发展空间，而导致这种状况出现的原因就在于产业结构仍然十分落后，并不能迅速适应新的经济发展形势的需求。虽然表中数据均较低，但我们不能忽略一个事实，那就是这9座城市在这11年间在协调发展上均取得了一定程度的进步，尤其是新余市，从2005年的0.287上升至2015年的0.404。相信给予我国煤炭资源枯竭型城市一点时间和机会，一定能够实现城市化与产业化在高水平协调发展。

第四节　产业结构与城市化协调发展实证结果及建议

一　主要结论

本章通过构建城市化评价指标体系与产业结构评价指标体系对中

东西部 9 座煤炭资源枯竭型城市产业结构与城市化的协调发展度，通过实证结果分析，我们得到以下结论：

第一，当前中东西部煤炭资源枯竭型城市的产业结构与城市化进程协调发展度较低，导致这种现象出现的原因在于不合理的落后产业结构，促进产业结构优化升级，能在很大程度上促进城市化进程，促进城市经济转型。

第二，从动态趋势来看，煤炭资源枯竭型城市协调发展度在 2005—2015 这 11 年间有一定的提升，处于增长态势，说明近年来国家一系列促进资源型城市经济转型的政策取得了一定的成效。

第三，煤炭资源枯竭型城市的产业结构升级速度滞后于城市化发展进程，推动城市化与产业结构协调发展是促进经济转型发展的重要手段，需要以产业结构转型升级为动力，以推动城市化进程为手段，才能更好地促进两者协调发展，最终加速煤炭资源枯竭型城市经济转型升级。

二 政策建议

第一，煤炭资源枯竭型城市应当统筹协调推进城市的产业规划与城市发展规划，充分考虑到未来的机会与威胁，提前进行政策布局，可以在一定程度上避免城市化进程与产业转型升级过程中所遇到的诸多问题。

第二，当前煤炭资源枯竭型城市的城市化发展速度远高于产业转型发展的速度，这样长久下去就会出现极度的失调，使产业结构成为桎梏城市发展的枷锁。努力克服资源型城市对于资源的过度依赖，积极探索产业转型发展的新道路，利用当前煤炭资源的优势，发展新型煤炭化工产业，提升产业在价值链中的地位，提升产业转型内在动力，大力发展第三产业，盘活城市经济。

第三，积极吸引外资与国内投资，持续扩展城市空间，加强城市基础设施建设，并通过吸引外资，加强对外开放，提高产业技术创新能力，从而通过城市化促进产业结构转型升级。

第四，资源型城市生态环境历史遗留问题较为严重是不可避免的，为了保障城市经济的可持续发展，在城市化进程中应当注重加大环境保护力度，充分发挥政府的作用，在保障经济平稳较快发展的同时，保护好城市发展的生态环境，实现产业发展与城市化的协调可持续发展。

第五，重视人才的引进与培育，经济转型升级离不开高素质人才的支持，当前优质的人力资源是最为重要的生产要素，要通过人力资源的开发，健全多层次人才培养体系，提升资源枯竭型城市的人才储备，从而通过人才带动资源枯竭型城市产业转型升级。

第六，重视支柱产业发展，煤炭资源枯竭型城市要把强化支柱产业发展作为转变经济发展方式、促进产业结构优化升级的重要环节。

第五章　绿色发展评价指标体系及
障碍度分析

中国是世界上的煤炭资源大国，依赖煤炭资源开采和初级加工的资源型城市占全国城市总量的 1/3，在新中国成立初期为我国社会经济发展做出巨大的贡献。[①] 然而，在煤炭资源开发过程中受到产业发展规律和不可再生性的作用，此类煤炭资源主导型产业会出现集群性衰落，不仅导致产业效益下降和资源主导产业萎缩，而且在替代产业尚未形成的条件下，更会致使城市经济衰退，环境生态问题日益严峻，劳动生产力过剩，不可持续等问题凸显。2013 年国务院发布的国发〔2013〕45 号文件确立了 33 座煤炭资源衰退型城市，即煤炭资源枯竭型城市，占资源衰退型城市总量的半数以上。[②] 这表明，煤炭资源型城市的资源枯竭情况不容乐观，实现煤炭资源枯竭型城市的绿色发展成为我国生态文明建设亟须解决的主要问题之一。在总结煤炭资源枯竭型城市特点的基础上，遵循构建绿色发展评价指标体系的基本原则，构建煤炭资源枯竭型城市绿色发展的评价指标体系，可为设计煤炭资源枯竭型城市转型发展路径提供参考依据。

---

① 王树义、郭少青：《资源枯竭型城市可持续发展对策研究》，《中国软科学》2012 年第 1 期。

② 曾贤刚、段存儒：《煤炭资源枯竭型城市绿色转型绩效评价与区域差异研究》，《中国人口·资源与环境》2018 年第 7 期。

第一节　绿色发展的相关文献及理论

一　绿色发展的历史渊源

绿色发展最初以哲学思想的形式出现。早在春秋时期，古人就已经总结出了关于绿色发展的思想理论体系。[①] 道家学说中庄子提出的"天人合一"思想，儒家学说中提倡人与自然的和谐共生、"天人相分"。[②] 这些思想都体现了中国传统文化中蕴含的特有的生态智慧，是中国古人对人与自然关系思考的优秀成果。国外的先哲同样对绿色发展有着自己的思考。

绿色发展的概念直到 17 世纪末才首次出现在经济学领域。英国经济学家配第（W. Petty）[③] 认为财富的创造是有限的，这个限定范围是环境所能承载的容量。20 世纪 60 年代，哈丁（G. Hardin）[④] 采用数学模型对环境与经济发展的关系进行分析，指出避免公地悲剧的途径之一就是实现绿色发展。1989 年英国环境经济学家大卫·皮尔斯（D. Preece）[⑤] 在《绿色经济蓝图》中提到绿色发展的核心是既要保护好资源环境也要维护好生态系统，从而确保人类可持续地在自然中获取生活、生产资料，强调绿色发展实质上是一种环境可以承受的经济发展方式。对绿色发展的实际评价体现了不同学者对绿色发展内涵的认识。

二　绿色发展的现代拓展

在国内，绿色发展的研究始于 20 世纪 90 年代，正值我国改革开放蓬勃发展的时期，同时也是我国以大量消耗资源为主的粗放型经济发展时期，针对这种情况国内学者提出绿色发展是解决经济发展与生

---

① 徐杰芳：《煤炭资源型城市绿色发展路径研究——基于生态效率的研究》，博士学位论文，安徽大学，2018 年。

② 郝栋：《绿色发展道路的哲学探析》，博士学位论文，中共中央党校，2012 年。

③ ［英］威廉·配第：《赋税》，邱霞、原磊译，华夏出版社 2006 年版。

④ G. Hardin, "The Tragedy of the Commons", *Science*, 1968.

⑤ ［英］大卫·皮尔斯：《绿色经济蓝图》，何晓军译，北京师范大学出版社 1996 年版。

态环境保护之间矛盾的必由之路。① 自此，随着人们对经济发展和资源环境两者关系的重新重视，国内对于绿色发展研究愈加丰富起来。

一方面，现代经济下，学者对绿色发展的含义有着更契合实际的解读。朱昶②结合对民营企业的研究，指出绿色发展就是将包含着需求观、资源观、环境观、效益观的绿色观念贯彻于企业实际生产之中，从而促进企业、社会、生态的可持续发展。涂正革③结合第二产业产品制造实际过程，把绿色发展定义为在产出不变或增加的情况下，减少生产资料投入和污染废物排放。杨俊等④通过实证分析中国省际区域间环境效率，验证并支持了涂正革提出的定义。

另一方面，现代意义上的绿色发展是可持续发展的升级。王玲玲等⑤在对绿色发展概念归纳总结时，认为绿色发展本质是在资源承载能力和生态环境容量的束缚下，保护生态环境的方式实现可持续发展。胡鞍钢等⑥提出绿色发展是第二代的可持续发展，坚持人本主义思想是可持续发展的核心，而绿色发展的范畴相较可持续发展更为广阔，它既有传统发展观念里注重的人口与资源环境的矛盾，也有人类与气候环境之间的整体危机。

三 绿色发展的中国智慧

绿色发展与中国智慧再度融合。秉承古代中国"天人合一"思想，绿色发展理念是当代中国对古人正确处理人与自然关系智慧的继承与延续。结合当代理论，刘思华⑦把绿色发展看作科学发展观的重

---

① 杨涛、王开明：《建设生态经济 走绿色发展之路》，《发展研究》1995 年第 7 期。
② 朱昶：《企业绿色发展战略及其体系研究》，博士学位论文，武汉理工大学，2003 年。
③ 涂正革：《环境、资源与工业增长的协调性》，《经济研究》2008 年第 2 期。
④ 杨俊、超汉华、胡军：《中国环境效率评价及其影响因素实证研究》，《中国人口·资源与环境》2010 年第 2 期。
⑤ 王玲玲、张艳国：《"绿色发展"内涵探微》，《社会主义研究》2012 年第 5 期。
⑥ 胡鞍钢、周绍杰：《绿色发展：功能界定、机制分析与发展战略》，《中国人口·资源与环境》2014 年第 1 期。
⑦ 刘思华：《科学发展观视域中的绿色发展》，《当代经济研究》2011 年第 5 期。

要内容，他认为绿色发展观与"生态文明""绿色经济""和谐社会"的本质趋同。陆小成等①则认为，在新时代中国特色社会主义理论体系中的生态文明建设思想的主导下，绿色发展不仅是一种思想更是一种战略决策。

（一）"绿水青山"与"金山银山"

"绿水青山就是金山银山"是绿色发展的战略导向。传统观点认为经济发展就要摆在首要位置，生态环境保护要为经济社会发展让步。但"绿水青山""金山银山"辩证地诠释了环境保护与经济发展之间的关系，指出环境保护与经济发展两者相辅相成，生态环境为经济发展提供源源不断的动能，而经济发展又为更好地保护生态环境提供坚实保障。这一观点的确立为实现环境友好型的绿色发展指明了方向，不能因贪图经济一时的快速增长，而无限度地榨取、破坏生态环境，以牺牲生态环境为代价实现经济社会发展，而要在改善保护"绿水青山"的同时，充分发挥"绿水青山"的经济价值，将生态环境保护与经济发展相交融，将"绿水青山"真正变为"金山银山"，以美丽的生态环境促进产业、城市、社会的绿色发展。只有这样，才能让守得住"绿水青山"的人真正拥有"金山银山"。

（二）生态与产业的绿色发展

"生态产业化，产业生态化"意指把"绿水青山"做成产业，在不破坏自然环境的前提下合理利用生态环境资源，积极拓展依托"绿水青山"因地制宜做好农林业、旅游业、康养业等相关生态产业。同时积极推进绿色生产方式，把已有产业向绿色产业转型升级，加速淘汰高污染、高消耗的落后产能，实施新旧动能转换。

实现绿色发展要依托一定的方式方法，遵循一定的经济规律，"生态产业化，产业生态化"则是实现绿色发展切实可行的战术方法，

---

① 陆小成、冯刚：《生态文明建设与城市绿色发展研究综述》，《城市观察》2015 年第 3 期。

其本质就是要求在实际发展的过程中秉承生态经济、低碳经济、循环经济、集约经济的理念，推行绿色生产生活方式，继而实现可持续发展。① 首先，生态经济理念实质是在统筹协调经济发展和经济保护之间相互关系的基础上，使用、维护自然资源并保持其生态平衡之间的关系。② 其次，低碳经济理念是一种低能耗、低污染、低排放为特点的发展模式，是以应对气候变化、保障能源安全、促进经济社会可持续发展有机结合为目的的规制世界发展格局的新规则。③ 最后，循环经济理念需要在维持代际公平的前提下，处理好经济发展与资源使用之关系，保持可持续的经济发展。④ 因此，绿色发展首先要解决的问题是实现怎样的发展以及如何实现这样的发展，传统粗犷的高耗能、高污染的发展模式已经不适用于当今社会的发展理念和需求，推进精细化、绿色化、生态化的经济发展方式才可能最大化减少经济活动对环境造成的压力，实现绿色发展。⑤

综上所述，绿色发展的价值取向就是致力于实现"绿水青山就是金山银山"的目标。⑥ 本书是基于总结前期研究成果的前提下，吸取中国智慧，并结合"五大发展理念"框架，为保证以创新为动力、协调为内容、开放为趋势、共享为要求实现煤炭资源枯竭型城市的绿色发展，构建煤炭资源枯竭型城市绿色发展评价指标体系，并对其进行综合评价分析，以期在实现经济社会发展同生态环境保护共赢的基础

① J. R. Mihelcic, et al., "Sustainability Science and Engineering and Emergence of a New Meta-discipline", *Environmental Science and Technology*, Vol. 37, No. 6, 2003.

② K. Rennings, H. Wiggering, "Steps Towards Indicators of Sustainable Development: Linking Economic and Ecological Concepts", *Ecological Economics*, Vol. 20, No. 3, 1997.

③ 袁男优：《低碳经济的概念内涵》，《城市经济与城市生态》2010年第1期。

④ C. T. Hendrickso, et al., "Environmental Life Cycle Assessment of Goods and Services: an Input-Output Approach", *Resources for the Future*, Vol. 12, No. 2, 2005.

⑤ K. Voorspools, "Sustainability of the future: Rethinking the Fundamentals of Energy Research", *Renewable and Sustainable Energy Reviews*, Vol. 22, No. 8, 2004.

⑥ 陈芬、张琛琛：《绿色发展的价值思考》，《长沙理工大学学报》（社会科学版）2018年第6期。

上，探索适合于煤炭资源枯竭型城市绿色发展之路。

第二节　绿色发展评价指标体系构建

构建煤炭资源枯竭型城市绿色发展评价指标体系最重要的两个环节是指标的选取和赋权。本书对指标选取采用定性分析方法，按照一定原则科学合理地选取指标；对指标赋权采用定量分析的方法，避免人为偏见和主观因素影响指标赋权的客观性。煤炭资源枯竭型城市要摆脱衰落，走绿色发展的道路，必须遵循经济—社会—生态环境持续、稳定、协调的发展规律。因此，本书以绿色可持续发展为目标，以"五大发展理念"为指导思想构建了三级指标体系。并在对煤炭资源枯竭型城市发展特征充分认识的基础上，按照构建煤炭资源枯竭型城市绿色发展评价指标体系的基本原则，运用相关发展战略分析工具，采用主成分提取法，构建了一套煤炭资源枯竭型城市绿色发展评价指标体系。

一　煤炭资源枯竭型城市的选取

本书依照 2008 年、2009 年和 2011 年国家发改委分三批公布的资源枯竭型城市名单以及国务院于 2013 年 11 月 12 日印发的国发〔2013〕45 号文件，选取其中界定为煤炭资源枯竭型城市的所属地级及以上级别市为本书研究的样本。具体包含：张家口市、承德市、临汾市、包头市、乌海市、抚顺市、阜新市、朝阳市、长春市、吉林市、辽源市、通化市、鹤岗市、双鸭山市、七台河市、徐州市、淮北市、萍乡市、淄博市、枣庄市、泰安市、焦作市、荆州市、衡阳市、郴州市、娄底市、韶关市、来宾市、重庆市、广安市、铜川市、兰州市、石嘴山市，共计 33 座城市。（按城市邮编升序排序）

二　绿色发展评价指标的选取

绿色发展强调遵循自然规律，保持绿色生态环境，发展绿色生态产业，旨在打造资源、环境、产品、再生、利用、循环产业链，实现人与自然、经济、社会的协调和统一。因此，在构建煤炭资源枯竭型城市绿色发展评价指标体系时，选取的指标要具有代表性和全面性，能够充分反映煤炭资源枯竭型城市绿色发展的各个方面。本书在遵循一致性和系统性相结合、典型性和可比性相结合、可行性和科学性相结合等原则的基础上，结合绿色发展现状，选取以下三个准则层指标构建煤炭资源枯竭型城市绿色发展评价指标体系。

第一，资源环境。资源环境是人类赖以生存和发展的物质基础，这一指标主要反映生态环境领域，注重经济发展尤其是工业排放对生态环境质量的影响，日常生活产生的废物、废水处理情况对城市环境的影响，城市绿化程度对改善城市居民生活环境质量的影响等方面。[①]

第二，经济发展。经济发展伴随着经济体量的增长，同时经济体量增加可带动从业者收入增加，与此同时，经济发展达到一定量时又将会带动经济结构、财政支出结构变化。所以对经济发展的衡量，主要包括四个方面：地区生产总值的增长、职工收入的改善、科教支出投入情况、经济结构的改进和优化。

第三，人口、社会福利。评价指标体系中所指的人口是指居住城市、集镇的人口，所从事的产业为非农生产性产业为主的人群和家庭，用来反映城市的工业化、城镇化或城市化水平。[②] 社会福利主要关注人类的发展，从交通、教育、医疗等各角度进行全方位考察。对绿色发展程度考察，一方面可以通过社会能够提供的产品和服务的绿色度来实现，另一方面可以通过人类自身的良好发展从哪些方面可得益于绿色经济来实现。

在准则层指标选定的前提下，需要将指标延展至指标层。为此在指标层方面，根据煤炭资源枯竭型城市的实际情况，遵循城市绿色发展评价指标体系设计原则，对应三个评价准则选取了 23 个二级指标。本书所选取的二级指标具有以下特点：第一，二级指标与一级指标的

---

① 曹洪军：《环境经济学》，经济科学出版社 2012 年版。
② 刘春燕、谢萍、毛端谦：《资源衰退型城市接续产业选择研究——以江西萍乡市为例》，《地理科学》2014 年第 2 期。

一致性。二级指标需要根据一级指标也就是准则层的要求选择，能够反映一级指标的目的，并且要与一级指标的内容息息相关。第二，二级指标对于特定城市的针对性。煤炭资源型城市有其独特的城市结构、判定标准，所以在选取二级指标时应当注重对于具体城市类型的针对性，这样指标才能够更有效地反映该类城市的实际情况。第三，指标样本数据搜集的可操作性。二级指标在本书是最具体的指标层级，需要对其用客观的方法进行赋权，因而二级指标的选取必须要有对应的样本数据支持。第四，二级指标比例化处理。样本数据在获取时往往会出现各种各样的单位形式，并且每个样本企业的规模体量存在差异，不可以简单地直接比较。所以在初步处理数据时对样本数据进行比例化操作，把数据转化成比例的形式，从而部分消除数据的单位影响和城市规模影响。鉴于上述要求特点，本书的指标层能够针对煤炭资源枯竭型城市的具体情况传达准则层目的，并为指标客观赋权提供可操作的样本数据。具体指标体系如表5—1所示：

表5—1　　　　　**煤炭资源枯竭型城市绿色发展评价指标体系**

目标层	准则层	指标层	单位	指标性质
煤炭资源枯竭型城市绿色发展评价指标体系	资源环境	每亿元GRP工业烟（粉）尘排放量	吨/亿元	负向
		每亿元GRP工业二氧化硫排放量	吨/亿元	负向
		每万元GRP工业废水排放量	吨/亿元	负向
		一般工业固体废物综合利用率	%	正向
		污水处理厂集中处理率	%	正向
		生活垃圾无害化处理率	%	正向
		建成区绿化覆盖率	%	正向
	经济发展	人均地区生产总值	元	正向
		地区生产总值增长率	%	正向
		职工年平均工资	元	正向
		财政支出中科技支出占比	‰	正向
		财政支出中教育支出占比	‰	正向
		第一产业产值占比	%	正向
		第二产业产值占比	%	正向
		第三产业产值占比	%	正向

续表

目标层	准则层	指标层	单位	指标性质
煤炭资源枯竭型城市绿色发展评价指标体系	人口、社会福利	人口密度	人/平方千米	正向
		人口自然增长率	‰	正向
		每万人拥有公共汽（电）车	辆	正向
		每百人公共图书馆藏书	册	正向
		每万人拥有医生数	人	正向
		第一产业从业人口占比	%	正向
		第二产业从业人口占比	%	正向
		第三产业从业人口占比	%	正向

三 绿色发展评价指标权重的确定

指标赋权是构建煤炭资源枯竭型城市绿色发展评价指标体系的第二个重要的环节。为保证权重确定过程的客观性，本书使用主成分分析法对描述煤炭资源枯竭型城市绿色发展的 23 个指标进行权重的计算。

主成分分析法（principal component analysis，PCA）是一种将各变量之间相互关联的复杂关系进行简化的数学变换方法。[1] 在尽可能避免信息丢失的同时，将高维指标向量降维，简化多变量面板数据。再利用降维后提取到的主成分系数，通过一定的数学计算转变成可以作为指标权重的权数。[2]

运用主成分分析法处理多变量面板数据的优势在于：第一，它能够去除原始指标的相关性对结果所造成的信息重复的影响，从而保证结果的客观性。第二，主成分分析法在运算过程中产生的各个指标权重是完全基于客观信息，而不同于层次分析法需借助主观意见，避免

---

① B. Pandey, M. Agrawal, S. Singh, "Assessment of Air Pollution Around Coal Mining Area: Emphasizing on Spatial Distributions, Seasonal Variations and Heavy Metals, Using Cluster and Principal Component Analysis", *Atmospheric Pollution Research*, Vol. 5, No. 1, 2014.

② S. Lloyd, M. Mohseni, P. Rebentrost, "Quantum Principal Component Analysis", *Nature Physics*, Vol. 10, No. 9, 2014.

了人为主观因素造成的偏见和误差。第三，其在尽可能保留大多数信息的前提下，减少了工作量。

（一）样本及数据来源

本书依照国发〔2013〕45号文件确定的33座煤炭资源枯竭型城市作为样本，选取2005—2015年中国城市统计年鉴作为数据来源。为保证运算过程可行，本书采用缺失值替换法补齐部分缺失数据。

（二）数据无量纲化处理

在使用主成分分析法时应当注意对原始数据进行无量纲化处理，还应注意指标的正负性对计算结果的影响。

由于选取的各评价指标的指标单位存在差异，即数据具有量纲而存在量纲效应，每个数据表现力不同，所以应当对所选数据进行无量纲化处理。常用的无量纲化处理方法主要有标准化、极值化等，但是由于标准化处理后的数据只能反映各指标之间的影响，不能反映指标间变异程度差异，因此其相较极值化处理方法不适用于多变量间的无量纲化。所以本书选取极值化方法对数据进行无量纲化处理。

由于使用主成分分析法需要统一为正指标，所以要对于原始指标中的负指标单独处理。本书将煤炭资源枯竭型城市绿色发展评价指标中的负指标，即每亿元GRP工业烟（粉）尘排放量、每亿元GRP工业二氧化硫排放量、每万元GRP工业废水排放量用公式〈5—2〉无量纲化处理，其余正指标用公式〈5—1〉处理。

具体公式如下：

$$X_{ij} = \frac{(x_{ij} - minx_i)}{(maxx_i - minx_i)} \qquad \langle 5\text{—}1 \rangle$$

$$X_{ij} = \frac{(maxx_i - x_{ij})}{(maxx_i - minx_i)} \qquad \langle 5\text{—}2 \rangle$$

其中，X_{ij}表示第i个指标的第j个无量纲化数据；x_{ij}表示第i个指标的第j个原始数据；$minx_i$表示第i个指标的最小值；$maxx_i$表示第i个指标的最大值。

（三）数据效度检验

在使用数据样本前，需要对数据的真实性和样本的充足性进行适用程度的检验。本书通过 KMO 检验和巴特利特球形检验，具体结果如表5—2所示。

表5—2　　　　　　　　　　　KMO 及巴特利特球形检验结果

KMO 值		0.589
巴特利特球形检验	卡方检验	10479
	自由度	253
	P 值	0.000

本书使用 STATA 13.0 软件对数据进行 KMO 检验得到 KMO = 0.589，大于0.5；巴特利特球形检验观测值为10479，对应 P 值为0，远小于0.05。说明样本数据适合做主成分分析。

（四）主成分分析法的计算

假定本次使用数据有 n 个样本，每个样本有 p 个变量，构成一个 $n \times p$ 阶矩阵：

$$X = \begin{bmatrix} x_{11} & x_{12} & \cdots & x_{1p} \\ x_{21} & x_{22} & \cdots & x_{2p} \\ \vdots & \vdots & \vdots & \vdots \\ x_{n1} & x_{n2} & \cdots & x_{np} \end{bmatrix}$$

计算相关系数矩阵：

$$R = \begin{bmatrix} r_{11} & r_{12} & \cdots & r_{1p} \\ r_{21} & r_{22} & \cdots & r_{2p} \\ \vdots & \vdots & \vdots & \vdots \\ r_{p1} & r_{p2} & \cdots & r_{pp} \end{bmatrix}$$

r_{ij}（i，$j = 1$，2，$\cdots$，p）为原变量 x_i 与 x_j 的相关系数，$r_{ij} = r_{ji}$，

其计算公式为：

$$r_{ij} = \frac{\sum_{k=1}^{n} (x_{ki} - \bar{x}_i)(x_{kj} - \bar{x}_j)}{\sqrt{\sum_{k=1}^{n} (x_{ki} - \bar{x}_i) \sum_{k=1}^{n} (x_{kj} - \bar{x}_j)^2}} \qquad \langle 5-3 \rangle$$

　　解特征方程，求得其特征值，并分别求出对应特征值的特征向量。计算主成分贡献率、累计贡献率及主成分载荷。[①]

　　通过计算得到其特征值、贡献率、累计贡献率以及主成分载荷。如表5—3、表5—4所示：

表5—3　　　　　　　　　　**特征值与方差贡献率**

成分	特征值	方差	贡献率	累计贡献率
1	5.017	2.502	0.218	0.218
2	2.515	0.341	0.109	0.328
3	2.173	0.513	0.0945	0.422
4	1.660	0.0360	0.0722	0.494
5	1.624	0.307	0.0706	0.565
6	1.317	0.165	0.0573	0.622
7	1.152	0.0842	0.0501	0.672
8	1.068	0.173	0.0464	0.719
9	0.895	0.0312	0.0389	0.757
10	0.864	0.0935	0.0375	0.795
11	0.770	0.0983	0.0335	0.829
12	0.672	0.0386	0.0292	0.858
13	0.633	0.123	0.0275	0.885
		...		
23	0	0	0.0000	1.0000

　　① S. Stewart, M. A. Ivy, E. V. Anslyn, "The Use of Principal Component Analysis and Discriminant Analysis in Differential Sensing Routines", *Chemical Society Reviews*, Vol. 43, No. 1, 2014.

表 5—4

主成分载荷

指标变量	主成分 1	主成分 2	主成分 3	主成分 4	主成分 5	主成分 6	主成分 7	主成分 8	主成分 9	主成分 10	主成分 11	主成分 12
每亿元 GRP 工业烟（粉）尘排放量	0.0891	0.123	0.0661	-0.0753	0.248	-0.244	-0.333	0.0121	0.493	0.537	0.299	-0.187
每亿元 GRP 工业二氧化硫排放量	0.195	0.187	0.171	0.0428	0.487	-0.107	0.132	-0.0463	0.000340	-0.237	-0.0222	0.0940
每万元 GRP 工业废水排放量	0.199	0.119	-0.0446	-0.120	0.534	-0.147	0.0545	-0.124	0.0833	-0.0654	-0.267	0.165
一般工业固体废物综合利用率	0.0561	-0.102	0.172	0.405	0.115	0.267	-0.201	0.360	0.272	-0.265	0.0847	0.297
污水处理厂集中处理率	0.272	0.0354	0.198	0.142	-0.153	-0.246	0.211	0.0331	-0.162	-0.0513	-0.0127	-0.0937
生活垃圾无害化处理率	0.140	-0.0880	0.152	0.0542	-0.270	-0.447	-0.112	0.188	-0.00261	-0.276	0.448	0.0905
建成区绿化覆盖率	0.0372	-0.0175	0.00727	-0.0868	0.113	-0.124	0.125	0.787	-0.296	0.339	-0.258	0.0723
人均地区生产总值	0.371	0.0883	-0.0602	0.0151	-0.210	-0.0363	0.0845	0.0115	0.105	0.0670	-0.0348	-0.126
地区生产总值增长率	-0.0906	-0.283	-0.252	-0.239	0.158	0.112	0.222	0.229	0.0177	-0.00868	0.423	-0.110
职工年平均工资	0.310	0.179	0.231	0.113	-0.218	-0.147	0.00459	-0.0394	0.0217	0.0701	-0.187	0.0744
财政支出中科技支出占比	0.286	-0.0518	0.173	0.130	0.0221	0.138	0.239	-0.0217	-0.0692	0.217	0.105	-0.466
财政支出中教育支出占比	-0.0925	-0.0440	0.312	0.219	0.0664	0.315	0.492	-0.103	0.0771	0.0965	0.137	-0.0873

续表

指标变量	主成分 1	主成分 2	主成分 3	主成分 4	主成分 5	主成分 6	主成分 7	主成分 8	主成分 9	主成分 10	主成分 11	主成分 12
第一产业产值占比	-0.342	0.217	0.0743	0.269	-0.0293	-0.184	-0.0258	0.0188	-0.00613	0.0327	0.0288	-0.0398
第二产业产值占比	0.212	-0.439	-0.141	-0.151	0.0171	-0.156	0.233	-0.118	0.119	0.00727	-0.0623	0.158
第三产业产值占比	0.142	0.343	0.104	-0.135	0.0136	0.463	-0.298	0.143	-0.162	-0.0522	0.0513	-0.172
人口密度	0.0885	-0.351	0.341	0.146	0.235	0.0562	-0.0767	0.00965	-0.0174	-0.00262	0.0707	0.0453
人口自然增长率	0.00367	-0.226	0.296	-0.120	-0.220	0.201	-0.106	-0.136	0.0425	0.444	-0.0965	0.488
每百人拥有公共汽（电）车	0.179	0.247	-0.0507	-0.0863	0.115	0.0560	0.0495	-0.145	-0.442	0.135	0.540	0.400
每百人公共图书馆藏书	0.247	0.108	-0.145	-0.163	-0.162	0.219	0.146	0.215	0.470	-0.182	0.0278	0.0590
每万人拥有医生数	0.247	0.218	-0.331	0.0842	-0.135	0.149	0.137	-0.0199	0.0924	0.0902	0.00286	0.234
第一产业从业人口占比	-0.178	0.168	-0.268	0.465	0.0289	-0.0795	0.238	0.0422	0.121	0.213	0.0534	0.157
第二产业从业人口占比	0.283	-0.284	-0.203	0.169	0.0549	0.0937	-0.329	-0.0777	-0.204	-0.0109	-0.0489	-0.141
第三产业从业人口占比	-0.168	0.175	0.372	-0.463	-0.0729	-0.0427	0.176	0.0504	0.126	-0.124	0.0147	0.0405

由表 5—3 可知，排名前 12 的成分累计贡献了 85.8% 大于 85%，即用排名前 12 的成分可以代替 23 个原始指标。所以提取排名前 12 的成分为主成分 1、主成分 2、主成分 3、主成分 4、主成分 5、主成分 6、主成分 7、主成分 8、主成分 9、主成分 10、主成分 11、主成分 12。

根据表 5—4 求解各指标在主成分中的系数，如下式：

$$\lambda_{ki} = \frac{x_{ki}}{\sqrt{\alpha_k}} \qquad \langle 5—4 \rangle$$

根据各指标在主成分中的系数求解各指标未归一化权重，如下式：

$$\beta_i = \frac{\sum_{k=1}^{n} \lambda_{ki} \times \rho_k}{\sum_{k=1}^{n} \rho_k} \qquad \langle 5—5 \rangle$$

归一化权重为：

$$\gamma_i = \frac{|\beta_i|}{\sum_{i=1}^{m} |\beta_i|} \qquad \langle 5—6 \rangle$$

将式 〈5—4〉、式 〈5—5〉代入式 〈5—6〉得到归一化权重 γ_i。

其中，共 m 个指标，γ_i 是第 i 个指标的归一化权重；β_i 是第 i 个指标的未归一化权重；λ_{ki} 是第 k 个主成分第 i 个指标的系数；x_{ki} 是第 k 个主成分第 i 个指标的载荷值；α_k 是第 k 个主成分对应的特征根；β_i 是第 i 个指标的权重；共有 n 个主成分，ρ_k 是第 k 个主成分的贡献率。

综上所述，代入数据得出各指标归一化权重并构建煤炭资源枯竭型城市绿色发展指标评价体系，见表 5—5：

表5—5　　赋权后的煤炭资源枯竭型城市绿色发展评价指标体系

目标层	准则层	指标层	指标权重（％）
煤炭资源枯竭型城市绿色发展评价指标体系	资源环境（0.354）	每亿元GRP工业烟（粉）尘排放量	0.062
		每亿元GRP工业二氧化硫排放量	0.079
		每万元GRP工业废水排放量	0.042
		一般工业固体废物综合利用率	0.090
		污水处理厂集中处理率	0.034
		生活垃圾无害化处理率	0.006
		建成区绿化覆盖率	0.041
	经济发展（0.339）	人均地区生产总值	0.039
		地区生产总值增长率	0.013
		职工年平均工资	0.052
		财政支出中科技支出占比	0.067
		财政支出中教育支出占比	0.083
		第一产业产值占比	0.011
		第二产业产值占比	0.025
		第三产业产值占比	0.049
	人口、社会福利（0.308）	人口密度	0.038
		人口自然增长率	0.021
		每万人拥有公共汽（电）车	0.066
		每百人公共图书馆藏书	0.058
		每万人拥有医生数	0.054
		第一产业从业人口占比	0.043
		第二产业从业人口占比	0.028
		第三产业从业人口占比	0.000

第三节　绿色发展评价及障碍度分析

一　绿色发展评价模型

在得到具体指标权重后，进一步采用绿色发展评价模型对33座煤炭资源枯竭型城市2005—2015年的城市绿色发展水平进行评价。绿色发展评价指数 Y 越高，则表示城市绿色发展水平越高，反之越小。具体模型算式如下：

$$Y = \sum_{i=1}^{m} \gamma_i S_i \qquad \langle 5\text{—}7 \rangle$$

其中，Y 是绿色发展评价指数，共 m 个指标，γ_i 是第 i 个指标的归一化权重，S_i 是第 i 个指标通过极值标准化处理后的数值。

将指标权重代入式〈5—7〉得到 2005—2015 年中国 33 座煤炭资源枯竭型城市绿色发展水平的得分，具体如表 5—6 所示：

表 5—6　　2005—2015 年煤炭资源枯竭型城市绿色发展评价得分

排序	城市	2005	2006	2007	2008	2009	2010	2011	2012	2013	2014	2015
1	张家口市	0.340	0.361	0.385	0.395	0.447	0.439	0.442	0.429	0.451	0.450	0.486
2	承德市	0.358	0.351	0.419	0.465	0.429	0.420	0.462	0.423	0.434	0.433	0.452
3	临汾市	0.364	0.383	0.444	0.446	0.458	0.424	0.440	0.450	0.453	0.445	0.471
4	包头市	0.396	0.465	0.523	0.514	0.544	0.565	0.579	0.551	0.559	0.582	0.554
5	乌海市	0.354	0.409	0.420	0.428	0.482	0.499	0.496	0.499	0.556	0.532	0.570
6	抚顺市	0.390	0.415	0.424	0.430	0.431	0.440	0.455	0.458	0.450	0.463	0.479
7	阜新市	0.372	0.365	0.375	0.416	0.400	0.420	0.414	0.436	0.424	0.428	0.448
8	朝阳市	0.347	0.336	0.379	0.411	0.356	0.385	0.418	0.419	0.420	0.438	0.439
9	长春市	0.443	0.460	0.493	0.484	0.512	0.555	0.525	0.561	0.576	0.577	0.568
10	吉林市	0.376	0.406	0.441	0.461	0.480	0.466	0.481	0.483	0.506	0.518	0.493
11	辽源市	0.385	0.457	0.427	0.467	0.475	0.486	0.450	0.482	0.500	0.490	0.494
12	通化市	0.393	0.389	0.454	0.410	0.456	0.456	0.468	0.499	0.542	0.513	0.524
13	鹤岗市	0.430	0.405	0.462	0.466	0.454	0.464	0.470	0.463	0.480	0.467	0.467
14	双鸭山市	0.408	0.412	0.459	0.467	0.437	0.425	0.423	0.349	0.439	0.455	0.532
15	七台河市	0.405	0.414	0.448	0.442	0.414	0.427	0.436	0.463	0.458	0.461	0.444
16	徐州市	0.464	0.477	0.508	0.514	0.518	0.526	0.525	0.558	0.588	0.597	0.601
17	淮北市	0.443	0.443	0.483	0.502	0.497	0.527	0.536	0.538	0.530	0.543	0.532
18	萍乡市	0.389	0.405	0.435	0.438	0.438	0.448	0.465	0.478	0.511	0.538	0.534
19	淄博市	0.478	0.490	0.560	0.567	0.552	0.574	0.600	0.605	0.625	0.617	0.629
20	枣庄市	0.432	0.451	0.483	0.502	0.507	0.522	0.523	0.521	0.528	0.546	0.550
21	泰安市	0.444	0.480	0.510	0.560	0.513	0.519	0.530	0.536	0.559	0.560	0.577
22	焦作市	0.407	0.414	0.457	0.473	0.498	0.512	0.509	0.506	0.523	0.532	0.529
23	荆州市	0.407	0.414	0.441	0.462	0.461	0.502	0.462	0.462	0.427	0.452	0.476

续表

排序	城市	2005	2006	2007	2008	2009	2010	2011	2012	2013	2014	2015
24	衡阳市	0.378	0.387	0.418	0.440	0.435	0.453	0.464	0.472	0.477	0.498	0.506
25	郴州市	0.399	0.385	0.413	0.433	0.456	0.464	0.465	0.473	0.482	0.510	0.528
26	娄底市	0.407	0.386	0.420	0.391	0.433	0.444	0.442	0.480	0.482	0.476	0.491
27	韶关市	0.365	0.404	0.432	0.459	0.462	0.480	0.497	0.496	0.497	0.514	0.530
28	来宾市	0.297	0.290	0.289	0.358	0.361	0.402	0.431	0.422	0.462	0.473	0.449
29	重庆市	0.422	0.402	0.448	0.457	0.444	0.504	0.467	0.466	0.513	0.519	0.520
30	广安市	0.332	0.359	0.401	0.414	0.427	0.455	0.454	0.468	0.461	0.447	0.475
31	铜川市	0.386	0.413	0.414	0.424	0.446	0.440	0.480	0.500	0.513	0.521	0.529
32	兰州市	0.481	0.517	0.559	0.556	0.549	0.561	0.574	0.595	0.547	0.562	0.587
33	石嘴山市	0.311	0.320	0.362	0.419	0.456	0.434	0.439	0.456	0.474	0.497	0.516

二 煤炭资源枯竭型城市绿色发展评价

本书采用中位数法对2005—2015年全国煤炭资源枯竭型城市的绿色发展评价得分进行等级划分，分为一星级、二星级、三星级、四星级共四个等级，具体绿色发展水平等级对应范围及表征状态如表5—7所示：

表5—7　　　　　煤炭资源枯竭型城市绿色发展水平划分

绿色发展水平	一星级	二星级	三星级	四星级
绿色发展评分	(0, 0.424)	[0.424, 0.461)	[0.461, 0.508)	[0.508, 1]
表征状态	较差	一般	良好	优秀

为了更直观地了解煤炭资源枯竭型城市绿色发展情况，现提取2005年、2010年、2015年共三年数据，并对其进行具体分析。

如图5—1所示，纵坐标表示煤炭资源枯竭型城市绿色发展评价得分，横坐标从左到右依次表示第1—33座煤炭资源枯竭型城市（按

城市邮编升序排序），三条水平虚线从上至下依次表示三、四星级等
评分线（0.508），二、三星级等评分线（0.461），一、二星级等评
分线（0.424）。

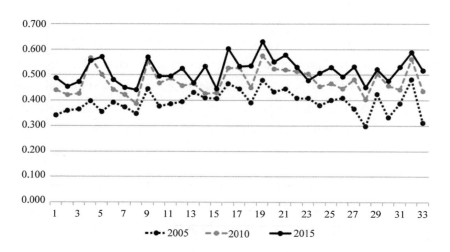

**图 5—1   2005 年、2010 年、2015 年煤炭资源枯竭型城市
绿色发展评分散点连线图**

参照图 5—1 可以了解煤炭资源枯竭型城市绿色发展水平的整体
情况。

第一，33 座煤炭资源枯竭型城市的绿色发展水平稳步提高。从绿
色发展水平得分最小值看，2005 年、2010 年、2015 年得分依次为
0.297、0.385、0.439；从绿色发展水平得分最大值看，三年得分依
次为 0.481、0.574、0.629；从绿色发展水平得分平均值看，三年平
均得分依次为 0.394、0.474、0.514。因此，2005 年至 2015 年中全
国煤炭资源枯竭型城市的绿色发展水平是稳步提高的。

第二，2005—2010 年阶段绿色发展水平提升快于 2010 年至 2015
年阶段。2005 年、2010 年、2015 年三个时间点将 11 年时间划分为两
个阶段，比较这两个阶段绿色发展水平情况发现：2005 年没有城市达

到四星级，到 2010 年有 9 座城市达到四星级，而 2015 年时已经有 19 座城市处于四星级绿色发展水平，分别占所有煤炭资源枯竭型城市的 0%、27.3%、57.8%，第二阶段比第一阶段增加的四星级城市数量同比增长 3.2%；三星级城市数量在 2005 年、2010 年、2015 年分别为 3 个、7 个、9 个，第二阶段比第一阶段增加的四星级城市数量同比减少 3.0%；依据此算法，二星级城市数量在第二阶段比第一阶段同比减少 30.2%；一星级城市数量在第二阶段比第一阶段同比减少 78.8%。因此第二阶段整体提升快于第一阶段，并且这一趋势在越低星级的煤炭资源枯竭型城市中表现越明显。

表 5—8　　　　2005 年、2010 年、2015 年煤炭资源枯竭型
城市绿色发展评分及排名

排序	城市	2005 年评分	2005 年排名	2010 年评分	2010 年排名	2015 年评分	2015 年排名
1	张家口市	0.340	30	0.439	25	0.486	23
2	承德市	0.358	27	0.420	31	0.452	29
3	临汾市	0.364	26	0.424	29	0.471	27
4	包头市	0.396	16	0.565	2	0.554	7
5	乌海市	0.354	28	0.499	12	0.570	5
6	抚顺市	0.390	18	0.440	24	0.479	24
7	阜新市	0.372	24	0.420	30	0.448	31
8	朝阳市	0.347	29	0.385	33	0.439	33
9	长春市	0.443	5	0.555	4	0.568	6
10	吉林市	0.376	23	0.466	15	0.493	21
11	辽源市	0.385	21	0.486	13	0.494	20
12	通化市	0.393	17	0.456	18	0.524	16
13	鹤岗市	0.430	8	0.464	17	0.467	28
14	双鸭山市	0.408	10	0.425	28	0.532	10
15	七台河市	0.405	14	0.427	27	0.444	32

排序	城市	2005 年评分	2005 年排名	2010 年评分	2010 年排名	2015 年评分	2015 年排名
16	徐州市	0.464	3	0.526	6	0.601	2
17	淮北市	0.443	6	0.527	5	0.532	11
18	萍乡市	0.389	19	0.448	21	0.534	9
19	淄博市	0.478	2	0.574	1	0.629	1
20	枣庄市	0.432	7	0.522	7	0.550	8
21	泰安市	0.444	4	0.519	8	0.577	4
22	焦作市	0.407	13	0.512	9	0.529	14
23	荆州市	0.407	12	0.502	11	0.476	25
24	衡阳市	0.378	22	0.453	20	0.506	19
25	郴州市	0.399	15	0.464	16	0.528	15
26	娄底市	0.407	11	0.444	22	0.491	22
27	韶关市	0.365	25	0.480	14	0.530	12
28	来宾市	0.297	33	0.402	32	0.449	30
29	重庆市	0.422	9	0.504	10	0.520	17
30	广安市	0.332	31	0.455	19	0.475	26
31	铜川市	0.386	20	0.440	23	0.529	13
32	兰州市	0.481	1	0.561	3	0.587	3
33	石嘴山市	0.311	32	0.434	26	0.516	18

参照表5—8可以了解各个煤炭资源枯竭型城市绿色发展水平的具体情况。

位于绿色发展水平前5名的城市较为稳定。在2005年绿色发展水平最高的前5名城市依次是兰州、淄博、徐州、泰安、长春，在2010年绿色发展水平最高的前5名城市依次是淄博、包头、兰州、长春、淮北，在2015年绿色发展水平最高的前5名城市依次是淄博、徐州、兰州、泰安、乌海。在三个年份［5，15］的城市出现频次范围内，实际出现8座城市，即在［0，1］的系数范围内，稳定指数为

0.3，所以绿色发展水平较高的城市排名比较稳定。

平均绿色发展水平最高的城市是淄博市，最低的是来宾市。通过计算三个年份平均绿色发展水平发现，平均绿色发展水平最高的 3 座城市依次是淄博市、兰州市、徐州市，分别达到 0.56、0.54、0.53；而三个城市平均绿色发展水平最低的 3 座城市依次是来宾市、朝阳市、承德市，分别达到 0.38、0.39、0.41。

进步最快的城市是乌海市，进步最慢的城市是鹤岗市。乌海市在 11 年时间中绿色发展水平得分排名共上升了 23 个名次，较 2005 年提升 52%；石嘴山市绿色发展水平得分排名也上升了 14 个名次，其中前 5 年提高 6 名，后 5 年提高 8 名；韶关市上升 13 个名次紧随其后，前 5 年绿色发展迅速，提升 11 名，后 5 年提升 2 名稍显乏力。进步最慢的鹤岗市下滑 20 个名次；七台河市、荆州市也同样进步缓慢，排名分别下滑 18 个、13 个名次。这些城市虽然进步缓慢，但是其绿色发展水平始终处于提高状态，但是有个别城市在绿色发展中出现了倒退的情况，比如包头市和荆州市，其在 2015 年时绿色发展水平较 2010 年更低。

三　改进后的障碍度模型

障碍度模型是评价衡量影响所测算指标具体障碍因素的定量分析模型。[1] 以往的障碍度模型倾向于衡量单项指标中具体时间、位置节点的障碍度，不能够衡量单项指标综合障碍度。本书的障碍度模型在引入因子贡献度和指标综合偏离度的基础上，将单项指标标准化后的值的意义进行延伸，以单项指标下所有时间点、位置样本的期望作为新的单项指标标准化后综合值 S_i，以期可以通过障碍度模型找出影响煤炭资源枯竭型城市绿色发展水平的障碍因素，并进行量化，以便客观地、有针对性地对城市绿色发展提出政策建议。改进后的障碍度模

---

[1]　鲁春阳等：《基于改进 TOPSIS 法的城市土地利用绩效评价及障碍因子诊断——以重庆市为例》，《资源科学》2011 年第 3 期。

型，引入因子贡献度（$W_j \times \gamma_i$）和指标综合偏离度（$1 - S_i$）的概念。其具体公式如下：

$$O_i = \frac{W_j \times \gamma_i \times (1 - S_i)}{\sum\limits_{i=1}^{m} W_j \times \gamma_i \times (1 - S_i)} \times 100\% \qquad \langle 5—8 \rangle$$

其中，共 m 个指标；O_i 表示第 i 个指标对煤炭资源枯竭型城市绿色发展水平的障碍度；W_j 是第 i 个指标所属的第 j 个准则层的权重；j 在本书中取值为 $j=1$，2，3；γ_i 是第 i 个指标的归一化权重；S_i 是第 i 个指标通过极值标准化处理后的数值。同时，可以根据 $R_j = \sum O_{ij}$ 汇总出第 j 个准则层对煤炭资源枯竭型城市绿色发展水平的障碍度。[①]

四 煤炭资源枯竭型城市绿色发展障碍因素分析

通过改进后的障碍度模型可以测算出影响全国 33 座煤炭资源枯竭型城市绿色发展的障碍因素的障碍度，并将每个障碍因素以相应代码表示，具体结果如表5—9所示：

表5—9 煤炭资源枯竭型城市绿色发展障碍因素及其障碍度

准则层指标及其障碍度	障碍因素	障碍因素代码	障碍度
资源环境（21.59%）	每亿元 GRP 工业烟（粉）尘排放量	C1	0.20%
	每亿元 GRP 工业二氧化硫排放量	C2	1.27%
	每万元 GRP 工业废水排放量	C3	0.29%
	一般工业固体废物综合利用率	C4	8.81%
	污水处理厂集中处理率	C5	2.06%
	生活垃圾无害化处理率	C6	0.72%
	建成区绿化覆盖率	C7	8.23%

① 谷缙等：《山东省生态文明建设评价及影响因素——基于投影寻踪和障碍度模型》，《华东经济管理》2018 年第 8 期。

准则层指标及其障碍度	障碍因素	障碍因素代码	障碍度
经济发展（38.88%）	人均地区生产总值	C8	6.16%
	地区生产总值增长率	C9	0.84%
	职工年平均工资	C10	5.98%
	财政支出中科技支出占比	C11	9.75%
	财政支出中教育支出占比	C12	6.55%
	第一产业产值占比	C13	1.43%
	第二产业产值占比	C14	2.02%
	第三产业产值占比	C15	6.16%
人口、社会福利（39.53%）	人口密度	C16	4.45%
	人口自然增长率	C17	2.52%
	每万人拥有公共汽（电）车	C18	8.34%
	每百人公共图书馆藏书	C19	7.52%
	每万人拥有医生数	C20	7.33%
	第一产业从业人口占比	C21	7.00%
	第二产业从业人口占比	C22	2.36%
	第三产业从业人口占比	C23	0.01%

注：GRP（gross region product）表示地区生产总值。

由表5—9、图5—2可知，就准则层指标来看，障碍度最高的是人口、社会福利，达到39.53%；其次是经济发展的38.88%；障碍度最低的是资源环境，达到21.59%。这表明人口、社会福利和经济发展的相关因素累计对煤炭资源枯竭型城市绿色发展阻碍较大，资源环境的阻碍作用较小。

就具体障碍因素来看，23个障碍因素中障碍度超过8%的有4个，接近或超过6%且小于8%的有7个，4%—5%的有1个，低于3%的有11个。其中C11财政支出中科技支出占比的障碍度最高，接近10%；障碍度高且大于8%的因素还有C4一般工业固体废物综合

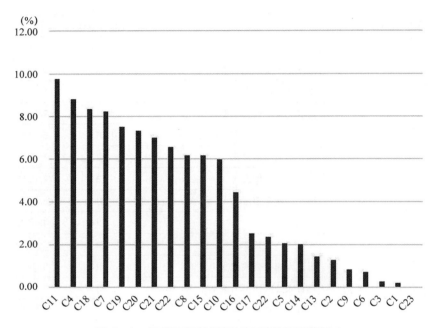

图 5—2　煤炭资源枯竭型城市绿色发展障碍度

利用率、C18 每万人拥有公共汽（电）车、C7 建成区绿化覆盖率。此外，障碍度较高的还有 C19 每百人公共图书馆藏书、C20 每万人拥有医生数、C21 第一产业从业人口占比、C12 财政支出中教育支出占比、C8 人均地区生产总值、C15 第三产业产值占比、C10 职工平均年工资等因素。

第四节　研究结论与政策取向

一　研究结论

第一，全国煤炭资源枯竭型城市的绿色发展水平稳步提高且前期提升较快。通过对煤炭资源枯竭型城市 2005 年、2010 年、2015 年绿色发展水平得分及其极值、均值的计算分析，数据表明 2005—2015

年全国煤炭资源枯竭型城市的绿色发展水平总体呈稳步上升趋势。通过对 2005 年至 2015 年全国煤炭资源枯竭型城市绿色发展得分数据划分星级标准并进行统计分析，研究发现 2005—2010 年绿色发展水平提升快于 2010—2015 年，即前期第一阶段的煤炭资源枯竭型城市绿色发展水平增加量多于后期第二阶段增加量，并且这一趋势在越低星级的煤炭资源枯竭型城市中表现越明显。

第二，淄博、兰州等绿色发展水平较高的城市，绿色发展情况较为稳定。通过对上述 3 个年份数据的稳定性系数计算，分析发现得分前 5 位城市的稳定指数为 0.3，表示其排名比较稳定。

第三，大部分城市绿色发展水平有所提高，个别城市有所衰退。其中平均绿色发展水平最高的城市是淄博市，最低的是来宾市；进步最快的是乌海市，最慢的是鹤岗市。通过计算 3 个年份平均绿色发展水平发现平均绿色发展水平最高的 3 座城市依次是淄博市、兰州市、徐州市；而平均绿色发展水平最低的 3 座城市依次是来宾市、朝阳市、承德市。乌海市在 11 年时间中绿色发展水平得分排名共上升了 23 个名次，较 2005 年提升 52%；进步最慢的鹤岗市下滑 20 个名次。此外，值得注意的是，包头市和荆州市在绿色发展中出现了倒退的情况，都是 2015 年时绿色发展水平较 2010 年更低。

第四，有关科技的财政支出较少，成为阻碍城市绿色发展的首要原因。就障碍度分析来看，障碍因素财政支出中科技支出占比的障碍度接近 10%，是阻碍城市绿色发展最大因素；还有三个不可忽视的障碍度高因素是一般工业固体废物综合利用率、每万人拥有公共汽（电）车、建成区绿化覆盖率，分别体现在工业废物利用、社会福利、城市绿化等方面。此外障碍度较高的因素还涉及医疗、农业从业人口、教育、地区生产总值、第三产业、工资薪酬等多方面。

二　政策取向

本书根据煤炭资源枯竭型城市绿色发展评价的实际情况并结合障

碍度分析的研究结论，在此提出煤炭资源枯竭型城市实现绿色发展需要走好"三条道路"。

第一，走以发展科技为核心的生产发展之路。煤炭资源枯竭型城市实现绿色发展最大阻碍就是科技财政支出不足。科学技术是第一生产力，实现生产发展首先要发展科技。一是加大有关科技的财政投入，特别是能够推动新旧动能转换、产业升级的科技支出。二是运用科技手段，提高煤炭资源型产业的科技含量，拓展产业链条，加速煤炭资源型产业的转型升级。三是以科技创新鼓励引导第三产业发展。服务业是煤炭资源型城市产业结构调整的核心所在，助力第三产业发展，一方面缓解就业压力，吸纳大量资源型产业离、退、裁、转岗职工；另一方面，第三产业的发展更容易推动整个城市的科技创新能力，实现城市绿色发展的良性循环。

第二，走以提高福利为核心的生活富裕之路。实现绿色发展不仅要"国富"更要"民富"，人民生活富裕是绿色发展的重要组成部分，在生产发展的基础上，提高居民福利是实现全民共享发展成果的首要任务，也是实现绿色发展的重要组成。一是建立健全公共交通体系。①政府应对城市通勤情况实地调研，根据实际情况增减公共交通线路、车次，采购采用新能源的公共交通载具。二是增加公共医疗、教育投入。重点建设社区医院，增加社区医生数量，实现"小病小治"，减少大医院的医疗压力。义务教育阶段实施教育集团化，共享优质教育资源；高等教育阶段引进优质的高校、职业技校，以实惠政策吸引人才、留住人才。②

第三，走以修复生态为核心的环境美好之路。环境美好是实现绿色发展的重要保障，煤炭资源枯竭型城市生态环境状况普遍不容乐

---

① 曹孜：《煤炭城市转型与可持续发展研究》，博士学位论文，中南大学，2013年。
② 杨显明、焦华富、许吉黎：《煤炭资源型城市空间结构演化过程、模式及影响因素——基于淮南市的实证研究》，《地理研究》2015年第3期。

观，因此修复生态环境就成为保障绿色发展的核心措施。一是提高工业固体废物的循环再利用率，减少其对生态的污染。工业固体废物消极堆存处理是一个普遍问题，会对周边土壤、空气、地下水等造成严重污染。[①] 由于工业固体废物产生于企业，所以引入市场化手段解决固废利用问题更有利于企业发展，积极引入或成立专业化固废处理公司，对工业固体废物专业化处理。二是提高城市绿化覆盖率。由于长期开采煤矿，煤炭资源枯竭型城市山体植被破坏严重，粉尘污染、矿区塌陷问题突出。要积极利用塌陷矿区开发矿山公园等，造湖造林，因地制宜修复城市生态。

---

① 刘永强等：《土地利用转型的生态系统服务价值效应分析——以湖南省为例》，《地理研究》2015 年第 4 期。

第六章　经济转型发展模式与实现路径的整体政策设计

　　资源型城市，特别是资源枯竭型城市是当今我国存在问题最多、矛盾最尖锐的地区之一。因资源型城市受其地理位置、发展历史等因素的影响，在区域发展空间上基本处于封闭状态，城市功能不健全，与周边区域缺乏联系，缺失对外开放与区域协同性；在经济发展方面，仍保留着"靠山吃山""靠水吃水""靠矿吃矿"的传统观念，高度依赖矿产资源，致使资源型产业一枝独秀，产业结构单一，无法适应当今经济社会的多元化发展；在生态环境方面，因过度开采及开采技术的落后，所造成的生态环境问题种类繁多、范围广、问题复杂、破坏性严重等，成为阻碍资源型城市转型升级的巨大屏障。2017年国家发改委根据"十三五"规划纲要和国发〔2013〕45号文件报告，制定了《国家发展改革委关于加强分类引导培育资源型城市转型发展新动能的指导意见》（后简称《指导意见》），强调"牢固树立并切实贯彻创新、协调、绿色、开放、共享的新发展理念，着力优化发展环境，夯实转型基础，着力加快新旧动能转换，增强可持续发展活力，着力深化改革创新，健全可持续发展长效机制，坚持分类指导、特色发展，努力推动资源型城市在经济发展新常态下发展新经济、培育新动能，加快实现转型升级"①。由此可见，创新、协调、绿色、开

---

　　① 《国家发展改革委关于加强分类引导培育资源型城市转型发展新动能的指导意见》，2017年1月6日，中华人民共和国国家发展和改革委员会网站，http://www.ndrc.gov.cn/zcfb/zcfbtz/201701/t20170125_836755.html。

放、共享的新发展理念不仅是对马克思主义理论与中国特色社会主义理论的继承创新，也是新时代中国特色社会主义事业发展的中心原则，更为资源型城市的转型发展指明了方向。新发展理念的提出是自然、人类、经济、社会、历史发展规律的根本体现，蕴含着丰富的智学思想与实践经验，其核心实质是以创新为发展动力，实现高质量平衡发展，构建互利共赢的发展空间，从而达到人人共享发展成果的最终目的。对于资源型城市应积极培育自身的创新能力，从思想观念的转变到技术创新再到制度创新，加强实施"引进来、走出去"战略，扩大投资比重，加强与周边地区协同发展，着重加强自然环境的修复治理，以优美宜居的自然环境留住人才与新的发展机遇。因此，我们以创新、协调、绿色、开放、共享的新发展理念为指导，结合之前的研究分析，提出适合我国资源型城市转型发展的思路与模式，并设计出科学合理的经济转型发展路径以及构建促进资源型城市经济转型发展的政策保障体系。

第一节　主要发展模式选择及其设计

在计划经济时期国家优先重点发展重工业战略背景下，资源型城市的经济曾经得到快速发展，为中国经济的持续增长和区域发展做出巨大贡献。伴随着工业化进程日趋加快，对资源要素的需求不断增加，直接导致资源开采力度有增无减，在这些因素的综合影响下，资源储备逐渐减少，资源型城市相继进入成熟期和衰竭期，面临着资源枯竭速度居高不下的命运。由于前期发展理念以"先生产后生活"的传统观念为主，缺乏长期、科学的规划，不仅城市基础设施建设落后，产业结构单一，① 最主要的是没有及时推动工业化升级，形成可

---

① 杨波、赵黎明：《资源"诅咒"破解、锁定效应消除与转型空间建构——"中国金都"招远市资源型城市转型模式探索》，《现代财经（天津财经大学学报）》2013 年第 11 期。

持续发展的产业集群，加之缺乏培育替代产业和发展接续产业的前景规划，城市经济发展的自我调节机制无法实现，导致资源型城市中经济结构、社会矛盾、环境破坏等问题凸显，① 资源利用效率低、生态环境破坏严重、职工大量失业下岗等尖锐问题，已经严重制约了资源型城市的可持续发展。② 同时，地方财政能力有限，公共服务和城市基础设施建设严重落后，人才流失加剧，形成城市发展的恶性循环，煤炭资源枯竭型城市的现状抑或更加严峻。作为一种不可再生资源，煤炭开发过程必然经历从开采到枯竭的过程，煤炭资源型城市随之也会经历这种生命周期。为了避免"资源富城兴，资源竭城衰"的厄运，以经济可持续发展为目标的煤炭资源型城市，转型升级迫在眉睫。

资源型城市的转型与发展问题涉及经济、就业、生态环境及基础设施建设等多个领域，在考虑各领域诸多问题的同时，系统的理论指导在实施过程中也起着关键性作用，只有这样才能确保实际工作运行的有效性。纵观过往，资源型城市的经济增长以粗放型模式为主，付出了高昂的能源和环境双重代价。因此，树立创新意识，建构生态绿色经济发展模式，是资源型城市未来发展的必然。

资源型城市的主要问题体现为产业结构单一、经济发展对资源依赖性过高，在资源尚未枯竭时对非资源型产业的挤出效应已非常明显，从而导致城市整体经济发展缓慢，更重要的是，这种可预料的恶性影响在资源枯竭后会更加显著。为了促进资源型城市绿色转型与可持续发展，依靠丰富资源驱动地区经济发展具有很强的限制性，对经济的贡献作用十分有限，甚至会导致"资源诅咒"效应。因此，资源型城市转型需要转变以往的资源驱动型经济增长发展模式，加强人力

---

① 董锁成、李泽红、李斌等：《中国资源型城市经济转型问题与战略探索》，《中国人口·资源与环境》2007年第5期。
② 王利伟、冯长春：《资源型城市发展演化路径及转型调控机制——以甘肃省白银市为例》，《地域研究与开发》2013年第5期。

资本积累和技术创新，寻找新的经济增长点，通过绿色转型实现区域经济发展的可持续性。由此可见，资源型城市实现经济转型的关键是发展接替产业，建立多元化的产业结构，核心是实现发展方式的转变。资源型城市的转型发展情况，是国家整体经济社会转型的重要组成部分，也直接影响到城市自身及国家整体竞争力的培育和提升。同时，资源型城市经济转型与可持续发展也是城市化进程中一项重要的内容，各个资源型城市所依赖的资源及所处的资源开发阶段不同，加之不同城市拥有的地理区域位置不同，导致资源型城市的转型发展模式不尽相同。资源型城市转型模式主要包括综合发展模式、主导产业转型模式、培育接续产业模式、资源带动发展模式、空间转移发展模式。对于资源枯竭型城市来说，未形成替代产业且缺少人才储备和对替代产业的技术培育，更适合选择主导产业转型模式，政府政策的引导和支持作用对资源型城市的成功转型也是必不可少的。当前我国供给侧结构性改革背景为资源枯竭型城市转型发展提供了重大的政策指导和发展机遇，通过淘汰落后产能，进一步缓解资源型城市产业供需结构矛盾问题。不同资源型城市经济转型过程中应重点基于以下问题选择适合的发展模式。

第一，处于资源衰退、枯竭期的资源型城市转型，应采取资金支持先行，充分发挥其启动效应，机制建设与可持续发展紧跟其后的发展模式。国家发改委出台国发〔2007〕38 号文件："引导资源型城市逐步摆脱传统发展模式依赖，坚持分类指导、特色发展，努力推动资源型城市在经济发展新常态下发展新经济、培育新动能，加快实现转型升级。"明确指出国家除了加强政策引导资源枯竭型城市转型升级外，还应加大对资源枯竭型城市的财政性转移支付，弥补过去很长一段时间一味追求经济增长的历史欠账。资源枯竭型城市也要认清城市中生态恶化的现实情况，平衡好环境与发展之间的关系，遵循生态优先的原则，坚定不移地走先治理后增长的发展道路。这就要求国家改变对资源型城市政府的考核标准，不再单独以经济增长作为考核指标，还需将生态治理成效纳入考核标准，适时调整生态化和产业化考核占比，坚持生态治理先于经济发展原则。资源型城市所在地政府也应重新认识自身的职能和角色，充分发挥其在管理、基础设施建设和人力资本投资与培育等方面的作用，[①] 体制与结构上的创新与改革，才是推动资源型城市经济转型的不竭动力。此外，还要发挥政府财政作用，构建合理的社会保障体系，稳定社会环境，保障资源型城市经济转型升级稳步前进。

第二，处于资源成熟期的资源型城市转型，应采取"理念先行，行动跟随"的发展模式，为多元化产业培育、城市布局综合规划、生态环境保护等促进资源型城市转型发展的核心问题做好前期铺垫工作。资源成熟期的资源型城市，一般是资源型产业发展的鼎盛时期，往往会被短期的高经济收益蒙蔽双眼，从而走上资源枯竭、生态破坏、民生问题尖锐等不可持续的老路。因此，成熟期的资源型城市更应保持绿色可持续发展的理念，资源枯竭警钟长鸣，用积极行动付诸实践。一是科学勘测，合理开采。矿产资源作为不可再生资源，其开采量、储备量都是有限度的，无畏地攫取会加速其衰竭，前期合理规划开采，不仅会延续矿产资源的经济效益，还会为后代子孙留下可供发展的储备能源。二是拓展产业链条，培育多元化产业。成熟期的资源型城市切勿走传统粗放型经济发展模式，要向集约型技术创新驱动模式转变，提高资源开发效率和深度，延长资源型产业链条，建立资源深加工产业链，消减原有单一产业结构。同时，将培育发展接续产业和新主导产业纳入城市长期战略规划，力争在资源枯竭前基本形成相对完善的多元化产业结构。三是防范"企业办社会"现象，综合规划城市布局。"企业办社会"是传统资源型城市普遍存在的现象，哪里有资源，哪里就有大型企业，哪里就有人口高聚集地，为协调职工的生产生活，企业往往会就地建学校、医院等，潜在地承担起相应的

---

① 李彦军、叶裕民：《城市发展转型问题研究综述》，《城市问题》2012 年第 5 期。

社会责任，而且依托就近原则规划导致整个城市规划布局混乱，阻碍城市进一步发展。四是生态环境保护应作为城市发展的核心。生态环境问题是制约资源型城市发展的关键核心，成熟期的资源型城市应提早把控资源开采过程中所带来的生态环境问题，要在保护生态环境的前提下，实施资源开采、加工生产，杜绝以生态环境为代价换取资源型经济发展的情境再现。

第三，处于任何发展时期的资源型城市，都应紧抓经济增质、产业结构优化的新常态，将其视为实现经济转型升级的良机，积极配合国家宏观调控，投身国家战略建设，引入国家扶持政策，实现资源型城市经济的优质增长。一是兼顾生态环境保护与修复，以"两山论""两化论"为指导，努力实现产业结构由粗放型向集约型转变；二是通过科学创新驱动逐步替代要素驱动，突破依赖传统资源促进经济发展的禁锢，以高科技含量的新兴产业实现经济高质量稳步增长；① 三是把握对外开放新机遇，积极提高城市开放程度，增强区域要素流动性，推动区域经济发展；四是通过融资、税收等财政优惠政策，鼓励民营企业、私营企业等中小微企业的发展，既可刺激新兴产业发展，促进地区产业结构多元化，又可解决就业等影响社会稳定的民生问题。

第二节　主要实现路径设计

资源型城市转型需要结合城市的地理位置优势、历史文化资源优势、经济发展水平及当前环境承载能力等多个方面，通过政府财政支持、产业项目引进、新兴产业培育等措施，达到优化城市产业结构、稳定社会民生、创建生态文明城市的目标，并最终实现资源型城市的

---

① 李想、王旭：《经济新常态下资源型城市可持续发展研究——以鹤岗市为例》，《科技和产业》2018 年第 8 期。

转型与可持续发展。资源型城市转型因产业生命周期和城市发展阶段不同而有所差异，呈现出不同的经济发展水平，致使其转型路径也存在多样性。因此，资源型城市转型应在充分衡量本市发展基础的前提下，因地制宜，选择适合自身可持续发展的路径。一般来说，资源型城市可以通过转型发展、转向发展和转移发展三条路径实现城市的可持续发展，我国主要采取前两种方式解决资源型城市的历史遗留问题。[①] 对于煤炭资源型城市来说，不仅要考虑城市拥有的煤炭储量，还要充分认识到现有的开采程度，综合选择最佳转型路径，推动煤炭资源型城市在"煤炭采掘"为主的基础上，向"加工制造"型城市转变，进一步延伸产业链向"煤炭采掘—加工制造—煤炭产业精、深加工"全产业链型城市发展，实现煤炭城市的加工制造业转变阶段，实现城市的可持续发展。

需要特别强调的是，我国煤炭资源型城市多数已经跨越成长期进入成熟期，并走向煤炭衰竭期的发展阶段。对于煤炭资源枯竭型城市，本应在成熟期开展接续替代产业培育，实现城市综合性、多功能性的转变，但一味追求短期经济增长而忽略了多元化产业结构的优化，致使其因煤炭资源枯竭，城市经济呈现出断崖式滑落。因此，煤炭资源枯竭型城市转型发展的核心在于培育和不断壮大接续产业、新兴产业，实现产业结构多元化、经济结构合理化。应充分发挥政府在转型过程中的关键主导作用，依托市场主体，从产业结构调整升级、体制机制改革创新、民生问题稳步解决、生态环境修复四条核心路径展开煤炭资源枯竭型城市转型升级。[②]

第一，产业结构调整升级，实现产业转型。一是充分认识资源型产业的发展规律，按市场需求，利用财政支撑、科技创新等措施，拓展产

---

① 支航、金兆怀：《不同类型资源型城市转型的模式与路径探讨》，《经济纵横》2016年第11期。

② 刘吕红：《西部资源枯竭型城市转型路径选择及政策设计》，《青海社会科学》2009年第6期。

业链条，逐步摆脱矿产资源的发展"禁锢"。二是明确科技支撑是实现产业结构调整升级的关键所在。一方面通过改善金融服务和政府服务优化投资软环境，吸引具有先进设备和较高金融实力的高、精、尖企业入驻，增大自主知识产权项目研发力度。另一方面营造留住人才的政策、人文环境，引进专业技术和管理人才，加速资源型产业技术改造与新兴科技产业发展，推动高新技术产业快速成长以提升城市竞争力，创造城市经济发展的新增长点。三是促进产业向高效、低碳、集约的经济增长模式转变，实现产业多元化，促进经济结构由资源依赖型的单一发展模式，向多元化且以科技资源为主的发展模式转变，实现由资源带动向科技引领的经济优势转变，依靠技术和人力的力量增强产业和经济的抗风险能力，全面提升经济社会发展水平。

第二，体制机制改革创新，从中央设计层面自上而下推进资源型城市稳步转型。通过制度创新，充分发挥市场在资源型城市中的主体作用，是我国经济体制改革创新的必然要求，但资源型城市受制于资源、体制、历史基础等因素的影响，市场化程度较低且进程缓慢，完全依靠市场调控只能使资源型城市更加边缘化。因此，需要充分发挥政府的主导作用和市场的主体作用，引导资源型城市自上而下进行体制机制改革创新，重点侧重于财政金融和人才引进、培育两方面的体制机制创新。资源型城市在转型初期，不仅要缓解严峻的民生问题、生态环境问题，还需要培育和植入新兴产业，加速替代产业形成，这些都离不开财政支持和智力支持。一是由政府主导，在通过自身努力获取国家财政资金扶持下，以优惠政策等措施吸纳外来资金和专业人才，在宏观政策层面给予资金和人才的双重保障；二是由市场引导，完善绿色金融体系，优化中小微企业投融资体制机制，为新兴产业的培育和植入提供充足保障。

第三，着力解决民生问题，促进资源型城市社会功能平稳转型。开展再就业培训，鼓励涉煤员工创业，缓解就业压力。由于资源型城市长期以技术含量低的开采和初级加工为主，职工基数虽大但普遍技能单一、受教育水平低、适应能力差，技术人才极度匮乏，"低端供应过剩，高端供应不足"的人才结构矛盾突出，转业和下岗再就业难度较大，社会稳定压力巨大。因此，亟须在不断完善社会保障制度的同时，对有需要的下岗职工开展职业技能培训，提升其再就业能力。根据年龄层次、兴趣爱好等个体特征采取有针对性的培训工作，激发其切实掌握实用技能的能力，为其再就业提供动力。并且，还要注重不同层次人才的培养，对基础教育、职业教育等有所侧重，为资源型城市的人力资源储备做好准备工作。同时，为自主创业的个体提供创业支持和优惠政策，营造良好的创业环境，鼓励有能力的创业转型人员积极带动就业，妥善安置下岗、转岗职工，着力解决民生问题以稳定社会秩序。此外，通过对在职人员进行职业教育和职业培训，也是资源型城市增加人力资本存量的实现途径。[①] 资源的消耗和生态环境的破坏可以通过人力资本和其他物质资本进行补偿和替代，扩大职业培训范围，使资源型企业中更多的生产人员及技术人员获得培训机会，培育其创新意识，积累创新理念，为创新效应的产生提供智力基础，提高资源型城市内部的人力资本存量，增强可持续发展能力。

第四，保护生态环境，实施生态修复和污染治理工程。早期技术水平有限加上盲目开采，使得以技术含量低的开采和初级加工工业产生大量的废气、废渣、废液，如此长期的资源不合理开发促使资源型城市的生态环境遭到严重破坏，严重滞后的生态补偿措施更是加剧了原本脆弱的城市生态系统，阻碍了生态可持续发展，更威胁到了人们的健康和生产生活质量的提升。党的十八大报告中针对生态文明建设的核心地位做出明确的指示，提出将生态文明建设融入经济发展和城市建设的战略中，从而加快资源型城市转型的进程。因此，资源型城

---

① 江崇莲、赵红梅：《资源型城市可持续发展内生增长路径研究》，《煤炭经济研究》2018 年第 1 期。

市转型过程中应重点考虑生态环境保护，加大生态修复力度。[1] 资源型城市普遍存在计划经济体制下资源产权混乱问题，资源使用权和所有权各有其主，不利于资源的合理开发和利用，是导致一系列生态环境问题的根源之一。权责分明是提升资源利用效率的前提，从产权制度建设入手，划分各种责任主体，明确各主体的职责范围，以制度保证地方政府和民众参与资源开发和经营的权利，以法律途径规范资源开发的全过程，以建立健全生态补偿机制，推动生态重建和环境保护，承担生态保护责任，倡导发展绿色经济、低碳经济和循环经济，提高资源利用率。除此之外，通过市场的调节作用加快实施生态环境补偿机制等市场化调控手段，促进污染治理的市场化运营。资源型城市经济转型过程中一切经济活动必须在生态环境承载能力范围内展开，不可对生态环境造成不可逆的破坏，处理好人与自然的关系，尽可能减少人类活动对环境的影响和破坏，实现人与自然和谐相处，经济发展与生态环境的平衡。同时，培养全面环境保护意识，倡导居民绿色出行，强化居民低碳消费和绿色消费价值观。在公共基础设施建设中积极发展新能源，推广使用可降解购物袋等环境保护宣传教育，通过使用清洁能源公交车等措施降低污染物排放量，在方便居民出行的同时也节约了资源。

第三节　整体发展思路与政策框架

资源型城市是一个复杂的经济社会系统，各种矛盾交织混杂，转型发展必须树立综合、整体的系统观念。[2] 资源型城市实施经济转型

---

[1]　谷国锋、张媛媛、姚丽：《东北三省经济一体化与生态环境的耦合协调度研究》，《东北师大学报》（哲学社会科学版）2016 年第 5 期。

[2]　周海林：《资源型城市可持续发展评价指标体系研究——以攀枝花为例》，《地域研究与开发》2000 年第 1 期。

的最佳时期是在成熟期，① 若城市在完成培育接续产业和主导产业前进入衰退期，将导致城市转型的成效缓慢且不显著。纵观资源型城市的发展，既要依靠城市自身的功能，也需要外部力量的推动，主要是中央政府的支持和帮助。具体来看，包括以下几个方面：

第一，制度创新，以中央政府相关制度顶层设计为基础，建立资源型城市可持续发展的长效机制。过度开发的短期行为直接导致我国资源型城市的诸多问题，但根源在于制度问题。② 由于矿产资源国有化，资源型城市主导企业多为国家投资建设，且资源价格主要是由政府根据国家发展需要进行调控，市场经济体制得不到充分发挥，造成资源型产业利润空间受到限制。加之行政控制转为宏观经济调控，资源型城市的主导企业与国家的关系逐步发展为企业运用国有化设施设备运行，并向国家缴纳利润和税收的利益关系，但企业自身承担设备维护与更新费用，历史包袱十分沉重。而城市化进程使得当地政府耗费政府财力用于美化环境，进一步削减了地方政府的财政积累能力，导致城市基础设施和投资环境较差，发展民营经济又没有足够的产业政策和税收政策引导权，形成不良循环。制度问题还使得资源开发与利用等领域的门槛较高，严重限制了私营企业和民营资本进入相关领域，竞争不足的环境导致资源综合利用效率低下、开采成本较高等一系列后果。因此，资源型城市问题的根源在于制度缺陷。所以，资源型城市转型过程中解放思想至关重要，打破原有体制造成的固化局面，改善"大工业，小农业""大国有经济，小民营经济"的二元结构状态，③ 加速国有企业经营体制改革，转变政府职能，营造良好的经济和生态环境，形成政府主导、市场主体的经济发展方式，为众多

---

① 敖天平：《资源型城市转型模式比较研究——以甘肃省金昌市、白银市和玉门市为例》，《中国流通经济》2011 年第 1 期。

② 张友祥、支大林：《论资源型城市转型发展及政府责任》，《学术探索》2012 年第 7 期。

③ 翟彬、聂华林：《资源型城市转型中城乡协调发展研究——以甘肃省白银市为例》，《城市发展研究》2010 年第 4 期。

微观经济主体做好服务工作，鼓励非公有制经济发展，增强经济发展活力。在一定程度上，私营经济和个体经济的发展是对地区经济活力的体现，同时也是城市经济发展的主要力量，因此，以中小微企业为主的私营经济和个体经济也是解决资源枯竭型城市再就业的主要渠道。但资源型城市所有制结构基本以大型国有企业的公有制为主，缺乏私营个体经济生长和发展的环境，阻碍了民营经济的发展，也加剧了民营经济在资源型城市中的不利地位。当地政府和居民对于发展私营个体经济的积极性也十分有限，这就使得资源型城市在资源枯竭时没有后继力量来消化失业下岗员工。因此，资源型城市政府的机制创新十分重要，为私营企业提供健全的机制，建立健全中小微企业抵押贷款体系，为中小微企业提供资金支持，建立更加完善的金融保障体系，增强资源型城市的经济活力。

第二，借鉴国外成功经验，以高效有为的地方政府构建为支撑，充分发挥政府的引导和财政支持作用。经济运行过程中经济规律和政府的作用是两种关键力量，政府是国家经济社会发展、社会公正保障和社会价值实现的重要制度安排者，从经济转型发展到可持续发展是资源型城市生命周期中的关键转折点，政府的引导和支持必不可少。政府在诸如德国鲁尔、法国洛林和美国匹兹堡等国际资源型城市成功转型中发挥着不容置疑的主导作用，对我国而言，国家宏观政策引导和政府支持对资源型城市的可持续发展更为重要。国家根据城市经济发展水平等多个方面的不同，因地制宜，不断完善相关法律法规体系，为资源型城市经济转型提供更多政策和法律保障。从政策上支持资源型城市发展接续替代产业，发挥政府主导作用，为其提供项目支撑实现产业结构多样化。通过财政、金融等方式对资源型城市实施定向扶持，增强其可持续发展能力。正视并解决资源型城市经济转型中就业、生态等问题，构建资源型城市可持续发展长效机制，促进资源型城市稳步转型。国发〔2013〕45号文件明确了全国资源型城市所处生命周期的相应阶段，并确立其可持续发展要求的各项经济、社会、环境和资源等指导性指标，资源型城市经济转型过程中应结合国家和省级规划，分解制定基础设施建设、发展接续替代产业等中长期发展规划及相关法规政策，[①] 并展开监督排查，以确保资源型城市经济转型保质保量稳步推进。

　　第三，完善基础设施建设，产业转型与优化升级为根本，优化城市功能布局，引导民营经济参与城市建设。实践证明，城市空间结构的松散性与其基础设施的建设成本是高度正相关的。由于资源型城市因资源而建，很大程度上是工业化的陪衬，城市空间结构普遍较为分散，因此，资源型城市建设成本居高不下，且建设资金使用效率低下，使得滞后的基础设施不利于城市集聚效应和规模效应的显现，降低了城市竞争力。鉴于基础设施建设本身耗时较长且对资本要求较高，单纯依靠市场化融资进行基础设施建设难度较高，地方政府和中央政府的财政转移显得尤为重要。由于我国财政转移支付制度实行的是基数增长机制，即发达地区缴纳税收较多，获得的转移支付相应较多；而经济落后地区因缴纳税收较少，从而获得的财政支付转移也较少。[②] 这种转移支付进一步拉大了地区间的经济发展水平，使得资源型城市获得的财政支持十分有限。为了实现资源型城市经济更好地转型，要按需求、等级等因地制宜对需要帮助的城市有所倾斜。资源型城市通过申请财政支持完善基础设施建设和城市功能，减少城市盲目扩张，改善城市的交通、通信和外部环境等条件，提高城市化质量和效益，充分利用城市的存量空间。提供优惠的金融服务，减小资源型城市对民营经济和非资源型产业的"挤出"作用，最大限度激发民营经济的潜能，充分发挥民营经济和非资源型产业在资源型城市转型中的重要作用，引导民营经济参与到城市建设中来，以经济主体和产业

---

　　① 杜辉：《资源型城市可持续发展保障的策略转换与制度构造》，《中国人口·资源与环境》2013 年第 2 期。

　　② 曾坚、张彤彤：《新常态下资源型城市经济转型问题、对策及路径选择》，《理论探讨》2017 年第 1 期。

类型多元化的经济结构助推城市基础设施建设、城市功能优化升级。

第四，以加快对内对外开放为保障，加大科技创新，把提高自主创新能力作为转型发展的技术支撑。资源型城市经济产业集聚化需要科技创新的支持，依靠科技进步的力量培育新的经济增长点，创造资源型城市的区域竞争优势。坚持绿色可持续发展的理念，通过资金补贴和奖励等优厚人才政策吸引高素质的科技、管理等专业人才，引进先进设备和技术，鼓励科技创新，提高自主创新能力。推进科技与经济的深度融合，通过应用先进技术设施和新技术开发，培育资源型城市自身的创新发展能力，在减少资源浪费提高利用率的同时，资源型产品的科技含量也得以提升，最终提高整个城市的科技信息化水平和现代化程度，促进产业结构的多元化，提高第三产业比重，增强资源型城市社会化功能，提升城市发展整体水平。科学技术是促进第三产业发展不可缺少的重要因素，资源型城市经济转型过程中要加强技术创新，重视培养科技人才的创新意识，激发创新潜力，推动新兴产业的发展。加强资源型城市信息设施建设，提高城市信息化水平，提升城市之间的联系效率，使各城市间的内外部联系更加便捷和紧密，各个城市之间还可以进行技术共享，为推动创新驱动的区域经济发展提供通信支撑。通过与具有不同资源和技术优势的城市展开合作，充分发挥各个城市的优势，在不断深入开发传统资源型经济的同时，共同探索发展接续产业和替代产业，实现规模效应。在各城市政府积极合作的基础上形塑跨地区的区域优势，获得对外开放红利，实现双赢。

第五，改善民生促进社会稳定，提高社会保障水平。资源型城市转型发展的基本出发点和归宿是改善民生，提高人们的生活质量。这就要求以解决城市居民的基本生活问题为切入点，关注居民就业、教育等现实问题，改善居民居住条件和生活生态环境，扩大社会保险制度的覆盖面积，健全医疗卫生服务体系。国发〔2007〕38 号文件提出，建立资源型企业可持续发展准备金制度，健全资源开发补偿机制和利益分配共享机制，优化资源收益分配关系，促进资源开发收益向资源型城市倾斜，支持改善资源产地居民生产生活条件，共享资源开发成果。通过建立社会保障金，在保障职工福利待遇的前提下减轻企业人力资本负担，保障社会安全和稳定，这是资源型城市转型发展的基本前提。

第六，对于资源型城市经济转型中的相关问题还需要法律法规的保障。我国环境保护相关法律法规较多，但多数以环境保护的事前预防为主，如《中华人民共和国环境保护法》等，但对于生态环境破坏后的修复和改善等相关问题并没有做出强有力的法律声明。对于资源型城市中资源枯竭后的治理和发展问题更是缺少法律法规的引导，国发〔2007〕38号文件也只是浅层略带而过，并没有制定专门的法律法规对资源型城市中资源枯竭问题进行特别规范。因此，相关法律法规严重滞后于现实需要，制定针对资源型城市普遍问题的法律法规对保障其经济成功转型至关重要。

资源型城市经济转型问题是国际性难题，其涉及社会、经济、生态等多个领域更是加剧了问题的复杂性，所以，对资源型城市经济转型的发展研究必须从宏观视角出发，贯彻落实到微观层面。资源型城市经济转型的实现，需要充分发挥政府的作用，创新生态经济发展模式，促进经济结构多元化，实现资源型城市建设的可持续发展。

第七章　经济转型实现路径的
具体政策设计

　　党的十八大提出了"聚精会神搞建设、一心一意谋发展，着力把握发展规律、创新发展理念、破解发展难题"① 的重要任务，围绕发展这一主题，创新、协调、绿色、开放、共享的新发展理念在党的十八届五中全会第二次全体会议上被正式提出。2017 年党的十九大报告上，再次强调坚持新发展理念，是新时代坚持和发展中国特色社会主义的基本方略之一。为将要全面建成小康社会和实现社会主义现代化的中国做出科学合理的全面发展的战略规划，必须坚定不移贯彻创新、协调、绿色、开放、共享的发展理念。创新发展理念是以发展动力为视角，鼓励全社会"大众创业，万众创新"，激发企业活力，将经济发展要素、投资规模等转向创新驱动。协调发展理念主要是在发展布局中实现协同共进，尤其注重缩小城乡、贫富以及资源匮乏地区与资源丰富地区的差距等，逐步形成上下齐心、各地各部门配套联动的良好协同发展机制。随着生态环境问题的日益尖锐，我国生态文明建设力度加大，绿色发展理念的提出恰恰体现了党和国家修复保护生态环境的决心，体现了人与自然和谐共生的本质，要求我们在经济社会发展的道路上不要单方面地追求发展速度，更要在发展质量上得到

---

　　① 《聚焦发力贯彻五中全会精神　确保如期全面建成小康社会》，《人民日报》2016 年 1 月 19 日。

173

提升。开放发展理念是以实现共赢为目的，在全方位分析自身优劣势的基础上，以新观念、新思路、新措施来推动高质量、双向、全面、互利共赢的开放型经济发展模式。共享发展理念是五大发展理念的最终目标，强调发展成果人民共享，体现了以人民为中心的治国理政发展观。① 本章是在资源型城市转型发展模式与实现路径的整体政策设计的基础上，对创新、协调、绿色、开放、共享的新发展理念展开细致研究，并以此为指导为煤炭资源枯竭型城市转型发展设计出切实可行的政策规划，以期为国家有关部门和有关地区提供重要的参考咨询价值。

第一节 基于创新发展理念的政策设计

创新发展理念作为引领发展的首要动力，是新时代经济转型的第一引领。在中国经济社会发展过程中"要着力实施创新驱动发展战略，抓住了创新，就抓住了牵动经济社会发展全局的'牛鼻子'。要着力增强发展的整体性和协调性，要着力践行以人民为中心的发展思想"②。创新发展理念的提出是以实现中华民族伟大复兴为目标，以建设中国特色社会主义过程中出现的问题为导向，从发展动力源泉的角度来寻求我国社会和经济发展的新思维、新途径，创新作为一种发展理念包含十分丰富的内涵。③ 逄锦聚④提出："在创新发展方面，要从供给需求双向发力，培育新动力，促进经济社会创新发展，重点在于激发创新创业活力，造就新产业和新产品，拓展发展新空间、培育发展新动力，推进双向开放，以开放促创新。"

---

① 中央党校哲学教研部：《五大发展理念》，中共中央党校出版社 2016 年版。
② 《聚焦发力贯彻五中全会精神 确保如期全面建成小康社会》，《人民日报》2016 年 1 月 19 日。
③ 张文武、陈叶茂：《创新发展理念的科学内涵》，《湖南工程学院学报》（社会科学版）2018 年第 3 期。
④ 逄锦聚：《"十三五"经济发展的新动力》，《中国高校社会科学》2016 年第 1 期。

作为中国经济社会发展中非常重要的一环，寻求新的发展动力是解决煤炭资源枯竭型城市经济转型的关键，创新发展注重的就是解决发展动力问题。想要走出困局，再创优势，必须把重点放到创新上，贯彻落实创新发展理念。要想解决煤炭资源枯竭型城市"矿竭城衰"的源头问题，为经济转型发展谋求新思路和新方向，必须积极开拓思想创新，激发创新创业活力；引领科技创新，造就新产业和新产品；推进制度创新，创造良好的企业内外部环境。

一　摒弃传统观念，开拓思想创新

中国煤炭资源型城市已经发展有几十年的历史，在发展初期和中期，由于开采设备逐渐完善，煤炭资源开采效率稳步提升，相应促进城市经济快速增长，"靠矿吃矿"的传统观念也随之产生和深入人心。长期以来，由于思想禁锢，加之煤炭资源逐渐萎缩、市场供求结构和国家宏观政策变化，导致产业逐渐落后。此外，由于中国煤炭资源型城市多处于偏远地区，导致与其他区域交互稀缺，没有及时引进新的发展理念和发展模式。因此，中国煤炭资源枯竭型城市进行经济转型的首要任务就是要摒弃传统观念、解放思想，并且以开放的姿态吸收、学习、认识、落实思想创新。

首先，不论是个人、企业、政府还是其他各种社会机构，都可以从以下四个方面积极解放思想：一是认识和理解解放思想的内涵。思想上的解放和转变不是一蹴而就的，它必定是一个长期缓慢的过程，所有主体都需要慢慢积累和学习，从量变完成到质变。二是主观意识加强学习。要想从原有的传统观念脱离出来，必须要总结、反思原有观念不足，学习和添加新知识，形成新的知识体系，以此不断激发新的思想。三是以开放姿态迎接外来思想和经验。学习在新的市场机制和国际环境下，国内外的煤炭资源枯竭型城市成功转型的先进经验，并结合城市自身产业特色因地制宜地加以创造、消化、融合为自身独特的发展路径。四是行动也要积极解放。行动要配合思想有针对性和创造性地开展，坚决剔除僵化守旧的指导模式。

其次，思想解放后，意味着已经摒弃原有落后的思想观念，要实现思想创新，还需要继续以创新的方法开拓创新。第一，发现原有观念的不足或者空白，即创新工作的突破点；第二，不同的工作之间可能会存在共同之处，这一共同点就促成了两项工作的相互融合，有利于激发更加优化和创新的工作模式；第三，从多个角度考虑问题，寻求新的解决途径或思路也不失为一种有效的创新方法。

开拓思想创新的最终目的是要落实实际，在落实的过程中要做到以下三点：第一，思想上要团结一致。思想是组织的灵魂、行动的风向标，只有全体统一，才能凝聚众心，兼顾各方利害关系，实现最终目标。第二，行动上要立足当下。思想决定高度，思想上已经从全局出发占据高位，行动上要立足当下，稳步前进，逐渐落实创新思想。第三，反思中求突破。一切思想和行动都要及时反馈和总结，市场和政策的变化随时会影响到决策的改变，只有不断在过程中完善，才能做思想和行动上的巨人。

二 政企双向发力，推进制度创新

制度创新的核心内容是社会政治、经济和管理等制度的革新，使人们的创造性和积极性得到激发，不断创造新知识，合理配置资源，不断积累财富，最终推动经济社会整体发展。众所周知，经济转型和发展离不开自主创新，而自主创新的关键和前提是要创新制度，制度创新是自主创新的保障和经济发展的推动力。由此可见，制度创新尤其重要，也是现阶段亟须解决的关键问题，现从政府和企业两个主体角度出发来探讨制度创新的发展方向。

首先是政府角度。政府创新是制度创新的先行者和领路者，只有创新型的政府才能推动制度创新和科技创新。传统资源型企业越来越转向以市场为主体的经济态势，面对从主导者到辅助者的角色转变，政府能否快速适应并积极提供创新型思路和环境是政府制度创新的关键所在。因此，我国政府制度创新可以从以下三个方面着手：一是尊重和履行市场为主、政府为辅的运行机制。逐步扩大煤炭资源的市场化程度，充分发挥市场配置资源的作用，激发煤炭资源市场活力，政府尽量减少干预政策和审批流程，以辅助者的视角保障该产业的人才、资金、技术等资源的基本供给，建立健全法律、政策、体制环境，规范市场秩序，形成宽松有序的市场环境。二是企业所有制结构比例合理化。现阶段的煤炭资源型企业的所有制相对比较单一，国有资产占比过重，导致落后企业或垄断行业出现"被保护"现象，占据和浪费社会资源。因此，要积极调整所有制结构比例，引入市场机制，让更多的竞争者和投资者参与进来，优胜劣汰，优化市场环境。三是针对非公有制经济，不论是各项资源、服务还是良好的市场环境维护，政府都要给予同等重视，以加快其健康、有序地发展。

其次是企业视角。企业制度创新对企业自身而言非常重要，因为企业是各种生产要素的组合，并且这些生产要素的组合是有一定规律和规范存在的，即是依靠企业制度建立组合起来的，同时企业制度创新是企业自主创新创业的前提，也是企业核心竞争力得以存在的保障。中国的经济体制改革就是逐步建立起社会主义市场经济体制，企业是社会主义市场的一部分，市场体制的变化必然影响到企业制度，而唯有创新才能继续适应。因此，煤炭资源型企业一定要持续深化改革、建立长期有效的激励约束机制，如给予科研工作者与其创新成果相匹配的股份，提升内生增效动力，充分调动企业和广大科技工作者的创新积极性，营造有利于创新成果生长发育的良好内部环境。

三 调整产业结构，引领科技创新

资源型城市的发展有着自身特定的规律和周期，这种特殊规律很大程度上取决于该城市主导产业的生命周期、资源的采掘程度、市场的需求程度及国家对城市和企业在宏观政策上的支持。同时，根据产业生命周期理论，煤炭资源是不可再生资源，随着采掘程度、市场需求和宏观政策的变化，其生命周期必然经历起步—成长—繁荣—衰退/枯竭或新生四个阶段。而煤炭资源型城市是以煤炭产业为主导的城市，所以该类城市的生命周期与煤炭资源型产业的生命周期是相一致的，同样可以分为起步—成长—繁荣—衰退/枯竭或新生四个阶段。在起步阶段，煤炭资源开采工作尚且处于初始状态，并迅速被用于城市建设、交通电力等基础建设；在成长阶段，煤炭开采手段和工具不断升级，产量不断攀升，煤炭产业迅速发展，逐渐成为该类城市的主导产业；在繁荣阶段，城市建设和交通电力设施基本完善，煤炭产业也基本达到增长极限，以该类产业作为主导产业的城市结构达到最优；随着煤炭资源产量增长率的下降，再加上市场需求、国家政策的影响，如果不采取任何措施，煤炭资源型城市将逐渐走向衰退/枯竭阶段。反之，如果对原有产业链进行兼并重组、优化升级，逐渐增加其他产业比重，调整城市产业结构，同时引进高新科技和人才，以适应市场经济和国家政策的发展，从而促使城市经济出现新的转机，由繁荣阶段走向新生阶段。

产业结构调整的目的是避免城市过于依赖某种资源，由此改变原有的单一产业结构，引进新的优势产业和高新科技，形成多元化的产业结构。产业结构调整是循序渐进的过程，首先从原有产业的兼并重组、优化升级入手，待社会经济逐步成熟稳定后再引进其他产业和高新科技，最后形成独特的自主创新体制。

（一）企业兼并重组，产业链优化延伸

首先，要根据市场机制，优胜劣汰，淘汰设备落后、技术过时、人才匮乏、亏损严重的企业，对留下来的企业进行兼并重组，形成大型工业集团，发挥联合优势，一定程度上促进该类城市经济发展。其次，优化延伸产业链条是资源型城市延长生命周期的途径之一。传统的煤炭资源型产业分为两部分，资源型城市负责开采，加工型城市负责对原材料进行深加工，导致产业链连接薄弱，成本增加，资源浪费。因此，延长产业链是必要之举。煤炭资源型城市最常用的三种延伸产业链条分别为：一是"开采—洗选—发电"；二是"开采—洗选—发电—高耗能产业"；三是"开采—洗选—发电和煤化工"①。煤炭资源枯竭型企业可以根据自身条件选择适合的延伸产业链条。此外，随着煤炭资源储备量的减少，加上开采成本上升、环境代价加剧，在兼并重组和延伸产业链条的过程中，要适当加大人才、资金的投入比重，注重提高煤炭开采和下游产业的科技水平，效率的提升才会带来完整产业链的优质运转。

（二）优化产业结构，引进高新科技

煤炭资源型城市的产业结构是不断变化的，主要是由于经济社会的持续发展，产业结构要整体适应市场需求的变化。工业化前期，煤炭资源供大于求，城市产业结构以煤炭资源为主，随着社会经济的发展，煤炭资源的需求逐步扩大，人均煤炭资源消费值一度攀升到最大值。后工业化时期，随着新资源和新消费需求产生，煤炭资源的需求量日益下降，城市产业结构也必然要随之调整，逐步减少煤炭资源产业比重，以适应新的市场需求。所以，煤炭资源枯竭型城市经历过繁荣期后，开始进入经济转型期，在优化升级原有产业的基础上，需要引进新的产业，形成新的产业结构。在产业选择上，要适应煤炭资源枯竭型城市经济转型不同时期的发展模式。

在城市经济转型初始阶段，要选择成本较低的劳动密集型产业作为首选替代产业。因为煤炭资源枯竭型城市原有的普通职工特点是低学历、低技能、数量众多，完全符合劳动密集型产业对基础员工的要求，另外，也减缓了城市就业压力和员工的失业心理负担问题。劳动密集型产业主要有四种：一是以粮食作物和经济作物为主的种植业。煤炭资源枯竭型城市气候和土壤一般都会有适宜的农作物可供种植，根据市场需求变动，选择性地种植绿色健康农作物。二是以南方煤炭资源枯竭型城市为主的水产养殖业。煤炭资源枯竭型城市极易形成洼

---

① 陈茜：《煤炭资源枯竭型城市转型发展路径研究》，《煤炭经济研究》2017年第12期。

地，尤其是南方城市，由于降水量较多，地下水位较高，导致洼地积水，成为水产养殖的最佳地理位势。三是以种植业和水产养殖业为基础的加工制造业。以农作物和水产品为原材料，利用煤矿原有厂房、设备进行加工，二次利用，大大降低生产成本。四是建立制造业创业园区。以"互联网＋"、共享经济等新型商业模式为首，建立小微型、创业型企业试验园区，引进感兴趣的投资主体，待小型企业成熟后可脱离试验园区进行独立运营。

随着城市经济转型度过初始阶段，逐渐走向成熟，煤炭资源枯竭型城市开始要积极引进技术和资本密集型产业，即高新技术产业，紧密连接前期的传统优化产业和劳动密集型产业，建立完善的新型城市产业结构。同时，要充分发挥区域、城市政府职能，积极改善投融资环境、吸引专业型和管理型人才，同时还要引进权威高校、科研院所和高科技企业，结合城市特色，积极倡导自主创新，形成独特的高新技术产业，培养自身的核心竞争力。

第二节　基于协调发展理念的政策设计

协调发展理念，是解决我国新时期社会主要矛盾的重要环节。换言之，只有实现协调发展，才能从根本上解决当今社会发展"不平衡，不充分"的问题。而不平衡、不充分、不协调，也是煤炭资源枯竭型城市转型发展中普遍面临的主要困难之一。由于区域发展的不协调、各种信息不对称、资源分配的不平衡等原因，政府在履行其宏观调控职能时，处理不当将会直接影响地区经济发展和产业结构的转型升级。如何通过政策设计实现各项资源之间的统筹协调，发挥资本效能最优化，解决产业结构转型升级的不平衡，进而实现煤炭资源枯竭型城市的经济转型成功，亟须基于协调发展理念进一步建立完善的政策体系。

一　协调发展问题的提出

煤炭资源型城市在发展过程中，过度依赖自身优势矿产资源实现GDP的增长，主导工业体系往往以煤炭资源为基础建立。由于自我视野的封闭和资源的依赖性，导致城市长期形成"靠山吃山""靠水吃水""靠矿吃矿"的经济发展模式。长此以往，煤炭资源型城市产业结构高度单一化，经济发展对煤炭资源的高度依赖性和经济基础的脆弱性成为其显著特点，其经济社会发展难以持续、产业结构不协调也就在所难免。

（一）资源型城市自身的不协调问题

1. 经济发展与社会民生的不协调

煤炭资源型城市多在煤炭资源核心基地的基础上发展而成，经济社会的发展模式具有浓厚而明显的资源型城市特征。一是城市的经济以煤炭工业为支柱，以煤炭资源开采加工和输出产生的GDP增加值是其主要经济增长点。二是在各大资源型城市中，城市居民依靠矿产资源产业实现就业，建立民生社会保障体系。对不同资源型城市的基础设施汇总考察发现，医院、幼儿园、宾馆等社会公共场所多建立于资源区周边，即使在城市经济转型升级中，多数公共机构仍难以脱离资源区位而存在。由此产生的基础设施发展、享用不平衡不协调，在短期内难以解决。三是企业办社会问题严重。由于资源型城市因矿产资源型企业而生，建城之初政企往往共同投资，同时以企业财力优势，社会事业基础设施建设多由企业承担，也就成其自然。四是因政治体制改革政企分离后，"屁股决定脑袋"，两者之间的隔阂似呈不断加深趋势，导致政治、经济、社会等多方面不协调也就在所难免。

2. 经济长期发展与矿产资源稀缺性之间的不协调

资源型城市由于经济发展对矿产资源的过度依赖，使得城市矿产资源消耗迅速加剧，而无序性的矿产资源消耗和开采使得矿产资源存量岌岌可危。根据各资源型城市现存矿产资源储量统计发现，多数矿产资源如果以当下速率开采挖掘，城市矿产资源可维持时间十分有限。鉴于矿产资源稀缺性的存在，城市经济发展不可能始终依赖于矿产资源发展，资源型城市必须依靠各类现有资源，充分协调矿产资源稀缺和经济发展问题，着力实现可持续发展。然而时至今日，多数资源型城市对市域内各类资源的综合利用率比较低，未能彻底跳脱矿产资源的束缚，实现产业结构的成功转型升级。

3. 管辖区域内矿产资源分布与经济发展之间的不协调

长期以来，丰富的矿产资源使得矿产资源核心区域内居民生活能够实现自给自足，甚至还在一段时间内，通过"靠山吃山""靠水吃水"达到相当富裕的水平。然而由于城市发展的不协调，资源型城市内居于矿产资源外围的人口可获得矿产资源正外部性福利较少，尤其是偏远乡村地区，矿产资源稀缺发展落后。多数资源型城市内部位于矿产资源要素外围的区县多是贫困区县，百姓生活水平一般偏低。在重工业基础发展久远的城市，除特殊地理区位的贫困县外，多数贫困县位于资源型城市的落后区域，区域内部贫富差距十分明显。在国家的"两个一百年"目标要求实现共同富裕的新时期，实现区域内部协调发展，缩短资源型城市管辖区域内贫富差距成为当前资源型城市转型发展的主要目标之一。

（二）资源型城市经济圈不协调问题

1. 以邻为壑的发展模式

由于矿产资源特殊的地理结构，我国资源型城市呈现出聚集的现象，即多个资源型城市呈现抱团分布状况。这种集中性分布导致资源型城市在发展过程中与周围城市形成竞争关系，尤其是矿产资源输出区域，多数城市恶性竞争导致矿产资源效益低下、城市发展缓慢。更严重者，资源型城市发展过程中，通过将矿产资源消耗的负外部效应引入周围城市，以垃圾排放物倾泻、矿产资源掠夺、人才互挖等为代表的恶意竞争尤为激烈，最终往往导致两败俱伤。

2. 城市贸易壁垒

由于资源型城市的经济发展模式雷同，多数城市为获得自身利益，往往为周边城市设置贸易壁垒，通过限制贸易来往实现自身利益保护。然而，城市转型发展不仅是自身问题，也是与周边城市相互协调相互支持的发展过程。城市经济圈的建立，是实现各个城市间经济同步发展的重要举措，没有通过城市圈经济的协调发展，实现资源的互通互享，协调区域经济圈经济共同发展也就难以实现。

3. 区域协调与国家战略协调问题

资源型城市经济转型升级是一个整体综合性工程。从微观层面看，不协调问题在资源型城市内部存在；从宏观层面看，不协调问题也有多方面的表现：一是国家对资源型城市历史"欠账"较多。从计划经济时期的物资调拨，到改革开放时期让东部沿海地区率先发展政策实施，地处中西部地区的资源型城市失去了很多发展机会。二是由于还没有享受到公共基础设施均等化的机会，致使资源型城市基础设施普遍落后于经济发达地区。三是多数资源型城市尚未主动融入国家发展战略中来，不主动争取政策求得发展，而是在物资资金等具体条件上普遍存在"等、靠、要"思想。总之，资源型城市的经济发展需要纳入国家整体战略规划，资源型城市的经济发展需要与国家整体发展相协调。

二　实现协调发展的政策建议

实现煤炭资源枯竭型城市经济社会的协调发展，需要充分调动中央和地方各方面的积极性，明确地方的政治责任，明确中央政府的扶持政策、地方政府的政治责任，以及以市场机制为主导的经济转型综合规划，形成上下齐心协力，各级配套联动，全国八方支援的良好机制，以此推动煤炭资源枯竭型城市经济社会的可持续发展。

（一）明确中央的扶持政策

尽快制定煤炭资源枯竭型城市经济转型发展规划纲要。建议在国家已出台相关政策的基础上，制定全国煤炭资源枯竭型城市经济转型发展的专门规划。"规划"应根据供给侧结构性改革的思路，清晰分析国际国内煤炭市场的环境和发展趋势，摸清我国煤炭资源的家底，划定煤炭资源生态红线。对现有煤炭资源进行科学梳理，确定国家战略保护资源名单，其余按照市场竞争机制分流到地方政府和市场。"规划"应明确要求相关煤炭资源枯竭型城市科学制定经济转型发展方案，在此基础上，中央推进实施"一城一策，一矿一方案"，制定目标分解任务，限期达标。"规划"应统筹政策，集中力量，重点扶持。一是设立"煤炭资源枯竭型城市经济转型专项资金"。本着协调、共享原则，实施公共基础设施均等化策略，优先安排资源型城市的重大基础设施建设项目，重点解决资源型地区的交通、公共服务、教育、医疗等基础设施的配套和提升。二是通过专项基金重点帮扶资源型地区的产业升级项目，因地制宜地发展能够带动促进地方产业升级的重大项目，以此促进资源型城市的现代化、城市化发展。三是通过"精准扶贫"方案实施，帮扶地方解决贫困、失业等涉及民生和社会稳定的突出问题。四是通过实施"美丽中国"、乡村振兴战略，重点发展资源型城市的生态产业，指导解决地方的生态环境问题。

（二）强优势，补短板，因地制宜建立现代化产业体系

煤炭资源枯竭型城市产业体系的特征在于优势产业明显，产业结构单一。如何以协调理念为引领、实现自身产业结构优化和协调发展，是资源型城市经济转型的核心任务。

1. 因地制宜，强化优势产业

煤炭资源型城市主导产业大都经过长期积累、依据自身优势打造而成，强化优势产业的主要路径：一是通过科技创新，开发新的高附加值产品，不断延伸产业链，打造新的产业优势，增强优势产业竞争力；二是按供给侧改革要求，去库存，淘汰落后产能，积聚力量发展强化主导产业，不断创造需求，实现新旧动能转换。

2. 补短板，大力发展急需产品产业

所谓补短板，主要是通过自身努力，充分利用当地资源，发展关系民生、优化生态环境的现代化服务业。一是充分挖掘矿业遗产和矿山资源，通过建设国家矿山公园的路径，保护和利用原有资源，打造新的旅游观光业，再造新优势；二是大力发展科技、教育、文化事业，为实现产业协调发展提供智力支撑；三是以解决民生为重点，大力发展医疗保健事业，提高民生福祉，优化城市宜居乐居环境；四是实行准入政策，大力发展节能环保等新兴产业，增强产业发展活力和动力。

（三）以城市化带动煤炭资源枯竭型城市的经济转型

考察煤炭资源型城市的城市化发展，不难发现它们的共同特点或者说弱点，主要在于这些城市规划不尽合理，空间规划不科学，甚至说没有严格的空间规划，配套设施不完善，既拖累了产业优势的发挥，也不利于吸引人才加快经济转型和产业升级。以城市化促进资源型城市经济转型，应力避"房地产化""产业空心化"，建设以人为核心的城镇化，使新型城镇化与解决民生相协调，与农民市民化相协调。

1. 优化空间结构，实现产城融合

应全面兼顾生产、生活、生态等各个方面，可展开：一是协调城市生活与生产区域，进行合理配置，将"三高"企业撤离居民区，还居民以美好的生活环境；二是促进产业经济发展与生态环境和谐统一发展，贯彻"生态产业化，产业生态化"理念，使矿产资源型产业走向绿色可持续发展的道路，更将生态环境转为能为经济社会发展谋取利益的特色产业；三是通过科学规划空间结构，实现产城融合，建设宜居宜业、安居乐业的新型特色城市。

2. 建设特色小镇

对于特色小镇，首先要有特色产业的集聚，通过特色产业，配套交通、教育、医疗、文化等基础设施和公共服务体系，吸引高层次专业人才，打造产业优势明显、人才高度密集、生态环境优美的产业城。从特色小镇做起，而不贪大求洋，推倒重来，力避"产业的空城""生活的睡城"、交通潮汐的忙乱现象。

3. 注重公共空间建设，提高煤炭资源枯竭型城市的人气

煤炭资源枯竭型城市转型面临多方面的困难，但最大的难题在于"人气不足"。从调研资料分析，煤炭资源枯竭型城市近年来外出人口连年增加，城乡均呈现人气不旺的现象。究其原因，一方面产业不振、就业难是其主因，另一方面公共空间不足、公共配套不完善也是重要原因之一。通过有效增加公共空间，丰富文化娱乐生活，实现城乡共生，安居乐业，才能吸引流出人口的返回，并不断吸引外来人员。

（四）创新协调发展机制

创新协调发展机制的基本原则，应是克服畏难发愁情绪，勇于担当，敢立潮头，绝不能只靠国家的优惠政策，而是按照市场机制和经济规律办事，同时借鉴国内外成功经验和模式，探索适于本地区发展的科学之道。

第一，发挥政府引导作用，完善政策措施。建立健全不同城市之间的合作机制，建立分类资源的无边界管理机构，实现资源的科学利用、管理和调度。

第二，优化营商环境，降低贸易成本。尊重市场规律，按照市场规则加强与周边市区的产业合作和贸易往来。鼓励企业跨界重组兼并，实现产业链在不同区域的延伸。同时，鼓励发展跨界企业，打造优势互补、特色鲜明的资源型城市经济圈。

第三，建立信息等共享共用平台。煤炭资源枯竭型城市的形成背景、发展历程、转型中遇到的困难具有高度相似之处。在上级政府引导下，按照市场机制，合作建立信息服务、人才培训、金融、中介、孵化创业等平台，将会达到事半功倍的效果。同时也有利于建立需共同面对的生态环境保护、资源保护等重大事项的合作机制。

第三节　基于绿色发展理念的政策设计

生态环境问题是全球共同面对的问题，无论是发达国家还是发展中国家都不可避免。城市作为生态环境中最突出、最集中的区域呈现，资源型城市又是其中最关键的环节，其出现的问题种类多、范围广、问题复杂、破坏性严重等问题集中，因此资源型城市的经济转型是全球性课题。资源枯竭后的转型是每一座资源型城市面临的现状，也是绿色发展的真正意义所在：资源型城市不仅要合理避免"矿竭城衰"的发展轨迹，还要实现绿色发展的华丽转身。

中国煤炭资源枯竭型城市经济转型多数以投入专门性污染治理费用方式进行，虽然对已经破坏的生态环境有一定的修复和治理功效，但归根结底还是治标不治本，[①] 绿色发展理念下的煤炭资源枯竭型城市经济转型要求我们既要关注生态环境的治理和修复，更要建立起全方位的生态环境保护机制，从资源开采、使用、循环、利用的全过程进行环境保护，实现环境保护的系统性，形成经济发展和环境保护和谐共存的新型绿色发展模式。

煤炭资源枯竭型城市由于所处的地理位置、发展历史阶段、经济状况、环境政策等因素不同而各有差异，因此在一个地方合适的经济转型经验在另外的地方可能并不适用，这就要因地制宜地考虑适用性问题，不能千篇一律、照搬照抄。资源型城市的经济转型涉及政治、经济、文化、自然等各个领域，是一项兼具长期性、复杂性的任务。而生态环境的治理和修复，是煤炭资源枯竭型城市成功实现经济转型不可逾越的障碍，也是实现绿色可持续发展的重要内容，更是判断转型成功与否的一项重要标准。因此，实现基于绿色发展理念的中国煤炭资源枯竭型城市经济转型，必须做到统揽全局、统筹兼顾，正确认

---

① 姚震寰：《资源型城市转型与绿色发展》，《合作经济与科技》2016 年第 9 期。

识并处理好经济转型和绿色发展之间的关系，促进转型合理、有序
开展。

一　绿色发展理念溯源

人类历史发展以来，经济发展与生态环境保护的矛盾始终存在。
早期以破坏生态环境换取经济快速发展的模式，已经在社会发展进程
中暴露了明显的弊端，人类得到了惨痛教训，同时明显不符合新时代
我国经济持续、健康发展的要求。20 世纪 60 年代以来，工业化程度
不断增加的同时环境污染的问题日益凸显，各国逐步意识到传统发展
模式的弊端，开始寻求经济发展新路径。绿色经济的概念最初在 1989
年由英国环境经济学家在《绿色经济的蓝图》一书中首次提出，指出
走可持续发展道路的必要性，同时提出了通过对资源和环境产品及服
务进行估价的方式实现经济发展与环境保护相统一的有效方式。受此
影响国内外学者对于资源型城市经济转型的研究开始逐步向"低碳经
济""循环经济""城市生态环境"等绿色可持续等方向发展。其中，
如何调整经济结构则成为各位专家学者研究的重中之重，调整经济结
构的目标有效推动了城市的绿色发展，而绿色发展的同时又为经济发
展减轻了资源环境制约。

中国作为发展中国家，资源型城市是经济发展的重要支柱。煤炭
资源型城市是资源型城市的典型代表，部分城市由于前期的过度开
采、开采方法不合理等历史原因，造成水体污染、土地塌陷、资源枯
竭、生态失衡等问题频发。矿产资源枯竭后，后续城市的发展中仍然
存在以下问题：一是只注重经济效益，忽视环境效益，思想层面缺乏
环境保护意识；二是产业机构不合理，对资源的依赖过重，煤炭开
采、煤炭粗加工等高污染、高耗能的低端产业比例高，对新的动能和
产业的开发利用停留在理论阶段。

党的十八大以来，"绿色发展"的理念逐步成为我国城市经济发
展的基本理念，党的十九大提出了"绿水青山就是金山银山"的和谐

发展道路。绿色发展就是要把经济、社会、环境的和谐发展作为经济发展的终极目标，以低碳循环可持续发展为主要原则，以生态文明建设为基本准则的发展方式。

相较于一般经济转型，基于绿色发展理念的经济转型在政府、产业、环境、社会等多个方面存在显著差异。煤炭资源枯竭型城市的绿色转型应注重经济转型过程中的绿色经济实现，尤其注重资源利用的高效率、生产过程的低耗能、产业结构的绿色重构、转型过程中政府服务型角色的塑造，通过市场机制有效引导和促进经济转型。[①]

二　基于绿色发展理念煤炭资源枯竭型城市经济转型的政策设计

（一）充分发挥政府主导作用

煤炭资源枯竭型城市在经济转型过程中，设立专门的组织机构是重要保障。由政府建立专门的部门，不仅可以统筹制定转型相关政策，同时各地的专门职能部门和工作人员可以结合当地特色有针对性制定具体措施，因地制宜，可操作性增强。煤炭资源枯竭型城市应制定专门的产业转型指导方针，从源头开始关注经济增长方式，走技术创新和精细加工之路，在原有煤炭型产业的基础上，提升产业结构，利用绿色产业链，带动上下游绿色产业发展。在该"方针"统筹调配下，充分发挥政策的调节作用，通过税收优惠、专项资金、投融资等，鼓励企业主动实施绿色发展战略。

1. 改变以 GDP 论英雄的政绩观，树立绿色发展的思想意识

长久以来，我们在反思发展过程中的问题时未能正确认识制度上的弊端，就如马克思所指出的：经济的自由、无序发展是导致社会盲目追求经济发展最大化的根本原因，而资源的无度开发是生态破坏的源头。社会资源的分配是每个社会不可回避的问题，尤其在资源型城

---

① 朱阿丽、石学军：《关于资源城市绿色转型的研究》，《山东理工大学学报》（社会科学版）2016 年第 5 期。

市转型过程中，政府只有始终坚持可持续发展理念，才能正确处理经济发展与生态环境保护之间的矛盾。

生态文明建设是中华民族可持续发展的千年大计，必须树立和践行"绿水青山就是金山银山"的发展理念，坚持资源节约和环境保护的基本国策。"因煤而兴、因煤而困"是煤炭资源型城市常见的发展路径，经济发展过多依赖煤炭型产业和煤炭资源价格是一种短暂的、不可持续的发展模式，只有贯彻绿色发展的理念，走绿色转型道路，才能取得长远效益。不可否认，政府在地方的经济转型中发挥着举足轻重的作用，政府树立什么样的政绩观直接决定了当地经济发展的方向。因此，政府只有从原来的以 GDP 论英雄的观念中解脱出来，才能从根本上理解发展的真正内涵，将可持续的绿色发展战略落实到经济社会建设的各个领域，使城市转型走上健康、良性循环的轨道。[①]

2. 转变政府职能，构建服务平台

政府应着力构建有效的绿色发展服务平台，从人才、信息、投融资、法律等各方面为生态环境发展提供支撑和服务。建设服务型政府，着重建设技术共享平台、融资服务平台、人才输送平台等确保绿色转型的顺畅开展，形成政府与企业协同互助的新局面。加强对高校和科研机构绿色生态科研成果的转化，降低城市转型成本，为绿色转型提供保障。一是建设技术共享平台。坚持从实际出发，因地制宜结合当地各类特色资源，开发创新低耗能新兴产业，搭建高校、科研机构和企业等技术交流渠道，为绿色转型提供技术保障。二是建设融资服务平台和人才输送平台。始终秉持城市绿色发展和生态转型的理念，建立生态科技创新转型资金和人才培育基地，从技术和资金上予以保障，降低创新风险成本，提高企业参与积极性。同时，为中小微企业绿色发展提供创业孵化基地和资金支持，增加产品附加值并减少

---

① 吕建文：《走绿色发展之路 实现资源型城市转型——以山西省阳泉市为例》，《中共山西省直机关党校学报》2017 年第 6 期。

对生态环境的破坏，以此提高企业环境竞争力，进而实现城市经济绿色转型有序开展。

（二）积极引导煤炭资源枯竭型城市发展绿色接续产业

煤炭资源枯竭型城市实现绿色转型，既要充分利用自身优势吸引新兴、生态产业前来投资发展，又要正视自身不足，有针对性进行弥补开发，分析和调整城市产业结构，① 对投资企业和新兴产业重点关注，多领域、全方位加强政府与企业间合作互助，从而减少城市经济转型成本，降低企业经营风险，实现政府和企业的"双赢"。因此，发掘和培育绿色接续产业，是煤炭资源枯竭型城市绿色转型的核心和关键。一是从思想上正视制度建设与生态发展的关系，确保决策的科学性、可行性；二是发挥政府在产业转型中的落实者、推动者作用，针对绿色接续产业制定专门的帮扶政策，并引导经济转型方向，编制绿色转型规划方案、为绿色转型营造良好的接续环境、积极将上级制定的绿色转型战略进行落地；三是对产业布局按照早规划、科学设计、多种方案的原则，培育城市发展绿色产业框架；四是接续产业发展过程中应重点体现绿色发展理念，充分考虑地方实际，加大对高技术、低耗能产业的支持；五是建立绿色创新发展风险转化机制，从资金上解决企业产业转型的后顾之忧。

综合考虑我国煤炭资源枯竭型城市发展历程，大部分城市具有劳动人口多、劳动力技能单一、文化素质低等特点，因此在经济转型时要充分考虑接续产业对就业压力的作用。② 目前较为适用的发展模式有以下两种：

第一，通过农作物种植、水产养殖等农牧产业，发展现代农业。具备种植条件的城市可根据当地土质、气候等种植市场需求的绿色无

---

① 陈红霞：《资源枯竭型城市的经济发展路径——以枣庄市为例》，《城市问题》2011年第 8 期。

② 陈茜：《煤炭资源枯竭型城市转型发展路径研究》，《煤炭经济研究》2017 年第 12 期。

公害农作物，南方雨量丰沛地区还可选择茶叶、水生动植物综合绿色鱼塘等进行开发。

第二，利用区域环境优势，发展第三产业。以原有的煤炭工业为基础，开发矿山公园等特色旅游等服务；以现代物流业发展带动现代贸易；以电子、通信为基础的现代技术行业。

（三）弘扬企业家绿色创新精神，大力发展民营经济

相较于国有大型企业，民营企业具有更大的发展空间和调整余地，是县级及以下区域经济发展的重要支柱。大力发展民营经济不仅可以创造就业机会，还可以对国有企业无暇涉足的领域进行有效补充。中央政府明确指出要打破行政性垄断、放宽准入限制、简化融资流程等方面给予民营经济同等待遇，全面废止妨碍市场发展和公平竞争的各项制度规定，支持民营企业发展，激发各类市场主体活力。这为煤炭资源枯竭型城市的转型发展奠定了基调，提供了行动方向。

民营经济的发展离不开具有绿色创新精神的企业家。企业家是经济活动的微观主体，是企业决策的主要推动力量，更是实现经济绿色转型的主力军，只有企业家意识到绿色转型的重要意义并发现绿色市场机遇，才会主动在战略选择过程中将环境和生态保护纳入范畴。

首先，加强同企业家的沟通，通过企业家专访日、企业家信箱等多种方式了解企业家思想状态和企业经营开展中的困难，及时传达和解读政府对绿色经济转型的相关扶持政策和优惠措施，形成政府和企业的顺畅沟通渠道，营造良好的沟通环境。其次，构建容错帮扶和风险承担机制。创业、创新的过程不可能一帆风顺，尤其是绿色市场需求尚处于起步阶段，企业绿色转型过程中的失败和错误都在所难免，政府应予以包容和鼓励，并为先行企业和创新者探索者提供风险资金和技术支持。只有允许犯错才能有所突破，才能激发更多的创新行为，才有利于形成"大众创业、万众创新"的良好态势。最后，要做好宣传和培训工作。对于具有绿色创新精神企业家事迹进行正面宣传，发挥媒体的"金话筒"作用，树立典型和榜样，鼓励更多的企业

家积极学习和靠拢。同时定期进行企业家培训，对绿色创新的内涵、意义及发展路径和优势进行剖析，结合运用市场"无形的手"的决定性作用使企业家自觉意识到绿色转型带来的竞争优势，主动开展绿色转型活动。

（四）加强生态环境保护，为绿色经济转型奠定良好基础

近年来，各地逐步认识到环境污染治理的重要性并相继开展措施，虽然也取得一定的治理成效，但生态环境问题仍未从根本上得以改变，而煤炭资源枯竭型城市由于前期过度开采等造成的生态环境问题更是威胁人类生存和经济转型发展中不可逾越的障碍，生态环境保护势在必行。

1. 提高生态环保意识，树立绿色生态理念

人内心的价值观和态度认知决定了其对外部世界的评价和行为方式。只有从思想上提升民众环保意识，才能从根源上解决生态问题。一方面我们应当立足于当代中国人的基础生态观，另一方面也应善于挖掘和弘扬传统文化中的绿色生态理念，提高文化自信。对中华民族传统文化中优秀、科学的环境观进行宣传和弘扬，将传统观念与现代实践相结合，探寻适应现代社会可持续发展的生态保护模式，多种方式进行绿色生态道德教育，逐步提高民众环保意识，大力倡导低碳生活、提倡改变生活态度和习惯，将生态环保意识落实到生活实处，[1]不断提高人们的生态文化素养，共同创造人与自然和谐发展的家园。

2. 建立生态环境保护制度

要进行生态环境污染防治治理以及深入推进生态文明建设，建立完善的制度体系是重要保障。"用制度保护生态环境"，就是要不断完善资源保护制度、损害赔偿制度、污染追责制度、生态修复制度、排污许可证等制度，充分发挥制度在污染前、污染中、污染后的综合治

---

① 杨显明、程子彪：《枯竭型煤炭城市转型绩效评估及发展对策研究——以淮北市为例》，《煤炭经济研究》2015 年第 2 期。

理作用，为绿色经济转型奠定良好基础和保障。

3. 推行绿色低碳生活方式

借鉴国外绿色公交、低碳家居等先进经验，大力推进低碳生活方式。这就需要每位居民的积极参与：一是在现有私家汽车为中心道路的交通规划基础上，增加公共交通工具出行空间；二是不仅要在城市道路中划定人行道，还要为共享单车等环保出行工具划定出行轨道；三是加大对地铁、公交车等公共交通的投资力度和投放密度，增加换乘的便捷性；四是通过汽车税收、高速路收费等方式倒逼人们选择绿色出行方式。

煤炭资源枯竭型城市的绿色经济转型，功在当代、利在千秋，只有将绿色理念深入生产、生活的各个领域，才能真正实现可持续发展。

第四节　基于开放发展理念的政策设计

煤炭资源枯竭型城市由煤而起，缘煤而兴，因煤而衰。煤炭资源的开采业和初级加工业既是主导产业，又是支柱产业，城市的发展和经济的进步对煤炭资源的依赖性很大，其城市的社会服务功能也基本依赖和依附于煤炭产业，缺乏一般城市的开放性和多元化，城市经济的发展基本呈现出封闭状态，且城市周边区域的开发程度较低。而随着煤炭资源的衰竭，煤炭产业已然陷入产业生命周期中的枯竭期。长期以来高度单一化和非均衡性的产业结构限制了煤炭资源型城市的发展，不仅难以抵御行业的冲击和市场的风险，也造成城市发展缺乏动力，经济停滞不前。此外，大量煤炭开采所造成的土地、植被、水源污染等生态环境的破坏和道路、建筑物、水电设施等基础设施的损坏，进一步加剧了煤炭资源型城市发展的脆弱性和不可持续性。经济发展缓慢甚至停滞、传统煤炭企业发展难以为继、就业矛盾与居民生活水平降低，以及环境污染与生态破坏等诸多问题直接影响着煤炭资

源型城市的发展和区域经济的稳定，影响着国民经济的发展和社会的
稳定。

　　煤炭资源枯竭型城市的转型过程既要调整和优化产业结构，实现
经济结构的转型，培育新的经济增长点，为城市发展注入活力和动
力，又要促进基础设施建设、完善城市社会服务功能，改善就业、教
育等民生问题，实现再城市化。因此，经济转型是煤炭资源枯竭型城
市实现可持续发展的必然要求，也是保证人民生活和社会稳定的必然
要求。

　　开放发展理念是在全面把握、深入分析国内外发展大势以及不断
深化对发展规律认识的基础上提出的。新的发展理念要求，新时代的
对外开放要以新观念、新思路、新举措来推动更高层次和更高水平的
开放型经济，要立足国内制度、市场、资源要素等优势，充分利用国
际市场和资源，以开放拉动改革和创新，推动高质量发展。基于开放
发展理念，发展外向型经济，是破除煤炭资源枯竭型城市发展困境、
助推城市经济转型的重要途径。

一　宏观国家与政府层面

　　持续扩大对外开放，提高开放质量和发展的内外联动性。遵守贸
易规则与国际营商惯例，坚持一视同仁、公正平等。第一，完善透
明、公开的涉外法律体系，加快出台外商投融资法律法规，全面深入
实施准入前国民待遇和负面清单管理制度，解决外商投资管理模式问
题，简化外资准入和审批机制，鼓励、吸引外商进入。第二，加强和
完善对于煤炭资源枯竭型城市经济转型的组织与领导，做好煤炭资源
枯竭型城市的确认、规划和支持工作，开展区域与城市转型试点工
作，并持续跟进经济转型监督与评估。第三，实现煤炭资源枯竭型城
市经济转型，提高经济发展质量与效益，促进经济又好又快地发展，
需要国家政府部门投入一定的财政资金支持。一方面，要设立专项资
金和补贴用于生态建设重点项目，增加对生态行业的有效投资，建立

健全环境税与资源税的征收机制；另一方面，要加快出台财政资金投入和税收优惠政策，打造自然资源部、工商财税部等政府部门引导、银行主导与保险、证券等金融机构联合的多渠道金融合作机制，[①] 充分借助现代金融体系和金融工具，营造良好的营商环境。第四，加快生态文明体制改革。在着力解决突出环境问题、保护生态系统的基础上，完善绿色生产与绿色消费的法规体制，健全低碳环保、绿色发展的经济体系，落实生态监管制度。

二　区域与城市发展层面

（一）开放发展观念与思路

时代是思想之母，实践是理论之源。寻求煤炭资源枯竭型城市经济转型，首先要破除封闭的发展观念与思路，从解决思想问题入手，推动观念开放，实现转观念、找思路、促落实。煤炭资源枯竭型城市所在区域的地理环境、资源禀赋等自然发展条件，以及所在行政区划体系、经济发展基础等社会政治经济条件的不同，对于经济转型发展思路和模式的选择也不相同。因此，应当立足于区域和城市发展实际，借鉴国内外资源枯竭型城市转型经验与教训，从区域与城市、政府与企业等多角度出发，协同推进煤炭资源枯竭型城市经济的转型发展。

（二）扩大区域经济的开放

一方面，将城市转型发展规划融入相关区域的自由贸易区等开放发展战略机遇中，借助上海、天津、辽宁、湖北、陕西自由贸易试验区等十多个自贸区的建设，发挥自贸区金融、科技、贸易与投资等重点功能的辐射与带动作用，促进商品、服务、资本、技术等生产要素的自由流动；另一方面，以"一带一路"建设为重点，对接京津冀协

---

① 代嗣俊、董殿文：《政府行为对煤炭资源型城市转型的影响研究》，《煤炭经济研究》2018 年第 9 期。

同发展、雄安新区建设、长江三角洲、珠江三角洲区域一体化发展战略等，构建城市经济转型发展对外交流平台，规划经济连接、产业承接，实现借势发展。

（三）招商引资，完善配套发展机制

煤炭资源枯竭型城市经济转型旨在调整和优化产业结构，完成经济与社会转轨的双重任务，实现可持续发展。因此，在招商引资模式选择上，应当摒弃注重规模和数量的"企业招商"模式，而要以城市与产业规划明确招商方向，向以促进产业转型、提高产业聚集度为核心的"产业招商"模式转变。① 在招商引资的方式选择上，实行产业园区与项目招商、借助中介机构进行委托招商、骨干企业以商招商，以及借助城市特色与品牌招商等创新招商方式，提高招商针对性和有效性。在产业发展的顺序上，全盘考虑城市发展所具备的优势与劣势，结合煤炭型产业劳动力特点，在经济转型初期应当选择发展和引进劳动力密集型产业，引导经济发展度过平稳的缓冲期。随着经济和社会的稳定，逐步引进高新技术产业，实现传统产业与新兴产业的良好衔接，逐渐培育和壮大接续替代产业。② 城市经济发展基础与发展潜力、政策体制完善程度、生产要素水平等是影响和限制招商引资质量和数量的重要因素。促进招商引资，完善配套发展机制，推动产业机构优化升级应当注重以下几个方面：

第一，煤炭资源型城市的发展依赖于煤炭资源的开采和开发，其固定资产初始投资大而机械设备的专业化程度较高，产业转型所造成的闲置资产如厂房、设备、廉价劳动力，以及投而未建、破产停建的项目等是吸引外部投资的重要因素。煤炭资源枯竭型城市应当从实际出发，扬长避短，促进现有企业和产业链增资、引资，重点引进符合

① 张玺：《陕西省资源型城市转型分析——以铜川为例》，硕士学位论文，西安外国语大学，2011年。
② 陈茜：《煤炭资源枯竭型城市转型发展路径研究》，《煤炭经济研究》2017年第12期。

产业结构转型要求的、有辐射带动作用的大企业及相关配套企业，促进产业集聚。

第二，建设产业园区，以项目建设为依托，出台政策扶持。建设产业园区是促进区域经济发展和产业结构优化升级的重要形式。产业园区创设良好环境促进企业进驻和资金流入，对于聚集区域资源、培育和发展新兴产业、推进城市经济发展和社会进步具有十分重要的意义。应当把项目建设作为建设重点，实施项目带动战略，理清项目开发思路，推动项目建设落到实处。根据区域环境资源、经济发展现状和社会文化状况，开发农林产品、矿产资源、市场建设与文化旅游等多元化项目，完善项目准入与审批机制，落实项目推进机制，严格项目退出机制。同时跟进政策资金保障，实施财税优惠政策，设立产业发展专项资金和项目风险补助，以项目建设拉动招商引资，从而带动城市经济转型发展。

第三，完善交通基础设施建设，促成区域与城市内部通畅、外部联动的交通网络。以政府为主导进行经济结构调整的德国鲁尔区通过规划与调整区域内生产布局，拓展南北向交通网，加快开发相对落后的鲁尔区北部地区与莱茵河左岸地区，促进新区开发和经济转型。① 陕西省大同市以大张、大西高铁为纽带，持续推进"铁公机""岸港网"建设，加强与京津冀地区在产业园区、交通等方面的协调发展，构建多式联运的综合交通体系，促进城市跨越式发展。② 交通基础设施建设对于扩大招商引资、推动区域经济发展具有重要意义。因此，应当进一步加强区域交通发展规划，全方位完善交通服务功能，基本形成覆盖全区的适应区域发展要求的交通网络；依照"一带一路"建设、京津冀与雄安新区建设、长江三角洲经济带建设与粤港澳大湾区

---

① 曲天骄：《黑龙江省七台河市煤炭资源型城市产业转型的政策研究》，硕士学位论文，哈尔滨商业大学，2016 年。

② 王立忠、郭艳：《以开放助推城市转型升级》，《山西日报》2017 年 10 月 1 日。

建设等国家重大发展战略部署，加快推进区域间交通一体化和衔接，统筹铁路、公路、航空、海运协调发展，构建综合交通网络体系。

第四，加强环保与生态建设。自然资源和生态环境是城市存在和发展的物质前提和基础。由于煤炭资源型城市在发展过程中对环保和生态建设的忽视，对于资源的开采和开发带有一定的盲目性，片面追求经济的发展速度而忽视发展质量和效益，造成自然资源濒临枯竭且生态环境遭到破坏。自然环境状况是影响城市对外开放、促进招商引资的重要因素。必须采取措施解决地表破坏、水土资源严重污染、空气质量状况低等生态环境问题，将生态建设重点项目列入城市年度发展规划，增加对生态预防、修复与发展资金投入，为吸引优质企业和高素质人才进入营造良好的自然发展环境。

三　产业与微观企业层面

长久以来，煤炭资源枯竭型城市依赖煤炭资源发展，主要以劳动密集型产业为主，劳动力素质普遍不高。大量劳动力依附于煤炭型产业与企业，就业率、失业率与煤炭资源之间有很高的相关性，影响人民生活水平和社会稳定。单一的产业结构和矿业生产的行业性使得高素质人才呈现出专业方向的单一性，加上城市自然生态环境的衰退，高学历高素质人才的就业观和择业观也带有一定的偏见。[①] 人才是技术的载体，人才的水平和层次进一步影响了技术的发展。从产业与微观企业层面上来说，煤炭资源枯竭型城市经济的转型发展需要从传统煤炭型产业和高新技术产业两方面入手，促进人才的培养与引进，大力发展高新技术，加速产业结构优化升级，为城市经济转型提供智力保障和技术支持。

（一）传统煤炭型产业与企业

针对传统煤炭型产业与企业而言，第一，借鉴中国资源枯竭型城

---

① 倪超：《资源枯竭型城市转型发展政策研究——以山西省孝义市为例》，硕士学位论文，山西大学，2013 年。

市政府颁布的主要文件和出台的主要措施，在有资源潜力和市场需求的矿山周边或深部进行资源勘探以延长矿山服务年限，保证一段时间内煤炭资源的开采和生产，建立和完善资源开发补偿机制与衰退产业援助机制，[①] 从而避免由于煤炭资源的枯竭而导致经济急剧衰退和社会动荡。第二，对于现存煤炭企业进行严格审查，对不符合要求和缺乏发展潜力的煤炭企业，如污染严重、技术设备落后、处于严重亏损的企业，坚决予以关、停，并促成优质煤炭产能的兼并与重组，从而控制生产规模，实现煤矿的去产能。[②] 第三，统筹规划煤炭资源开发，合理控制资源开采规模，引进和发展高新技术，对煤炭资源进行深度加工和开发，延长传统产业链条，根据地区与产业发展实际，发展如石油化工、煤电、冶金工业等，使其由低附加值的煤炭开采逐步延伸至具有高附加值的煤化工业。第四，对员工进行技术培训，提高员工素质水平。煤炭企业现有员工素质的提高，不仅有利于企业减少改革与开放的阻力，加速转型过程，对于员工自身工作技能和就业竞争力的提高也有十分重要的现实意义。

（二）高新技术产业与企业

建设高新技术产业园区是经济与科技体制改革的重要成果，是吸引高新技术企业和优秀创新型人才集聚的重要途径，有利于实现科技成果向现实生产力的转化、推动区域与城市经济发展。第一，要充分吸收和借鉴国内外先进技术资源与管理经验，进一步促进体制创新和技术创新。第二，基于产业发展规划，扩大招商引资，持续放宽市场准入。注意高新技术产业与传统产业之间的衔接，既要促进产业结构的多元化发展，降低城市发展对于煤炭资源的依赖性，提高城市发展的综合竞争力，又要培育和壮大接续替代产业，培育新的经济增长

---

① 罗怀良：《改革开放以来中国资源（枯竭）型城市转型实践》，《四川师范大学学报》（自然科学版）2015 年第 5 期。

② 曾贤刚、段存儒：《煤炭资源枯竭型城市绿色转型绩效评价与区域差异研究》，《中国人口·资源与环境》2018 年第 7 期。

点。第三，通过高新技术产业优惠政策和措施，设立高新技术产业发展专项资金，给予项目优惠、税收减免，提高高新技术产业园区的吸引力，促进产业集聚，发挥其对于区域经济发展的辐射带动作用。

制定高新技术人才培养与引进政策。首先，着眼于区域内外，既要留住本区域高学历与专业化人才并吸引人才回流，又要采取措施促进具有多元化专业背景和专业技能的高层次人才进入，在工资与福利、住房与交通、子女教育等方面给予优厚待遇，解决人才进入的后顾之忧；其次，加强与科研院校、机构的交流与合作，构建高新技术人才交流会等平台，切实发挥科技与人才对于带动企业发展和产业转型升级的作用。

第五节　基于共享发展理念的政策设计

党的十八届五中全会强调共享是中国特色社会主义的本质要求，提出："坚持共享发展，必须坚持发展为了人民、发展依靠人民、发展成果由人民共享，做出更有效的制度安排，使全体人民在共建共享发展中有更多获得感，增强发展动力，增进人民团结，朝着共同富裕方向稳步前进。按照人人参与、人人尽力、人人享有的要求，坚守底线、突出重点、完善制度、引导预期，注重机会公平，保障基本民生，实现全体人民共同迈入全面小康社会。"

共享发展理念的实质是坚持以人民为中心的发展思想，体现的是逐步实现共同富裕的要求。共享发展理念的提出是针对各个地区发展不平衡、资源分布不均衡的现状，甚至同一地区同时存在着资源缺乏以及资源浪费现象，而这些都是我们在建设中国特色社会主义、实现全面建设小康社会的过程中所必须面对和必须妥善解决的问题。共享发展理念是发展的最终归宿，共享发展理念将共享其他四大发展理念所积累的优秀成果，共享发展观点、共享发展措施、共享发展成果、共享发展教训等发展资源，将资源进行共享、充分利用，得到资源利用的最大效果，由此得到进一步的发展进步，使得共享发展理念真正运用到实处，真正起到共享所带来的效率、效果上的提高。

共享发展理念具有广泛性，它不仅仅局限于共享资金等可量化、可视的物质成果，还可以共享例如成功经验、措施、有效政策等无形的智力成果。以中国煤炭资源枯竭型城市经济转型研究为例，通过对国家、行业、企业等层面的政策设计，使得对经济转型有用处的各项资源在中国煤炭资源枯竭型城市中进行共享使用、重复利用、循环流动，从而形成一种在资源使用上的动态平衡，使共享成果得以充分使用，让资源的利用效率达到最高水平。因此在研究基于"五大发展理念"的中国煤炭资源枯竭型城市经济转型的过程中，如何进行合理的政策设计，并采用恰当的措施在实践中体现共享发展理念十分关键。针对中国煤炭资源枯竭型城市经济转型进行深入研究，将其所显现的突出问题和目前保持高热度的共享发展理念进行结合，提出具有针对性的政策设计，有利于进一步落实共享发展理念，促使中国煤炭资源枯竭型城市的经济转型问题早日得以解决。

一　国家宏观层面

从国家政策角度出发，共享发展理念的实施应关注均衡各个地区各个城市已拥有的资源，例如资金、政策、措施、人才等，通过对这些已有资源进行地区间、城市间的共享，重新规划资源配置情况，使得资源呈现最佳利用效果。当前我国将共享发展成果在改善民生的社会建设上努力推进，在教育发展、就业政策、收入分配制度改革、城乡居民社会保障体系、医疗卫生以及社会管理等方面也取得了较为理想的效果。但受各种制约因素的影响，贫富差距仍然较大，居民收入，特别在行业收入方面仍存在较大差距；随着供需关系的改变，产业结构调整和经济转型升级的步伐加快，结构性就业矛盾更加凸显；社会保障体系有失公平与普惠性，城乡之间与行业群体之间的社会保障存在不平衡的差异，全民社会保障覆盖率较低；医疗卫生服务总量不足，质量有待进一步提升，"以治疗疾病和创收为中心"的运行模式亟须转变；教育资源分配不均，尤其是贫困及偏远山区，教育资金投入、师资队伍以及基础教育设施严重欠缺，而且"重高等教育，轻基础教育""重重点学校，轻普通学校""重普通教育，轻职业教育"的"三重三轻"教育发展模式严重阻碍了我国教育事业的发展；人口问题是制约我国经济社会发展的严峻问题之一，通过计划生育措施的实施，致使我国的人口总量得以控制的同时更加剧了人口老龄化的速度，人口红利逐渐丧失，"未富先老""未备先老"的情况使依靠社会供养的人口比重加大，资金投入越来越多，在未来几年里适龄劳动力将大幅度减少，人口结构失衡将成为制约经济发展的重大因素。[1]

因此，为了促进经济社会的全面可持续发展，全民共享发展成果，在国家共享理念的指导下，从国家宏观角度出发，一是将改革开放成果共享，以东部沿海等发达地区带动中西部等发展缓慢滞后地区。改革开放40年来，中国在政治、经济、文化等多个领域获得了令人瞩目的成就，从整体来看，中国综合国力稳步提升、经济不断发展进步，在多个方面完成了极大的发展进步。但是当我们分地区、分城市来考量改革开放成果时，不难看出，一部分省份地区牢牢抓住改革开放的伟大机遇，在改革开放的浪潮中，适时利用自身优势成功获得经济、社会、文化等方面的巨大发展，而部分省份地区受地理位置、当时的发展情况和实施政策所带来的限制性等因素的影响，导致其发展明显落后的局面，全国各个地区之间存在着发展不协调、发展不平衡以及贫富差距逐渐扩大的情况，这种不协调、不平衡的发展情况在资源型城市中显得尤为突出。

改革开放成果要共享的意义在于部分通过改革开放获得高速发展的城市可以将其成果，例如经验、资金、政策、人才等资源共享给目前资源匮乏相对滞后的地区，特别是煤炭资源枯竭型城市，不仅可为

---

① 中央党校哲学教研部：《五大发展理念》，中共中央党校出版社2016年版。

此类地区提供相应的扶持帮助，也可为其经济转型发展打开新思路。比如针对煤炭资源枯竭型城市提供充足的资金资源支持，可以为其进行产业结构调整和经济转型储备资金，进一步完善经济保障体系，为转型发展提供原生动力；提供政策资源共享，将取得成功发展的城市在转型过程中所颁布采用的、对经济发展产生重要影响的、对城市发展进步有重大作用的政策予以共享，让那些正在进行经济转型或者还未开始经济转型的煤炭资源枯竭型城市进行政策上的参考，通过了解分析改革开放过程中经济得到极大进步的城市的案例或者已完成经济转型的煤炭资源枯竭型城市的成功或失败案例，得到有效的政策上的参考和启发，结合该城市的现状进行二次加工、取长补短、丰富内容，为自身的进一步发展提供政策参考和政策依据。

二是提高国家对各类城市经济发展路线规划的重视程度。逐步加强对于煤炭资源枯竭型城市经济转型关注、观察、研究的重视程度，不仅将关注点放在宣传已完成经济转型城市的优秀成果，而且更加关注各个城市每个发展阶段所取得的各项成果，通过对城市、阶段、成果进一步分类分别进行了解分析，为城市经济转型升级提出切实可行的预设方案，共享资金、政策、措施、人才方面的资源，以供其他煤炭资源枯竭型城市借鉴参考。

三是建立煤炭资源枯竭型城市经济转型数据库，涵盖资源型城市转型的基本经验和主要模式，针对各个煤炭资源枯竭型城市建立相应的资料库，对于正在进行经济转型的煤炭资源枯竭型城市进行特别关注，追踪记录其在转型过程中的每一步行动以及行动所带来的影响，共享已完成转型的资源枯竭型城市的各项可公开共享的资料，包括基本情况、具体措施、创新性设计以及是否有参考对象和依据等。建立指标评价体系，对已有的数据和措施进行深度分析探讨，通过已有数据分析共性和特性，结合自身情况，给自身经济转型提供新思路，促使煤炭资源枯竭型城市的经济转型顺利推进。

二　区域与城市发展层面

区域间或者城市间的和谐共生及健康可持续循环发展，不仅涉及彼此间的协调发展，还应考虑如何实现共享发展，物质资源享受地区应对供给地区给予一定的补偿，利用生态补偿机制等措施对资源匮乏地区，如煤炭资源枯竭型城市进行对口支援，推行区域城市间一对一帮扶措施，可有效规避转型升级工程中的制约因素，提高转型升级的速度与质量。一是经验扶持。成功转型发展的地区在转型升级过程中碰到了许多大大小小的问题，也积累了相当丰富的实践经验，将成功经验传授共享，有助于为即将转型或处于转型期的资源型城市提供参考与借鉴。二是资金扶持。通过放宽地区间投融资财政政策，推动东部沿海地区的资金向中西部内陆地区扭转，缓解转型地区的资金压力，并以金融创新助力转型发展。三是企业扶持。在发展缓慢，尤其在资源枯竭型城市中存在大量未就业人员，此类人员具有学历相对较低、缺乏职业技术等特征，但如此大量的劳动力也正是劳动密集型产业所需要的，因此可将部分发达地区发展较好的劳动密集型企业进行绿色迁移或建立分厂，解决资源枯竭型城市的就业压力，促进转型发展过程中的社会稳定。同时可以加强企业间的相互沟通，了解市场发展需求和企业经营现状，及时转变改革策略以适应日新月异的经济市场变化。四是人才扶持。一方面利用提高工资和社会福利、增加住房补贴、解决子女教育和家属工作问题等吸引人才措施，基于保护本地原有高等专业人才的同时广纳多元化高等技术人才。另一方面可借助出差、派遣等方式，加强区域城市间的人才交流，在交流合作中激发新思想、新创意、新思路，为创新发展注入新的活力。五是技术扶持。科技创新是第一生产力，城市的转型升级更离不开技术扶持，将发达地区先进的技术投入相对落后地区，大大缩短了该地区转型发展的时间，更促进了其经济社会高质量快速可持续发展。

三 企业层面

煤炭资源枯竭型城市中存在着大量以煤炭资源为原料进行生产加工的工业企业，针对煤炭资源衰竭这一不可逆转的现状，原工业企业纷纷选择创新、环保类生产方式，以规避煤炭资源衰竭对自身经营产出造成的影响，紧跟时代发展脚步，从煤炭资源型企业转变为绿色环保且符合当今绿色发展理念的企业。

共享发展理念在企业层面的实践可以落脚于推动建设优质转型资源共享平台，该平台可收录转型成功企业的各项资源，以供其他相关企业进行借鉴参考。平台不仅为未进行或正在进行转型的资源型企业提供借鉴参考价值，还能够保存对已完成转型的资源型企业所做的转型方案提出不同见解，提供不同解决措施，供大家进行公开平等的讨论研究，为企业日后的发展提供新思路新方向。

转型资源共享平台可以公开提供资源型企业在资源转型过程中所需要的资源。一是定期召开政企合作交流工作会议。一方面传达国家及地方政府为转型发展所提出的政策规划，并认真听取各资源型企业建议，进一步"评、判、改"政策规划的可实施性，为其后续转型发展提供坚实的理论依据。另一方面企业与企业之间通过沟通交流，取长补短，在学习其他企业成功转型模式的基础上，对自身具体问题进一步剖析，与既有的措施进行对比考量，选择可实施的更优措施，努力实现资源型企业的绿色转型发展。二是设立专门的转型方案设计团队，实现人才共享。将在煤炭资源枯竭型城市经济转型方面有充分研究经历、研究经验、研究成果的针对性人才派遣到不同的煤炭资源枯竭型城市，对该城市经济转型进行实地考察，并结合自身前期科研基础提出自己的见解和看法，立足于企业现状提出具体措施以及可行性报告，为城市内企业的转型升级提供帮助。提供人才共享是通过人才的流动，带动知识的流动，不同想法的碰撞可以激发出新的有价值的有效果的成果，从而得以实现共享发展理念的意义。

　　"共享发展就是解决发展中的公平正义问题和利益分配问题。我国是社会主义国家，最终目标是实现广大人民的共同富裕。只有坚持共享发展才能解决收入差距较大、资源分布不平衡等越来越严峻的社会问题。除此之外，中国梦的实现离不开每一名中华儿女的努力奋斗，共享也能带动人民共同建设、实现民族伟大复兴的热情和干劲。"① 共享发展理念的实施是为了早日完成实现中华民族伟大复兴的中国梦，是为了完成让一部分地区和一部分人民先富起来，从而帮助和带动其他地区和全体人民，实现社会主义的根本目的——共同富裕，为了充分实现"发展成果由人民共享"，为了让人民共同享受到发展所带来的确切利益。紧跟时代步伐，基于共享发展理念，对中国煤炭资源枯竭型城市经济转型进行政策设计，共享发展观点、共享发展措施、共享发展成果、共享发展教训，通过推广实施共享发展理念，让资源达到利用最大化。

---

　　① 凌征福：《立足五大发展理念推进实现中国梦》，《产业与科技论坛》2018 年第 2 期。

第八章　案例研究

本书在总结国际资源型城市转型成功经验模式的基础上，进一步开展国内煤炭资源枯竭型城市转型的案例研究。通过对山东枣庄市和淄博市淄川区、辽宁抚顺市、内蒙古乌海市的城市经济转型案例考察，以总结国内有关资源型城市经济转型的经验模式，为相关城市和地区经济转型发展提供借鉴。

第一节　山东省枣庄市金融创新支持经济转型

一　枣庄市基本情况简介

山东省枣庄市位于山东省南部，于 1961 年建市，是一座"因煤而建、因煤而兴"的典型煤炭资源型城市，辖薛城、山亭、市中、峄城、台儿庄五区和滕州市，总面积 4563 平方千米，2018 年常住人口达到 392.73 万人，是淮海经济区的重要组成部分。枣庄市是一座底蕴深厚、历史悠久的文化名城，以"兼爱、非攻"思想著称的墨子、百工圣祖鲁班、马车之父奚仲以及勇于自荐的毛遂等诸多历史名人均出生在枣庄这块人杰地灵的土地上。枣庄市矿产资源丰富，尤其以煤炭资源最为突出，素有"鲁南煤城"的美誉，其采煤历史可以追溯到 1500 年前的北齐时期，1878 年诞生于枣庄的中兴煤矿是我国当时最大的民族股份制工业企业，发行了中国第一张工业企业股票。自中华人民共和国成立以来，枣庄市依托其丰富的煤炭资源以及规模化开采累计开采原煤约 5 亿吨，为山东省和国家经济建设做出巨大贡献。

近年来，由于长期高强度、大规模开采，枣庄市的煤矿资源日渐衰竭，由此引致产业结构不均衡、生态环境恶化、民生保障系统不健全等一系列城市发展问题逐渐显露，社会矛盾日益突出，城市经济转型发展迫在眉睫。为了全面落实党的十七大关于"帮助资源枯竭地区实现经济转型"和国发〔2007〕38 号文件，以党的十八大、十九大精神为指引，解决城市发展中存在的突出矛盾，增强经济社会可持续发展能力，提升城市综合竞争力和区域地位，枣庄市不遗余力地积极探索并推进资源型城市的转型发展之路。2009 年和 2013 年，在进入国家资源枯竭城市和老工业基地调整改造城市名单后，枣庄市深入贯彻落实中央、省关于加快资源型城市可持续发展的部署要求，坚定不移地实施城市转型战略，坚持以推进供给侧结构性改革为主线，以打造资源型城市创新转型持续发展示范区为目标，以提高经济发展质量和效益为中心，用足用好国家转型扶持政策资金，最大限度地发挥其"放大作用"和"撬动效应"，大力实施城市转型"二次创业"，干在当下，成在实处，城市转型取得了明显的阶段性成效。

二　枣庄市资源利用状况及面临的问题

枣庄市作为全国重要的能源基地，经济社会发展在较长时期内严重依赖于煤炭产业，与煤炭相关的主导产业曾占经济结构的八成以上，产业结构单一，"一天三顿饭，两顿靠煤炭"是枣庄市经济社会发展的真实写照。随着煤炭资源濒临枯竭，产业衰退、效益锐减、投资下滑、规模萎缩、就业减少，加之接续替代产业尚未形成、"一业独大"的产业结构没得到根本性改变，区域经济发展"雪上加霜"。

第一，枣庄市主要的煤矿资源已接近枯竭。东部统配煤矿均已进入能源枯竭期，西部矿区开采也已接近行政区划边缘，煤炭能源现已开发殆尽。寨子、安城、朱庄、官地等近 10 处煤矿早在 1990 年关闭，田陈、枣庄、朱子埠煤矿分别于 1997、1998、1999 年相继关闭，山家林煤矿于 2007 年关闭。此后，官桥煤田也因其煤矿储量耗尽而进入矿井关闭程序。而曾经产煤量巨大的枣陶煤田区域内 10 余处矿井也在 2011 年底关闭停产。2016 年红庙煤矿、台儿庄区闫布煤矿、枣庄夏庄煤矿等 9 处煤田也相继关停，资源衰竭的现状使得枣庄无法再依赖能源开采拉动经济发展，产业结构转型迫在眉睫。

第二，产业结构调整压力较大。高耗能、高污染、低效益的资源型传统产业所占比重较高，重工业经济增加值占规模以上工业经济增加值比重近七成，矿产开采和矿产产品加工是枣庄市工业的核心支柱，全市的整体产业结构较为单一，属于典型的重工业型经济结构。相比之下，农业经济的基础支撑地位相对薄弱，服务型产业欠发达，高技术产业比重仍然偏低，新兴接续性产业的培育和发展尚不充分。与此同时，高能耗产业发展导致环境保护压力大，抗经济周期能力差，产品附加值低，多数企业徘徊在价值链中低端获取微薄收益，产业链条相对较短而且延伸难度大，加之容易受资源要素、政策环境影响，这些都成为制约枣庄市经济可持续发展的瓶颈。由此来看，化解过剩产能、淘汰落后产能对于枣庄市而言依然任重道远。

第三，重点领域改革难度加大。民营企业缺乏市场活力，市场资源配置效率以及政府配套服务水平都亟待改善和提高。开放型经济发展优势挖掘不够，外贸依存度低，出口受全球经济低迷、发达国家"再工业化""逆全球化"等因素影响增速减缓，进出口拉动作用有限，全面开放的广度深度有待进一步拓展。新兴经济规模偏小，高新技术产业产值占规模以上工业总产值的比重远远落后于全省平均水平，科技研发创新投入不足，2016 年研发经费占地区生产总值比重低于全省平均水平 0.7 个百分点，科研成果转化率偏低，全市专利授权数量偏少，国家级科研院所仍为空白，科技创新型人才比较匮乏，产学研协同创新基础薄弱，自主创新能力亟待提高。新型消费引领欠缺，消费对经济增长的贡献度不高，传统消费模式增长空间有限，高端服务业、生产性服务业尚未形成市场消费热点。产品结构仍以中低端为主，名牌产品、高端产品比例不高，产品竞争力整体不强。

第四，生态环境问题突出。高耗能、高排放企业较多，能源效率低下、能源结构不合理带来的节能减排压力较大，能耗煤耗空间、环境容量制约日趋明显。污染物排放量大，空气质量不理想，大气环境质量改善艰难；河流开掘断面水质不稳定，农村环保工作有待加强，环境保护工作面临十分严峻的形势。采煤塌陷区面积大，塌陷总面积位列山东省第三位，许多山体由于煤矿挖掘和过量开采造成山体裸露、山林植被破坏，更有甚者整个山体几乎被夷为平地，生态环境遭到严重破坏，环境治理和恢复任务繁重。

第五，民生社会问题凸显。矿工居住条件差，棚户区改造任务艰巨；失业人口较多，就业压力很大；城市低保人员众多，资金来源不足，其中低保保障人数位列全省第二位，保障民生、稳定社会是解决资源枯竭型城市转型发展至关重要的环节。

三　推进资源枯竭型城市转型成果

枣庄市全面剖析资源依赖型城市发展的弊病，从"病源"入手，不断探索经济转型发展的新路径。尤其自党的十八大召开以来，枣庄市认真切实推进落实党中央及省政府各部门的重大决策部署，不断调整全市产业布局以适应经济发展新常态，遵循"五大发展理念"，深化供给侧结构性改革，不断探索创新产业结构调整的新模式、实施新旧动能接续转换的体制机制，为全市经济社会发展带来了显著变化，全面增强了经济的创新力和竞争力。自2013年以来，枣庄市年均生产总值涨幅维持在8%左右。2017年地区生产总值达到2315.9亿元，地区人均GDP增至59110元，涨幅高达21%。投资总额不断攀升，2017年固定资产投资额累计近1800亿元，一般公共预算收入超过140亿元，年均增长2.7%。城乡区域协调发展，基础设施建设日趋完善。网络化平台的使用率和覆盖率不断提高，经济实力的增强、互联网技术及配套基础设施的完善为新旧动能转换打下了坚实基础。以此为基础，枣庄市积极推动产业链延伸、产业结构调整、技术创新、机制体制创新、生态环境修复等措施，在传统动能、新兴产业、产学研创、体制机制改革、生态城市建设等方面形成了转型发展的良好态势。

第一，传统动能展露新枝。大力推进工业创新发展，传统产业转型升级势头强劲。煤化工产业主营业务收入超过300亿元，拥有11个产业链条、50多种产品，乙烯—醋酸乙烯共聚物、环氧乙烷衍生物、聚丙烯、聚甲醛等新材料成为产业发展亮点，实现从初级产品到煤基新材料的跨越，成为国内重要的新型化工基地。装备制造业主营业务收入超过800亿元，中小机床产业集群跻身中国产业集群品牌50强，机床数控化率达到45%，被评为全国唯一的"中国中小机床之都"。发挥水泥产量大、质量好的优势，大力发展定制水泥制品，装配式建筑产业初具规模。

第二，新兴产业经济亮点纷呈。一是锂电产业，枣庄市拥有锂电池产品种类超过200个，形成了从研发、生产、应用到检测检验服务的完整产业链，掌握了一批拥有自主知识产权的核心锂电技术，相关专利共计85项、世界领先技术10项，2017年枣庄市建成山东省锂电池产品质量监督检验中心，并获批筹建国家锂电检测中心。二是医药产业，大力促成华润三九、康力医疗器械等五大产业园建设落成，以产业园的技术集聚效应带动医药产品不断升级，结构不断优化，目前共拥有药品批准文号169个，其中涵盖了化学原料药、无菌原料药等六大类产品。三是新材料产业，2017年总产值达到200亿元，在国内高铁、通信等领域占有重要地位，建设的光纤预制棒拉丝、光纤棒结晶等项目，解决了光通信领域的科技难题。正在建设的中材科技锂膜项目，集研发、设计、制造于一体，项目一期建成投产后，年产能可达到2.4亿平方米。四是新信息产业，鲁南数据中心主体工程于2017年底基本建成，出口带宽达到1500G、机柜8000多个，互联网小镇入驻运营企业52家。随着智慧城市建设的推进，大数据产业快速膨胀，带动电子商务、呼叫中心、智慧农业、智慧医疗等关联衍生业态发展。建成互联网一级节点城市，在省内形成与济南、青岛三极并举态势。

第三，产学研创新活力迸发。协同创新取得"筑基架梁"式重大进展，枣庄市先后与浙江大学合力建成山东工业研究院，与北京航空航天大学合作建成机床创新研究院，在北京理工大学的技术支持下成立鲁南工业技术研究院，与清华大学促成了孵化器2.0科技产业园的落户，激发了全市的研发科创活力。实施科技"小巨人"企业培育工程和"小升高"培育计划，在山东省科技型中小微企业信息库注册的枣庄市企业超过120家，其中半数以上企业已通过省级审核；拥有市级"一企一技术"研发中心116家、创新企业52家，拥有省级"专精特新"企业89家。共引进"千人计划""万人计划"等优秀人才25人，全市第一批"枣庄英才"共选拔出24人。高新技术企业由2007年的82家增加到2016年的269家，是2007年的3.3倍；R&D投入占GDP比重由2007年的0.49%增加到2016年的1.64%、是2007年的3.3倍。"十二五"以来，枣庄市共开展各类创新项目3700余项，有619项列入省技术创新项目计划，"立式加工中心批量配套国产数控系统应用工程"获批工信部科技重大专项，阵列机床项目被纳入国家高档数控机床与基础制造装备科技重大专项2018年计划。

第四，深化改革初见成效。枣庄市政府深入推进"放管服"行政改革，调整市级行政权力事项多达1700余项，取消及下放市级行政审批事项近300项，市场主体发展到34.8万家，完成企业股改35家。不遗余力地改善营商环境，促进银企对接、煤电对接，发挥接续还贷资金的杠杆效能，成功为企业减负超过20亿元。农业现代化改革步伐加快，农村土地流转市场交易体系初步建成，成功完成集体产权改革试点任务的村庄已有500多个。园区改革发展步伐加快，累计清理僵尸企业42家、盘活土地2400亩。金融、医疗、教育、信用体系等重点领域改革深入推进。主动融入国家"一带一路"建设，务实举办北京、长三角等招商周活动，青岛港在枣庄市设立内陆港区，对外开放战略布局日趋完善。

第五，生态城市建设稳步推进。以绿色发展理念为指引，以迎接中央环保督察为契机，截至 2016 年底，枣庄市共计关停整治"散乱污"企业 325 家，以 100% 办结率处理由中央环保督察转办事件 311 件。枣庄市政府下定决心全面打响大气污染综合治理攻坚战，2017 年共改造 9 台 10 万千瓦以下机组实现超低污染排放，市民享有"蓝天白云、繁星闪烁"天数累计共 248 天，较 2016 年增加 40 多天。对全市辖区内所有的河流实行河长责任制，严格控制每一条河流的水质水况，经过不懈的污水治理，枣庄市 6 条国控河流断面河水质量均能达到地表水 Ⅲ 类标准，水体优良比例达 83% 以上，位居全省前列。2017 年全年枣庄市造林面积新增 8 万亩，绿色生态廊道新增 576 千米，建成省级以上森林公园 15 处、湿地公园 16 处。治理因过度开采所致破损山体、塌陷土地 3.7 万亩。成功创建国家森林城市、国家园林城市，全面启动国家生态园林城市和国家卫生城市创建。人居环境质量持续改善，美丽枣庄新形象初步显现。

四　金融创新支持经济转型发展

枣庄市城市转型战略得以顺利推进，与该市采取的金融创新配套方案密不可分。探索金融支持资源城市转型方式，既是落实科学发展观、推动资源型城市可持续发展的内在要求，也是发挥金融资源优势，助推经济发展方式转变和产业结构优化升级的关键。枣庄市积极通过政策引导、资金引导和创新引导，优化金融生态环境，加强财政扶持力度、加大金融支持、拓宽融资渠道，最大限度地发挥金融在资源配置、产业结构转型中的助推器作用，推动实现资源枯竭型城市的可持续发展。

（一）强化货币政策引导，培植新的经济增长点

第一，加强对辖区内银行机构的协调引导，加大信贷投放。一是

及时组织召开全市银行机构参加的金融支持资源型城市经济转型专题座谈会，要求市农发行和各国有商业银行积极向上级行汇报，就设立专项贷款、下放贷款审批权限等问题争取更多的政策和资金支持。二是枣庄市政府与中国人民银行济南分行合作制定《枣庄市金融支持资源型城市转型规划》，对枣庄市金融创新支持经济转型不同阶段做出明确规划，其中包括接下来金融支持的重点领域、工作目标，以及不同时期将采取的金融手段。2010年中国人民银行济南分行联合枣庄市政府召开关于"金融支持资源型城市（枣庄）转型"的论坛，国内金融经济领域权威专家受邀为枣庄市金融支持产业转型建言献策，专家们结合枣庄市产业结构特征以及社会经济状况商讨资源型城市转型策略，为金融创新支持城市转型发展提供必要的理论支撑。三是制定了《关于金融支持枣庄市资源枯竭城市转型的意见》，为枣庄市金融机构今后的工作重点给出方向指导，该意见强调全市金融机构要加大对接续替代型产业、循环经济、城市建设、民营企业的资金支持力度。此为我国首例大区分行为地市级政府制定金融创新支持资源型城市转型的指导文件。四是于2012年9月，中国人民银行济南分行出台《关于金融支持枣庄市国家农村改革试验区建设的意见》，明确指出金融机构需增强对农业现代化和新型城镇化项目的金融支持力度，以农村改革试验区建设带动资源型城市转型。五是制定了《关于贯彻适度宽松货币政策促进全市经济平稳较快发展的意见》，根据枣庄市经济发展和城市转型需要，实施金融支持全市经济平稳较快发展的抓大促强、扶小解困、支农惠农、民生助力等七项工程，提升贷款增幅，力求促进全市经济转型。全市商业银行和农信社积极做大信贷规模，重点支持中小企业、"三农"经济、下岗失业人员等经济薄弱环节和社会弱势群体。

第二，围绕转型接续产业发展，积极实施"抓大促强"工程。枣庄市政府引导金融机构以枣庄市初具规模的"煤化工、能源、新型建材"三大产业基地以及"机械制造、纺织服装、高新技术、农副产品加工"等四大产业集群为重点，通过重点项目贷款、银团贷款、债券融资、融资租赁等手段，不断满足大型项目建设和老工业区改造对信贷资金的需求。枣庄市政府联合中国人民银行济南分行，组织召开了"金融支持资源城市转型高层论坛"，连续五年举办由省级银行机构参加的城市转型大型银企项目对接活动。同时，枣庄市政府与中国人民银行济南分行和国家开发银行分别签署了金融支持枣庄市资源城市转型战略合作协议，积极开展对资源城市转型企业项目的重点扶持，坚持"抓大促强"发展战略，积极培育大的承贷主体和新的经济增长点，重点培育扶持接续替代型产业项目和民营企业。

第三，以台儿庄古城重建为切入点，重点支持文化旅游业发展。中国人民银行济南分行联合山东省委文化厅等部门出台《金融支持山东省文化振兴和发展繁荣的实施意见》，指导中国人民银行枣庄支行紧密结合文化旅游资源，打造文化旅游业信贷投放平台，积极创新推出以影视预售版权质押贷款为代表的与文化产业相关的创新信贷产品，支持铁道游击队影视城及民国影视城影视文化、非物质文化遗产、民俗文化等六大文化品牌76项重点文化产业项目，推动经济转型和产业升级。中国人民银行枣庄支行以济南分行的实施意见为指导，制定出台了《关于加强金融跟进，助推"运河古城"旅游业发展的指导意见》，重点增强对运河文化旅游、生态观光旅游和工业遗产旅游三大文化旅游服务的金融支持力度，采取建立旅游企业项目产品信息库、开办旅游门票收费权质押贷款、提高景区结算能力等举措，开发与服务业融资结算特点相适应的联网结算业务。围绕知识产权、版权、放映权等开展多元质押信贷业务，以文化类型企业为主体，推动以网络化、智能化技术为依托的新兴文化产业的大力发展，全力助推枣庄市文化旅游业实现深度发展。2012年8月山东省委常委、宣传部部长孙守刚对枣庄市金融支持文化产业助推资源型城市转型的做法做出在全省推广的批示。截至2013年4月末，枣庄市文化旅游产业贷款余额64.78亿元，较2009年增长211.36%。

第四，以城市基础设施项目建设为载体，努力推进枣庄现代化城市建设。通过银团贷款、搭桥贷款、政府融资平台贷款等形式，对枣庄新城区建设、庄里水库、枣临高速公路、枣临铁路等九大基础设施发放贷款 200 多亿元，以项目贷款、储备贷款、过桥贷款、开发贷款等多元化贷款服务项目，竭力地满足棚户区住房改造所需资金。对棚户区改造金融服务提供开户结算转账、汇兑提现、信息咨询等全方位系统化服务，加快棚户区改造资金汇划、拨付速度，打造金融支持"绿色通道"，努力打造鲁南门户城市新形象。

（二）挖掘释放融资潜能，深化信贷产品创新

第一，创新推动产业多元化。在枣庄市政府推动下，人民银行枣庄中心支行先后开办了钢结构资产抵押、担保商会担保、物流监管动产质押、应收账款质押等贷款新产品。其中全国首创的"钢结构资产抵押贷款"，得到了省委省政府领导的关注和肯定，该抵押贷款形式被省金融办等四部门在全省推广，成为枣庄市金融创新的品牌产品。

第二，创新金融支持现代农业信贷模式。为推进现代农业发展，加大对"三农"的金融服务，中国人民银行济南分行联合山东省银监局印发《山东省农村金融产品和服务创新试点方案》，联合省农业厅印发《关于深化农村信用体系建设 加快农民专业合作社发展的意见》，为农村土地经营收益权抵押贷款、活体畜禽抵押贷款、农村住房抵押贷款、农民专业合作社"双贷双保"、水利经营收益权质押贷款等模式提供大力支持，加大对现代农业、新型城镇化信贷支持力度，全面提升金融服务质量和水平。截至 2013 年 4 月末，共向 103 家土地专业合作社和 626 家农民专业合作社发放贷款 8.63 亿元，辐射带动农户 17 万户发展现代农业。探索性创立了"公司＋基地＋农户＋保险"的模式，支持农业产业化经营，特别是农村土地经营收益权抵押贷款对推进农村土地流转改革、促进农业规模化经营有特别重要的意义。同时加大对农村医疗卫生、教育、文化等公共服务和公共设施的信贷投入，加快基本公共服务均等化进程。

第三，创新中小企业融资抵押方式。2010 年，中国人民银行济南分行联合山东省金融办、省工商局、省银监局等部门发文推广枣庄市钢结构资产抵押贷款模式，引导金融机构结合中小企业融资特点，释放中小企业抵押担保潜能。同时指导中国人民银行枣庄支行在全国首创土地使用权封闭贷款、小企业担保商会贷款、"物流监管动产质押"贷款等信贷支持新模式。截至 2012 年 4 月末，共为 412 家企业发放贷款 18.54 亿元，其中钢结构抵押贷款 9.1 亿元，有效解决中小企业转型升级过程中的融资难题。

第四，创新高科技企业信贷支持模式。中国人民银行济南分行指导中国人民银行枣庄支行联合市中小企业局、市知识产权局制定出台《枣庄市专利权质押贷款管理暂行办法》，充分挖掘高科技企业自主知识产权专利、专利权融资潜能，引导金融机构创新推出知识产权抵押贷款模式，对 452 个高科技企业建立档案信息库，通过枣庄市全民融资网等渠道定期发布至各银行业机构、工商部门，让专利项目与金融资本实现有效对接，解决了拥有专利权的高科技企业无"资"可抵，无"权""证"可质（押）的问题。

第五，多部门联合创新改善民生。中国人民银行枣庄支行与市团委联合，开展金融支持青年创业就业活动，充分发挥下岗失业小额贷款等新型信贷产品的作用，以创业带动和促进就业。支持大学生"村官"创业富民，创新切实符合大学生"村官"创业资金需求的小额信贷产品和配套金融服务。重点加大了对中高级技术培训院校、就业培训中心等机构的信贷支持，形成了多层次的职业培训系统，全面提高当地居民的就业创业能力。与市妇联合作，推行"巾帼信用户 + 家庭养殖贷款"模式。与劳动保障部门协作，探索推行了"信贷资金 + 互助资金"创业扶持模式，形成了金融支持全民创业促就业的部门整体合力。枣庄市创业支持型创新信贷产品，在全省金融领域专业会议上受到了高度肯定，并以此作为典范在山东省内大力推广。

（三）建立政银企合作长效机制，优化金融生态环境

第一，发挥政府主导作用。枣庄市政府为优化金融生态，将金融生态环境建设纳入政府年度综合考核制度，先后颁布了《关于优化金融生态环境的意见》《关于促进银行业又好又快发展的意见》《关于中小企业征信体系试验区建设的实施意见》等优化金融生态环境、支持金融业发展的政策措施，为金融业发展创造了良好的外部环境。中国人民银行济南分行选择枣庄市作为山东省农村金融生态环境建设和中小企业信用体系试验区，推动枣庄市成为山东省首个制定并出台《优化农村金融生态环境的意见》的城市，枣庄市从市级和区级两个层面分别与其对应的下级政府部门签订了《优化金融生态环境目标考核责任书》，并将金融生态环境优化工作纳入上述两级政府的年度综合考核体系，考核结果将作为评优表彰奖励的重要参考。市政府督察室专门发文，深入农业、国土、房产、财政等部门对出台的支持银行业发展意见优惠政策进行督查，确保政策落实到位。

第二，加强经济主管部门与银行的合作。枣庄市发改委与中小企业局、中国人民银行联合建立了重点建设项目、中小企业项目储备库；枣庄市经信委与中国人民银行枣庄支行建立了重点技改项目、大型骨干企业资金到位情况信息共享制度；设立中小企业信贷专营部门，对中小企业贷款审批实行扁平化管理。在大力推广已经试点成熟的钢结构资产抵押贷款、"物流监管动产抵押"贷款、信用担保商会贷款等信贷产品的基础上，进一步开发适应于中小企业资金需求的应收账款质押贷款、小企业"网贷通"、股权质押贷款等信贷新产品，力争中小企业贷款投放增速不低于全部贷款增速。

第三，加快推进建设信用体系。枣庄市政府在辖区内积极推行中小型企业信用示范区试点建设，先后制定了《关于中小企业征信体系试验区建设的实施意见》《关于进一步加强中小企业信用体系建设的实施意见》等相关政策性指导文件，通过法律手段、经济手段以及必要的行政手段的综合运用，保证全市辖区内中小企业信用体系示范区

的顺利建设。与此同时，枣庄市还创新性地提出"先评级—后授信—再用信"的枣庄模式，为中小企业拓宽了融资渠道，为其融资方式开辟了一条新路径。积极推进信用体系示范区建设，营造诚实守信的社会信用文化氛围，强化各部门之间的信用信息披露及共享，向社会公开披露诚实守信企业名单。不断完善中小企业与农业贷款风险防范及补偿机制，促进全市金融生态环境得到有效改善。

第四，推进政银企沟通对接。一是积极引导和协调省级银行机构加强与枣庄市战略合作，国家开发银行山东省分行与枣庄市政府联合签订战略合作协议，为枣庄市提供 60 亿元贷款授信支持，以重点用于资源型城市接续产业项目的扶持和培育。工商银行山东省分行专门为枣庄市资源型城市转型出台意见和政策。2012 年 11 月，建设银行山东省分行与枣庄市政府签订《战略合作协议》，"十二五"期间向枣庄城市转型提供 300 亿元信贷支持。二是努力引导股份制商业银行在枣庄市设立分支机构，不断完善金融服务体系的建设，为股份制商业银行的落户提供便捷的服务支持。2011 年 12 月，建设银行在滕州新设滕州建信村镇银行。2012 年 10 月，交通银行在枣庄设立分行。招商银行济南分行与滕州市政府达成优先设立分支机构的合作协议，并于 2013 年下半年开业。济宁商业银行已于 2010 年 12 月在滕州设立支行。三是枣庄市发改委、经信委等政府部门及各区（市）政府多次联合全市多家银行组织不同形式、不同规模的银企合作活动，积极探索信贷产品和服务的创新，一方面有力地支持了枣庄市资源经济转型，使经济薄弱环节得到了更多信贷资金支持，同时也挖掘释放了融资潜能，初步形成了资金洼地效应，资金利用率大幅提高，为枣庄资源城市转型提供了强有力的资金支持。

第五，信贷资金的配置及风险防范。一是设立企业还贷周转金。市、县两级财政出资 2.4 亿元，设立企业还贷周转金、助保金，为全市 213 家企业进行贷款周转、担保服务。不需要企业出资或以其他形式缴存保证金或提供抵押、质押品，不需要支付利息或缴纳其他费用，无偿使用周转金，帮助资金周转暂时困难的企业按时还贷，避免了企业资金链断裂，及时化解金融风险。二是为解决城市转型中企业融资担保难，财政出资成立担保机构，解决信贷资金投放瓶颈问题，市担保公司和15家融资性担保公司分别为企业提供贷款担保2.4亿元、17.3亿元。三是为加快推进担保体系建设，2012年11月市政府注资1亿元成立枣庄市金土地融资担保有限公司，主要为农村土地使用产权制度改革、国家农村改革试验区建设提供融资担保服务。四是建立补偿基金，解决信贷风险损失补偿问题。政府设立土地流转贷款风险补偿基金，专项弥补土地流转贷款损失，消除金融机构贷款的后顾之忧，提高银行信贷的积极性。

（四）加大对低碳产业和绿色经济的金融支持力度

第一，加强对低碳产业项目的信贷支持力度，积极支持低碳产业发展，不断促进低碳技术研发、推广和产业化。通过排污权质押贷款、清洁发展机制（CDM）预期收益抵押贷款等信贷产品的创新使用，为致力于节能减排和淘汰落后产能的低碳型产业扩大融资来源。

第二，积极推进高耗能、高污染、高排放及产能过剩行业信贷退出机制，坚决杜绝一切对该类行业新增贷款发放的情况发生。推动金融机构开办"绿色信贷"业务，以鼓励企业开发和使用节能减排降耗，以及环境友好型的新技术、新工艺、新设备进行生产运营。

第三，做好生态环境修复治理的金融支持工作。对开采塌陷地的治理项目加强信贷支持，推动实现综合开发效益。采用以林权质押贷款为代表的一系列新型信贷产品，加大对生态林工程恢复和建设的资金支持。

五 对进一步推进枣庄市金融创新支持的建议

金融是现代经济的"血液"，更是城市转型的"助推器"，实施资源型城市转型，需要金融的大力支持，同时也为金融的发展提供了巨大空间。基于枣庄市目前在金融支持资源型城市转型方面进行的积极探索以及阶段性成果，对其进一步推进金融创新支持资源型城市转型发展给出以下建议。

第一，加大市政府与省级银行机构的战略合作。建议市政府联合中国人民银行济南分行组织召开枣庄资源型城市转型银企合作促进会，与中国人民银行济南分行签署战略合作协议，争取中国人民银行在政策上支持。同时加大与驻鲁省级金融机构对接力度，与其中一家或几家省级金融机构建立长期战略合作关系，争取银行贷款承诺，重点支持枣庄市经济转型接续产业项目建设。

第二，拓展城市转型资金的来源渠道。一是加大协调争取和政策激励力度，积极争取市外金融机构来枣庄市设立分支机构，增加信贷资金来源；二是积极推进枣庄市重点企业集团上市融资，或通过发行短期融资券等方式开展直接融资。

第三，围绕资源型产业的转型升级，不断加大对经济转型重点领域和薄弱环节的金融支持。一是重点加大对以煤化工为龙头的煤炭接续替代产业的金融支持。资料显示，1吨煤转化为醋酸增值10倍，转化为醋酸丁酯增值40倍，转化为二醋酸纤维素增值近80倍。由此可见，煤化工产业是煤炭型产业链延续最佳转型点。二是重点加大对以文化旅游为龙头的现代服务业的金融支持。枣庄市拥有丰富的文化和旅游资源，重建的台儿庄运河古城已成为国家首个海峡两岸交流基地。三是重点加大对以棚户区改造为切入点的城市建设的金融支持。枣庄市棚户区住房改造面积占山东省的比重高达50%以上，实施棚户区住房改造既是全力推进城市转型的现实需要，又是调整信贷结构的难得机遇。四是重点加大经济薄弱环节的金融支持。我们将继续创新信贷产品，破解抵押担保不足的瓶颈，引导金融机构加大对民生领域的信贷投入。

第四，发挥优势，进一步增强金融支持资源型城市转型的整体合力。一是提升货币政策实施效果。灵活使用货币政策工具，改善信贷政策导向效果审核制度，找准货币信贷政策支持城市转型的结合点。

二是优化金融组织体系。争取设立支持资源型城市转型专项贷款和专项基金，进一步推进小额贷款公司、村镇银行等新型农村金融组织建设。三是推动多渠道融资。引导推动转型过程中资源型企业采用中期票据、短期融资券、中小企业集合票据等直接融资工具，扩大企业融资来源。

第五，不断优化金融环境，全面提升金融支持资源型城市转型服务水平。一是完善政银企合作机制。深化全民创业融资网络平台建设，形成项目对接快速通道，建立固定化、常态化的融资项目对接模式。二是加强社会信用体系建设。以经济开发区为载体，启动中小企业信用体系试验区建设，扩大征信成果的运用。建议充分利用金融机构及工商、财政、税务等部门的数据资源，结合中国人民银行"征信系统"建设，建立全市统一的企业信用信息基础数据库。三是加强中小企业信用担保机构建设。不断补充担保公司担保基金，完善担保基金补偿机制；推广担保商会模式，充分发挥担保商会互助解困优势；鼓励各区（市）建立政策性担保机构，切实解决中小型企业资金需求。四是全力推进非现金支付工具及支付方式的普及和应用。不断规范和完善网上银行、电子支付以及手机支付等网络支付系统的发展。五是深入推进财税库银横向联网工作。推广财税库银税收收入电子缴税方式的广泛使用，从而切实降低税收部门征缴成本。

第二节　山东淄博市淄川区金融创新支持经济转型

一　淄川区基本情况简介

淄博市淄川区位于山东省中部，是一个依托煤炭资源发展起来的老工业区，现辖 12 个镇（街道）、1 个省级经济开发区，总面积 960 平方千米，总人口 73 万，素有江北瓷都、鲁中商城、聊斋名城美誉，历史文化源远流长；又是重要的老工业城区，积淀着厚重的近现代工业文明。自 2011 年列入国家第三批资源枯竭型城市以来，淄川区委、区政府始终坚持"创新引领，转型升级"工作主线不动摇，把改造提升传统产业、培育壮大接续替代产业作为主攻方向，谱写了老工业区转型升级的新篇章，先后荣获"中国建筑陶瓷产业基地""全国纺织产业集群创新发展示范地区""山东省新型工业化产业示范基地""全国文明城市""国家卫生城市""全国科技进步先进区""全省县域科学发展先进区"等荣誉称号。

近年来，淄川区以加速转变经济发展方式为主线，引导企业向高附加值产业发展，已基本形成以建材及新材料、医药及精细化工、机械制造、纺织服装四大产业为主导的产业体系。2017 年淄川区实现 GDP 收入 658 亿元，增长 6.1%。固定资产投资 454 亿元，增长 4.5%，公共预算收入 31.6 亿元，增长 7.1%。城镇和农村居民人均可支配收入分别达到 36562 元、16706 元，均增长 7.5%。截至 2018 年 5 月 30 日，淄川区已累计获得中央转移支付资金 203375 万元，争取中央、省预算内投资七个项目共计 6052 万元，三次在全国 67 个资源枯竭型城市转型绩效考核评价中获得优秀。

二 淄川区资源利用状况及面临问题

（一）主要资源情况

淄川区矿产资源开发历史悠久，至今已有一百多年的历史，在此基础上成立了淄博矿务局，并先后建立起了岭子煤矿、西河煤矿、石谷煤矿、龙泉煤矿、寨里煤矿、洪山煤矿、双沟煤矿等大中型煤矿。从 20 世纪 60 年代开始，省属企业黑旺铁矿、洪山铝土矿、山东铝土矿先后在淄川区进行矿产开采。淄川区建材产业也得到了快速发展，形成以泥土砖瓦、水泥、建筑陶瓷、日用陶瓷、耐火材料、石灰、小炼铁生产为主的大批资源型企业。据统计，自 1950 年以来，淄川区共生产原煤 3 亿吨、铝土 1518 万吨、石灰石 3 亿吨、铁矿石 1 亿吨，分别占全市开采量的 85.7%、100%、78.9% 和 68.5%。

（二）资源衰竭情况

目前，淄川区的矿产资源主要以煤炭、铁矿石、铝矾土、耐火黏土、碳酸钙矿石为主，其中煤炭储量约为 6000 万吨，但因分布面广，已不适宜大规模开采，到 2016 年就已经全部纳入关停淘汰范围。铁矿石储量已基本枯竭，山东省黑旺铁矿已关停转产。铝矾土剩余储量约 580 万吨，已达不到工业标准，无法利用，原有矿井早在 2011 年已全部闭矿。耐火黏土可开采储量约 5000 万吨，年开采量约 150 万吨。碳酸钙矿石储量约 3.5 亿吨，年开采量约 1200 万吨。

（三）资源衰竭带来的问题

长期以来，淄川区作为基础能源和原材料的重要产地，对国家经济发展做出突出贡献，也给淄川区带来了短暂的繁荣，但随着资源的逐步枯竭，一些负面影响也明显暴露出来。主要表现在：一是近几年来，淄川区共接收原国家、省、市属破产企业改制企业职工和家属约 6 万余人，年增加支出 5100 万元，加重了区级财政负担。二是根据企业分离办社会职能的要求，淄矿集团、原黑旺铁矿及洪山铝土矿等市属以上企业，共移交地方教职工 953 人，其中在职人员 691 人，离退休人员 262 人。2016 年扣除中央补助及省市负担部分，区级财政负担 8405 万元。三是移交的企业社区基础设施不完善，生活区内路面、管道、住房等设施老化严重，亟待整修。四是资源的开采面积较大，遗留矿山、矿难、采空区多，生态环境破坏严重，直接影响到了周边林地和农田，过度的开采甚至造成水资源污染、水位下降、村地面塌陷、房屋斑裂等问题，群众上访量增加，影响社会稳定。

三　推进资源枯竭型城市转型成果

资源衰竭带来的问题对淄川区产业转型升级提出了迫切要求，为响应国家供给侧结构性改革、经济转型升级发展战略指导，淄川区政府顺应改革趋势，结合该区经济社会特点，全面制定经济转型升级和产业结构调整的一系列改革策略和方案。

（一）把"产业精准转调"作为传统产业转型升级的主线

第一，大力实施"精准转调"战略，推动产业层次向中高端迈进。围绕推进"1＋N"供给侧结构性改革，深入实施"5年500亿"技改计划，抓好总投资190亿元的180个工业技改项目。推进传统产业与信息化深度融合，推动实施"互联网＋"战略，运用移动互联网、云计算、大数据、物联网等与现有产业进行深度融合，实施智慧车间推进工程，在关键线位开展"机器换人"行动，用自动化、信息化、智能化技术改造传统产业。

第二，制定分行业的产业精准转调方案，扎实推进建陶、化工、耐火等行业产业精准转调。一是建陶、耐火、化工一律进园区，就地升级改造企业必须达到"五个门槛"。淄博建陶创新示范园一期入园企业正全面开工建设，耐火材料、玻璃等企业进园区工作正逐步展开。二是淄川区政府投资成立了建陶原料交易平台，并分别与淄矿集团、8家水泥企业、7家矿山企业共同合作成立了齐鲁云商电商平台、水泥交易平台、石灰石交易平台，仅这四大平台年交易额就达300亿元。建设石灰石、煤炭、水泥熟料三大资源交易平台，进一步规范市场秩序和保护资源开发，实现生态效益、企业利益、政府收益三方共赢。三是培育壮大接续替代产业，大力推进战略性新兴产业规模化，形成了新材料、新医药、新能源和新装备四大战略性新兴产业，2017年全区高新技术产业产值占比达到27.4%。四是围绕天然富硒农产品之乡品牌塑造，通过园区化发展、标准化建设、品牌化战略、市场化营销等一系列举措，打造10万亩富硒产业基地，目前已拥有30多家富硒农业龙头企业和农业专业合作社，注册地理标志农产品2件，注册品牌10件。五是精心打造陶瓷总部基地和电子商务、物流产业及会展等特色经济。并对聊斋、陶瓷、齐文化等文化资源进行整合，发展独具地方特色的文化旅游产业，2017年服务业生产总值占比达到43.6%。

（二）把"企业精细管理"作为推动传统产业升级的基础抓手

淄川区依据本地实际，继续开展了"企业精细管理年"活动。通过推动企业完善现场管理、财务风险管理、质量管理等管理措施，提升电子信息化、生产安全化、环境绿色化和人才培养高端化等水平，使企业竞争力和持续发展动力不断增强。一是制定提升方案。围绕工作方案，有针对性地组织企业赴先进地区学习及企业家培训等活动。二是配套奖励政策。充分发挥财政资金的激励引导作用，对活动中涌现的典型予以支持，对涌现的"鲁泰式"管理标杆企业①奖励10万元。三是强化示范引领。瞄准一流标杆，选取四大行业中的金城、金狮王、唐骏等20家标杆企业，开展对标助推转型升级活动，组织了300余家企业现场交流，全区400余家企业制定了行动方案。通过典型示范，政策鼓励，有效地带动了全区企业管理水平不断提升。

（三）把园区建设作为提升区域核心竞争力的重要载体

深度推进产业园区"一体两翼"发展，园区成为产业转型升级的主平台，产业布局实现"由点到面"。始终把园区建设作为优化生产力布局、培育优势特色产业、提升区域核心竞争力的重要载体。以淄川经济开发区作为主体，以昆仑高端机械装备制造基地和罗村、双杨新材料产业园为"两翼"，重点发展以新能源、新医药、新材料、新装备等战略性新兴产业为核心的产业关联、产能倍增、产业配套、产品高端的产业集群。以重点产业为纽带，实施强链、补链、拉链，重点打造汽车、医药等12条产业链，推动产业集群集聚发展。设立3.5亿元的园区建设政府引导基金，为骨干企业及中小微企业提供信用担保和贷款贴息支持，2015年、2016年兑现扶持资金1.2亿元。近五年来，园区基础设施建设投入达100亿元，引进项目200个以上，企业完成投资1200亿元，产业园区承载能力大幅提升。目前，依托唐

---

①　以鲁泰集团为总标杆，积极对标国内外知名企业，不断提升管理能力和水平，涌现出的一批管理意识强、精细化管理水平高、软实力突出的行业标杆企业。

骏欧铃、舜泰电动车等骨干企业打造的汽车制造产业集群，依托金城医药、凯盛新材料打造的新医药化工集群，依托重山集团、科恒晶体等骨干企业打造的光电新材料产业集群等已渐成规模，逐步取代传统产业成为新的经济增长点。

同时，在资源枯竭型城市转型工作推进过程中，淄川区围绕如何开展转型、推动转型、加快转型和促进民生发展、生态文明建设等方面，出台了大量扶持政策和具体办法，主要包括加快全区经济转型发展、小城镇建设、生态环境改善、发展规划计划、产业园区集聚、棚户区改造、加快创新创业等各类政策措施近 20 余项，有力地助推了淄川区经济转型发展。

四 金融创新支持经济转型策略

产业结构调整和经济转型升级离不开金融资源的配套支持，而金融创新是提升金融资源优化配置的重要推动力。自 2017 年淄博市从全国 120 个老工业城市和 262 个全国资源型城市中脱颖而出，作为山东全省唯一一个成为首批 12 家老工业城市和资源型城市产业转型升级示范区，中央及地方政府进一步加大了对淄博市经济转型的金融政策扶持力度。淄川区多次召开会议，要求"举全区之力、聚全区之智推进新旧动能转换重大工程"。淄川区积极抢抓机遇，先行先试，以区金融办、银行以及齐鲁股权交易中心为抓手，将金融为实体经济服务作为根本出发点和落脚点，按照"锁定基数、属地管理、突出重点、分类施策、力求实效"的总体思路，从多层次、多领域创新发展和完善金融体系，优化金融运作环境，逐步形成了以金融服务办公室、银行和股权交易中心为主体的金融创新服务体系，为全区经济转型发展打开绿色通道，全面助力资源枯竭型城市经济快速转型。

（一）政府层面——发展新型金融业态，优化金融生态环境

为确保推进新旧动能转换工作组织到位、推进到位、落实到位，淄川区金融服务办公室在推动企业挂牌上市融资、发展新型金融业

态、创新投融资模式、优化金融生态环境等方面全力推进经济转型工作的部署与开展。

第一，全力防范和处置金融风险。认真做好三个市级重点担保圈风险化解工作，并在各方努力下已基本化解。对出现的企业资金链风险，一是第一时间抽调精英骨干力量进驻企业，帮助企业维持生产，协调外部关系，增强企业信心，保持企业稳定发展，防止进一步恶化。二是给予资金支持，制定资金解决方案，积极与域外银行进行对接。要求各银行遵守债权人委员会公约，做到不抽贷、不压贷、不缓贷等。三是核实企业基本情况。成立工作小组，深入了解和摸清企业经营情况、行业及市场发展前景等。

第二，大力发展多层次资本市场。抓住发展多层次资本市场的重大机遇，加强分类服务、政策扶持、培训推介和股份制改造，对重点后备资源型企业实施"一企一策"，协调解决企业的困难和问题。截至 2020 年，淄川区共有各类上市挂牌企业 89 家，其中主板 2 家（被并购上市 1 家）、"新三板" 6 家、区域性股权交易中心 80 家，共直接融资 54 亿元。同时积极推动上市挂牌企业通过增发、并购、引进直投基金等措施实现再融资，为企业壮大发展筹得更多的资金。佳能科技、镭泽智能等 6 家齐鲁股权交易中心挂牌企业获省直投基金共计 1960.2 万元，金城医药完成 21.8 亿元的定向增发。

第三，大力推进投融资方式创新。一是主动探索"1 + 2 + 6"投融资模式。为资源枯竭型城市转型提供资金支持，淄川区主动探索构建"1 + 2 + 6"投融资体系，即以国资局为管理主体，以城市资产经营公司、公有资产经营公司为具体管理平台，以淄博般阳城市资产经营有限公司等 6 家公司为分平台，明确各自功能定位，细化经营区域，实现投融资主体多元化，融资效果显著。2016 年，通过各个平台公司向金融机构申请贷款，已获授信额度 63.6 亿元。二是推广政府购买服务方式，制定出台《政府向社会力量购买服务实施办法》，简化贷款程序，免除传统贷款抵押担保手续，大大提高了融资效率，降低了融资成本。平台公司通过购买服务方式，争取"一山两河"、道路提升改造、绿动力等项目融资授信 44 亿元，成功为 21 家企业提供过桥担保 36 次，总金额达 2.8 亿元。三是放大国有资本功能。将 2416 万元国有资本收益全部纳入预算，用于再投资，实现滚动发展。以公有资产经营公司为平台，通过股权投资等方式，先后向 14 家公司投资入股 3.15 亿元，有效解决了企业融资难题，支持了实体经济发展。2016 年，全区通过公有资产股权投资实现收入 667 万元，确保了公有资产的保值增值。投融资方式的创新，为淄川区经济社会发展注入了新的活力，区级财政收入已完成 26.1 亿元，同比增长 7.67%。据测算，投融资对财政收入的贡献度达到 10% 左右。

第四，积极推动普惠金融发展。淄川区现有小额贷款公司三家，注册资本共计 3.8 亿元。2017 年三家小贷公司共发放贷款 52900 万元，上缴税金 582.7 万元。对小额贷款公司、民间资本管理公司等地方金融组织采取年度审计、现场检查等手段，及时掌握公司资产状况、财务状况和内部控制状况等，促进其健康有序发展，并且积极做好外埠银行的引进协调服务工作。

第五，着力优化金融生态环境。面对当前严峻复杂的金融风险环境，淄川区防控结合，高效处置，全力维护金融安全。一是搭建全覆盖、早预警的情报信息平台。建立了全区经济运行监测平台，密切关注企业工资发放、保险缴纳、水、电等指标，实施特级、一级、二级、三级、四级风险预警，牢牢把握工作主动权。二是建立多部门、快处置的联合预防处理机制。建立金融风险防范处置联席会议制度，定期召开会议，研判分析形势，对全区运行监测，发现存在风险的企业实行政府、银行、企业三方互谈、约谈制度，做到早预警、早介入、早处置。三是深入开展打击逃废银行债务专项活动，持续打击金融违法犯罪。通过依法清收、精准打击、联合惩戒等举措，近年来累计为金融机构清收和盘活表内外不良贷款 4.2 亿元。四是及时对风险企业进行分类处置。综合运用行政、司法、经济等多种手段，组织处理了多起金融担保风险事件，最大限度地减少了不良贷款，防范风险蔓延。五是积极组织对全区非法集资等涉众型案件线索及经济领域存在不稳定因素的摸排工作，先后开展了非法集资风险排查、非法集资专项整治、非法集资广告清理整顿等活动。淄川区金融办通过上述举措，将综合治理担保圈、打击逃废银行债务与加强信用体系建设有机结合起来，多措并举，标本兼治，强力遏制不良贷款上升势头，全面优化金融发展环境，提升经济发展和金融运行的质量和水平。

（二）银行层面——地方性银行与国有银行打好组合拳

1. 齐商银行引领推动作用

齐商银行前身为淄博市商业银行，2009 年经中国银监会正式批准，更名为"齐商银行"。作为地方性商业银行，齐商银行在淄博市委市政府、各级监管机构和社会各界的支持帮助下，主动响应经济转型发展战略，在有效防范各类金融风险的同时，持续加大对实体经济的支持力度，通过积极对接省市重点项目，结合科技手段大力发展供应链金融、知识产权质押贷款等创新业务，为全面助力新旧动能转换工作起到了引领和推动作用。

第一，主动对接省市重点项目、重点工程，信贷资源适度倾斜。一是合理安排信贷投入，积极跟进全市重点项目建设规划。充分发挥融资主渠道作用，调结构，促发展，做好全市重点项目建设的配套服务。二是切实发挥信贷资金导向作用，推进产业结构优化升级。以国家产业和信贷政策为导向，切实贯彻一户一策的原则，对符合重点产业调整振兴规划要求、符合市场准入条件、符合齐商银行信贷原则的重点项目，盯紧靠牢，及时投放。三是加大信贷产品创新力度，提高重点项目金融服务水平。遵循金融服务的针对性和有效性原则，积极探索适合重点建设项目特点的融资产品和融资方式，切实发挥自身的资源优势、客户优势和项目评估优势，全方位、多层次地与重点项目建设单位开展合作。四是加强信息沟通，实现政企银的有效合作。通过参加银企洽谈会、座谈会、对接会等形式实现银企对接，有效解决银行和企业之间因信息不对称所导致的企业贷款难、银行难贷款问题，共同构建良性互动的投融资平台。截至目前，齐商银行共支持市政府重点项目 40 个，授信金额 40.86 亿元，服务实体经济质量效益得到进一步提升。

第二，深入实施"有扶有控"的差异化信贷政策。2018 年，齐商银行实行稳健的授信政策，坚持以服务实体经济发展为基础，以提高发展质量和经营效益为中心，以有效防范授信风险为底线，协调配置信贷资源，进一步加大对符合政策导向的战略性新兴产业、传统产业技术改造和转型升级等领域优质企业或项目，以及有发展空间的小微、"三农"和个人客户的信贷支持力度。截至 4 月末，齐商银行小微企业贷款余额 382.18 亿元，个人贷款余额 88.04 亿元，涉及农业贷款余额 207.21 亿元，有效地支持了实体经济的发展。

第三，积极支持实体经济去产能去杠杆和企业并购重组。为更好地贯彻落实供给侧结构性改革相关政策，齐商银行对行业内企业秉持"区别对待、有扶有控"原则，对有竞争力、有市场、有效益的优质企业继续给予信贷支持，对长期亏损、失去清偿能力和市场竞争力的"僵尸企业"和环保、安全生产不达标且整改无望的企业及落后产能逐步压缩退出授信。一是采取"蓄水养鱼"的办法，对于企业能够通过技术改造、升级转型重新获得市场前景的企业，齐商银行将通过强化保证条件、封闭运作等形式为企业注入一定的流动性资金，积极帮助企业恢复生产，进一步提高企业效益和社会效益；二是避免"涸泽而渔"的情况，对于企业市场面临困难，但有经营有管理亦有还款意愿的，却因难以承受较高财务成本而形成风险的，在符合长远利益的情况下，可适当调整授信品种，降低利率方式，帮助企业渡过难关，寻找新的利润增长点，同时化解齐商银行授信风险；三是要采取"放水卖鱼"的办法，对于持续亏损、资产负债率高、企业无管理、无市场、无还款意愿的企业，综合运用财产查找、重组、追偿、核销、第三方机构催收，或者是加大与地方政府沟通力度借助专项基金模式等手段，加快处置不良资产，最大限度地保护银行债权。

第四，大力发展绿色金融。根据银监会《绿色信贷指引》及《节能减排授信工作指导意见》，齐商银行印发了《齐商银行绿色信贷管理办法》，从战略高度推进绿色信贷，大力支持对绿色经济、低碳经济、循环经济的培育和发展，完善金融风险的防范机制，以此优化金融生态环境，完善信贷结构，提高金融服务水平，助力经济转型发展。齐商银行采取融资租赁等方式，着重为市属公交企业提供信贷资金，有力地支持了新能源汽车更新换代，为优化城市环境、加快绿色发展做出积极贡献。

第五，积极构造普惠金融体系。一是大力发展供应链金融业务。齐商银行积极响应乡村振兴政策号召，不断探究普惠金融建设，创新研发新型小微、"三农"金融服务与产品，针对农村金融市场研发投放了"新型农业经营主体贷款""惠农·棚舍贷""农业产业链益农贷""央行资金产业扶贫贷""'启程'信用农机贷""鑫农贷"等系列农业专属贷款产品。以农业产业链业务深耕农村金融市场，与新希望六和普惠农牧、正邦集团、和康源集团等省内农业龙头企业开展农业产业链业务合作，大力推进农业产业链业务进程。二是创新推出"党贷福"光伏扶贫产品，带动长效脱贫。通过党员结对和政府筹措扶贫基金作为光伏发电设备首付，为建档立卡贫困户发放贷款，形成"党员帮扶、基金运作、村镇受益、助力脱贫"的金融扶贫模式。"党贷福"模式在淄川区西河镇试点推广以来，促进了光伏发电收益与贫困户增收的有效结合，在全省率先探索出了一条实现全镇快速脱贫的路子。截至 2018 年 4 月末，该项目已放款 1371 笔，金额 1922.55 万元，惠及贫困户 1371 户 3100 余人。三是积极探索乡村振兴新模式，以点带面构建精准扶贫新格局。随着乡村振兴战略的实施，新型农业经营主体将发挥越来越重要的作用，齐商银行通过产业推动和新型农业经营主体带动的措施，积极发展推进"龙头企业＋基地或合作社＋贫困户"信贷模式，通过"扶志"与"扶智"结合起来，间接帮扶建档立卡贫困户创业就业和增收脱贫。截至 2018 年 4 月末，齐商银行对各类参与扶贫的企业发放贷款 2070 万元，间接帮扶贫困户 50 余户，贫困人口 100 余人。

2. 新旧动能转换是农业银行信贷政策积极支持方向

农业银行淄博分行着力贯彻落实农总行信贷政策，找准重点领域和关键环节，突出业务特色。主要围绕供给侧结构性改革和经济增长"新动能"，优化信贷行业结构，大力支持农业现代化与新型城镇化，创新思路，提升"三农"服务深度，深入挖掘先进制造业、战略性新兴产业、生产性服务业等高端产业，稳步推进传统产业转型升级和落后产能有序退出。同时加快结构调整步伐，精准营销，提升金融服务效能，持续加大供给侧结构性改革和新旧动能转换支持力度，有力地支持了淄川区实体经济发展。

第一，制定区域重点企业"白名单"，深入落实差异化信贷政策，加大新旧动能转换信贷支持力度。立足淄博区域实际，坚持问题和目标导向，积极贯彻差异化信贷政策，合力配置信贷资源。一是对经营辖区内政府拟定的新旧动能转换重点扶植企业实行白名单制管理，对于名单内企业优先分配增量授信额度限额，用信过程中给予适当政策倾斜，如正在申请的冶炼行业白名单：金诚石化、鑫泰石化、汇丰石化等；二是重点加大对新一代信息技术产业、高端装备产业、新能源新材料产业及医疗健康产业等新兴产业领域的信贷支持力度，力争新兴产业领域贷款增速高于全部贷款增速。如重点支持瑞阳制药的产业化建设项目，积极介入"山东金城医药集团股份有限公司并购项目""淄博弘康健康产业有限公司弘康医养结合项目""山东斐讯云翔信息技术公司淄博大数据产业园及光缆建设项目""临淄光大环保危废处置（淄博）有限公司淄博市齐鲁化工园区危废处置中心（二期扩建）项目""沂源光大垃圾焚烧项目"；三是深入贯彻对过剩行业贷款分类指导、有保有压的政策。在"两高一剩"企业名单制管理的基础上，对支持类、维持类、压缩类及退出类等四类客户准入及要求分别做出明确规定，对产能过剩企业分区域、分行业，实行融资总量控制、上收审批权限等方式，推动优化信贷结构，支持传统产业转型升级及化解过剩产能。

第二，创新融资模式，加快产品和服务模式创新，多途径加强新旧动能转换重大项目支持力度。一是除传统项目贷款外，通过银团贷款、同业合作等方式，结合"信贷＋投行""信贷＋资管"等模式，加大对重大项目的信贷资金供给，加大中长期贷款投入。对于依法合规实施 PPP 业务模式的园区基建项目和轨道交通等项目，可采用 PPP 项目贷款或理财融资模式介入，牵涉棚户区改造的，可采用政府购买服务贷款模式，如博山白塔棚户区改造、淄川合村并居棚户区改造项目。二是传统产业升级过程中有并购重组需求的，可采用并购贷款模式介入。主动对接多层次资本市场，聚焦企业直接融资需求，鼓励支持符合条件的企业发行企业债、公司债、短期融资券、中期票据、资产证券等各类债券融资工具，多方位丰富项目融资模式，为新旧动能转换拓宽融资渠道。三是全行上下联动，继续牢牢抓住重大项目这个牛鼻子，实行行长负责、分管行长挂包机制，对重点项目逐个击破。对新旧动能转换名单内项目逐户对接，对目前储备的齐翔腾达、博汇、清源发债、新华医疗定向增发，胜利钢管海外并购等重点项目做好安排部署，有计划、有针对性地开展工作，组建营销团队，安排专人开展资料搜集、进度跟踪和调查评估等，力争先于同业审批投放。对没有资金需求或暂时融资条件不具备的项目，尽可能从账户开立、结算产品等方面取得突破，做好项目储备。

第三，将支持新旧动能转换与绿色信贷业务相结合，加大绿色信贷投放力度。积极践行绿色发展理念，加大对绿色、低碳和循环经济支持力度，优化绿色信贷管理流程。一是积极介入清洁能源、绿色农业、工业节能节水、资源循环利用等重点领域，认真进行项目筛选，优先支持符合国家产业政策和行业规划的重点工业节能、建筑节能、交通运输节能等能效项目，为华能淄博白杨河发电有限公司博山光伏发电项目、华电沂源徐家庄风电场48MW工程项目信贷支持3.09亿元。二是优化绿色信贷业务服务方式。加强绿色信贷业务分析，积极优化绿色信贷业务服务方式，设置绿色审批通道，鼓励企业发行绿色债券进行直接融资，打造多元化绿色金融服务体系。三是强化环境和社会风险管理，落实绿色信贷要求，对不符合环保政策和低碳生态经济政策的严格执行"一票否决制"。

第四，"交易银行+网络金融"双管齐下，增强科技金融服务能力。面对企业自动化、信息化、智能化以及产业集约化的发展趋势，加大网络金融及交易银行拓展力度。一是实施分层营销策略，落实好营销主体，对重点产品实施重点营销。按照高端产品和基础产品进行分类，由市行牵头银企直联、"惠农e商"等高端核心产品的营销，由支行和网点负责单位结算卡、票据池、结算套餐等基础类产品的推广应用。二是围绕不同客户需求，锁定产品目标客户。制定重点产品营销分成考评办法，将营销难度大、技术性强、需多方协调、团队营销的重点产品，计价奖励直接兑现到团队个人，以充分调动团队成员的积极性，发挥营销合力，提升营销效率。三是强化产品联动，增强电商金融业务的竞争力。从现有的核心法人客户入手，摸清企业的有效需求，按需配置产品，为客户产、供、销各环节提供全流程全产品服务，通过"惠农e商"、现金管理系统等将服务触角延伸到产业链条和结算链条的各个节点，实现企业需求的无缝对接。目前齐商银行已为鲁泰纺织股份有限公司、山东新华医疗器械股份有限公司、山东鲁阳节能材料股份有限公司等企业成功上线银企直联，进一步优化了企业财务流程，节省了大量的人力物力，使企业的财务管理更加规范、高效。

第五，突出小微企业批量营销模式建设，丰富融资手段和融资产品。数量众多、充满活力的小微企业，是实体经济发展不可或缺的主体，也是新旧动能转换的主力军。一是搭建小微企业核心客户群。以国家级高新区——淄博高新区，以及淄博、临淄、淄川、桓台东岳等

10 个省级经济开发区所涉及的 11 个省新旧动能转换重点园区中的小微企业为营销目标，认真筛选目标客户，建立起"网点—支行—市行"三级联动服务体系，积极培育齐商银行的优质小微企业客户群。二是持续推进小微企业的业务产品和服务模式创新。积极对接政府部门出台的小微企业支持政策，以银政合作平台为基础，重点推动齐商银行"科创贷""税银通"等产品实现营销突破。创新小微企业担保方式，积极引进具备国资背景的担保公司，继续大力开展顺位抵押贷款业务，解决小微企业担保难问题。探索发展产业链金融，大力推广数据网贷业务，建立围绕产业链核心企业、覆盖产业链上下游的供应链融资模式。在信贷规模有限的情况下，对小微企业信贷进行资源倾斜，优先保障小微企业的融资需求。三是建立普惠金融批量获客信贷制度，探索金融机构与地方政府共同推进普惠金融事业发展的新途径，促进实体经济发展，实现地方政府、金融机构和市场主体的多赢，使诚实守信有真实资金需求的小微企业得到高效便捷的金融支持。

第六，突出业务特色，树立"三农"服务品牌。现代高效农业、文化创意产业及精品旅游产业是淄博市新旧动能转换的重点扶持产业。一是强化对"三农"领域的金融支持。大力推进"三农"综合金融服务，持续推进金融扶贫工作。强力推进农户"惠农 e 贷"发展，加快农户贷款和县域个贷业务增量提质。优化"三农"金融服务，加大农村特色农业、农业科技、乡村旅游等产业的融合发展，不断提高金融服务"三农"水平。持续推动"三农"特色押品创新与运用，利用齐商银行"三农"特色产品满足客户需求。二是主动对接实施乡村振兴战略，加强与市政府及其相关职能部门对接力度，结合农行工作实际，制定金融支持乡村振兴规划，发挥服务"三农"优势，争当新时代乡村振兴金融服务的主力银行。三是把支持旅游产业发展作为深化"三农"服务的重要抓手，重点依托淄博"齐国故都"文化旅游目的地品牌及淄博文昌湖省级旅游度假区，加大旅游产业相关业务产品的推广力度。

（三）股权交易中心层面——完善服务，培育多层次资本市场

齐鲁股权交易中心是依托淄博市的证券文化底蕴和实体经济基础发展起来的，2010年12月正式成立，2013年底完成公司制改制，2015年7月成为省属金融机构。在省市党委政府正确领导和大力支持下，齐鲁股权市场规模不断扩大，服务功能持续完善，金融创新能力显著增强，为推动淄博市产业转型升级，服务实体经济发展提供强力支撑。

第一，发挥市场作用，加快推动淄博市规模企业规范化改制工作。一方面，推动已改制企业托管挂牌，以融资促挂牌，以挂牌促规改，积极有效推动全市规模企业改制和挂牌企业融资工作，围绕全省规模企业规范化公司制改制重点任务，全面整合各方资源，形成"规改＋挂牌＋直投"新模式。另一方面，利用齐鲁股权即将获得新三板推荐资格，探索开展财务顾问和企业并购服务，推送更多优质企业进入新三板及加快更高层次资本市场资源培育。2016年7月起，省政府推出省直投基金，历经半年时间，齐鲁股权组织547家挂牌企业与省直投基金对接，340家企业获得省直投基金投资10亿元，其中，淄博市77家企业获得直投基金2.2亿元，占全部投资额的22%。因为淄博挂牌企业数量众多，加之齐鲁股权驻地在淄博，在财政奖励上获得了一定优势。自2015年起，省财政奖励获得直接融资企业，每家奖励10万元，根据2016年数据，总共奖励了135家企业，其中淄博市企业高达106家。

第二，推动县域金融工程试点，打造地方特色板块，推动优势产业集群发展。结合地方优势产业，开展县域金融工程试点，与相关县（市）区围绕"十强"产业共建特色产业板块，培育壮大地方特色经济和优势产业集群，推动特色产业绿色化、品牌化、高端化、集群化发展。

第三，重点推动股权质押增信基金的建立和运作，下大力气推动普惠融资，服务更多中小微企业。一是在省财政厅出台股权质押融资增信基金政策基础上，推动莱芜、潍坊和淄博等设立股权质押增信基

金，配套使用省财政厅 3 亿元资金，放大 3—5 倍引导信贷投资，目前淄博市 2 亿元股权质押增信基金持续推进中；二是利用省内唯一获批的互联网金融综合投融资平台——红牛金服，为企业缓解融资难题，累计交易额突破 63 亿元，为企业融资超过 20 亿元；三是与 7 家银行开展投联贷业务，在 340 家直投企业中陆续有 80 余家企业获得贷款，金额 5.7 亿元；四是普惠融资产品试点取得突破，推出了"发票贷""政银保""订单贷""薪金贷"等普惠融资产品。

第四，率先在全国完成城商行、民营银行股权集中登记托管，成为地方金融机构股权规范平台，全面开展山东省未上市城商行股权集中登记托管工作。2017 年 5 月，山东首家民营银行威海蓝海银行完成托管及全部股东确权，成为国内首家在区域股权市场托管的民营银行。除潍坊银行、泰安银行因股权变更需要 2018 年股权登记托管外，已完成山东省内全部 10 家非上市城商行的股权登记托管和确权工作，托管总股本 227.4 亿股，完成确权比例90.4%，托管进度、股本数量和确权比例均居全国首位。淄博市内农商行、城商行现已基本实现全部托管。

第五，建设高水平多层次资本市场资源联合培育基地，更好地服务淄博市新旧动能转换。在市委市政府的大力支持和指导下，淄博市和齐鲁股权联合沪、深、港及新三板等交易所，设立国内首家多层次资本市场资源联合培育基地，将各交易所优质资源和专业化服务通过淄博市服务全省企业，引导各类投资机构、中介机构入驻，形成聚集效应，形成立足淄博、服务全省、辐射周边的区域资本聚集中心。

综上所述，淄博市淄川区在化解过剩产能、推进产业结构调整和经济转型过程中，有赖于金融部门和机构对城市转型工作的大力支持，以区金融办、银行以及齐鲁股权交易中心为主体的创新金融体系的建立，不断完善投融资体制机制，探索创新投融资模式，创新金融产品、技术和服务，强化金融风险防范和整治，拓宽资本来源，使淄博市淄川区的金融生态环境不断得到优化，提升了经济转型发展的质量和效率，为淄博市淄川区新旧动能的转换提供了强大的动力支持。

第三节 辽宁抚顺市经济转型发展考察

一 抚顺市城市概述

抚顺市地处我国东北地区，坐落于辽宁省的东北部，东西跨度151 千米，南北跨度 138 千米，东与通化市相邻，西和苏家屯、东陵区相接，北边紧邻铁岭、西丰、开原，南接本溪、怀仁。城市整体格局呈现带状分布，是我国东北地区第五大城市，辽宁省第三大城市，资源丰富，历史悠久。

根据 2010 年第六次人口普查的结果，抚顺市共有 39 个民族，是名副其实的多民族散居地区，其中少数民族占比较大，依次为满族、朝鲜族与回族。近年来抚顺市也愈发重视对少数民族文化资源的保护，注重各民族的和谐团结。

抚顺市矿产资源极其丰富，尤其以煤炭资源最为丰富，20 世纪 60年代，抚顺市作为煤炭产业的核心城市，为我国的经济发展做出过巨大的贡献。抚顺市拥有优质煤层，近代采煤可追溯至 20 世纪初建立的抚顺煤矿公司，是我国重要的能源与原材料重工业基地，曾是亚洲地区最繁荣的煤炭资源型城市，在世界资源型城市范围内颇具盛名。相关资料显示，截至 2004 年底抚顺市煤炭保有储量仅为 7.3 亿吨，而早前的煤炭探明储量超过 14 亿吨，这两组数字的对比揭示了抚顺市煤炭资源正在逐步衰退甚至枯竭的现实。曾经因煤炭资源而发展起来的抚顺市，不得不面临一个严酷的现实，那就是抚顺市已经成为资源衰退型甚至可谓资源枯竭型城市。在 2013 年国务院公布的《全国资源型城市可持续发展规划》中，抚顺市被列为 67 个资源衰退型城市之一，在当前资源日趋紧张，国家大力推进资源保护措施实施，划定生态红线，推动节约、低碳、循环经济发展的大背景下，抚顺市面临经济转型的艰巨挑战。

20 世纪 70 年代，国家就提出了"限采保城"的提议，并逐年深入实施。抚顺市面对资源不断衰竭的现实，也在积极摸索着城市转型的道路，其转型过程大致可以分为三大阶段：第一阶段20世纪末至2002年，本阶段主要为抚顺市的产业转型阶段，在此阶段抚顺市石油产业崛起，逐步成为抚顺市的主导产业之一；第二阶段2003—2007年，是抚顺市积极探索经济转型的一个重要阶段，在振兴东北老工业基地的国家发展战略指引下，积极推进国有企业改革，鼓励多种经济协调有序发展，向资源深加工城市稳步迈进；第三阶段2008年后，尤其是在2013年《全国资源型城市可持续发展规划》发布后，将抚顺市定位为资源衰退型城市，抚顺市更加坚定地推进经济结构战略性调整，推进产业结构升级。

二　抚顺市发展状况分析

（一）抚顺市经济发展现状分析

近些年来，国家持续倡导经济可持续发展，国务院于2007年提出了一系列资源型城市转型的相关政策，同时不断明确国家扶持资源型城市的种种优惠政策措施，在此背景下，抚顺市经济转型工作正有条不紊地开展着，在转型过程中也取得了一定的成绩。

抚顺市2008—2017年的GDP分别为662.4亿元、698.64亿元、890.2亿元、1133.3亿元、1242.4亿元、1340.4亿元、1276.6亿元、1236.5亿元、966.7亿元、954.5亿元。从图8—1柱形图中可以看出，从2008年开始抚顺市的GDP一直保持着增长态势，在2013年达到顶峰，随后开始回落。但总体而言，抚顺市整体经济状况正在逐步改善。

此外，抚顺市的财政一般预算收入排名也在稳步上升，为辽宁省的财政做出了较大贡献，2011年的相关统计数据表明，抚顺市财政一般预算收入低于沈阳、大连、营口与盘锦，在全省范围内处于前列。由此可见，抚顺市在促进经济增长上取得了较为突出的成果。

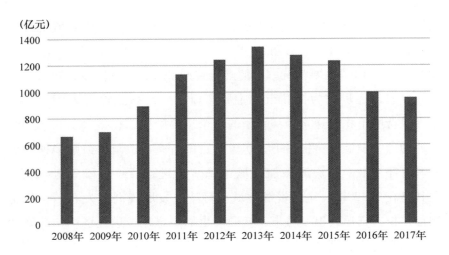

图8—1　2008—2017 年抚顺市 GDP

资料来源：辽宁省统计局、国家统计局辽宁调查总队：《辽宁省统计年鉴》（2008—2017 年），中国统计出版社 2009—2018 年版。

（二）抚顺市环境治理状况分析

作为我国重要的能源与原材料重工业基地，抚顺市历史遗留的环境问题多，随着经济社会的发展以及人们的环保意识不断增强，近年来，抚顺市在环境治理方面不断加大投入，观察分析 2014—2017 年四年全年空气质量良好天数不难发现，空气质量有了较为明显的改善，具体见图 8—2。

抚顺市始终秉承绿色发展理念，先后完成 460 余项蓝天工程项目，空气质量得到较为显著的改善。以 2016 年为例，全年空气质量优良天数比重超过 77%。投资 16 亿元对水资源进行改善，城市污水处理设施兴建与改造共计 11 个。同时建成先进的垃圾分类处理站，使得城市垃圾能够得到百分百无害化处理。此外，时刻关注沉陷区地质灾害综合整治，充分管理利用沉陷区国有腾空土地，并在沉陷区设置诸多监测站点，时刻了解沉陷区土地的状况，把握沉陷区地质灾害变化规律，为预防地质灾害的发生提供科学支撑。总之，抚顺市环境

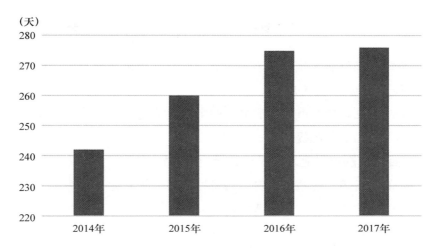

图8—2　2014—2017年抚顺市空气质量良好天数

资料来源：辽宁省统计局、国家统计局辽宁调查总队：《辽宁省统计年鉴》（2014—2017年），中国统计出版社2015—2018年版。

治理成效较为显著，空气、水、土壤质量得到一定程度的改善。

（三）抚顺市民众生活水平分析

自2010年起，抚顺市人均可支配收入逐年递增，2010—2017年人均可支配收入分别为10007元、18069元、20545元、22702元、25035元、26818元、28467元、30346元。居民的人均可支配收入的提升，从一定程度上也说明了抚顺市民众生活水平正逐步提升。

2010—2017年抚顺市失业率常年在较低水平波动，分别为4.5%、3.9%、3.9%、2.8%、2.8%、4.5%、4.1%、3.9%。之所以能够长期将失业率控制在较低水平，离不开政府稳步推进就业工作。抚顺市近年来出台了多项针对就业困难群体的帮扶指导的优惠政策，持续强化职业技能的培训，截至2016年抚顺市共计实现了城镇实名制就业96.9万人，创造了5371名创业带头人，共计带动39700余人成功就业。

同时在推动文化活动、完善卫生服务机构等方面也得到了一定的改善。截至 2017 年，抚顺市全市拥有人民群众艺术馆 1 个，文化馆与文化站共计 54 个，公共图书馆 7 座，总藏书数量高达 101.8 万余册。组织开展群众文化活动 100 余场。此外，全市共拥有卫生服务机构 1373 个，床位数量 1.5 万张，医护从业人员 1.3 万余人。

由此可见，抚顺市民生活水平和生活质量随着抚顺市的城市发展也得到了较为显著的提高。

（四）抚顺市产业发展现状分析

如前文所述，抚顺市有着"煤都"之称，经过多年的发展，抚顺当下已经成为集煤炭产业、能源与原材料产业、石化冶金产业于一身的重工业城市，已经并非是早期单纯的煤炭资源型城市。

新中国成立后抚顺市的产业发展历程大致可以分为四大阶段：第一阶段大致为 1949 年至 20 世纪 60 年代早期，该时期抚顺市成为我国以煤炭产业为主导的能源与原材料工业基地，对新中国成立前粗放型的开采进行了部分改善。国家共计投资 20 多亿元用以改进和提高抚顺市的工业产业，逐步形成了以煤炭产业为主导产业，国有大中型企业为核心，辅以石油化工产业、冶金、机械制造产业的工业产业格局。该阶段抚顺市虽为国家发展提供了大量的能源与原材料，但缺乏发展前瞻性，该时期工业布局在今天看来非常不合理，生产环保意识薄弱，为后续抚顺市的环境治理、产业可持续发展制造了不小的困难。第二阶段大致为 20 世纪 60 年代中期至 80 年代早期，该时期最大的特征是石油工业的崛起，随着大庆油田的开发，抚顺市的石油化工产业得到了迅猛的发展，以煤炭资源开发为主导的产业格局逐步被打破。第三阶段为 20 世纪 80 年代至 20 世纪末，抚顺市可探得煤炭储量锐减，可采掘难度增加，抚顺市煤炭资源正逐步趋于枯竭。第四阶段为 20 世纪末至今，抚顺市开始积极探索转型之路，从优化产业结构入手，形成了以石油工业为龙头，化工行业为核心，轻纺工业为辅的工业体系格局。但该时期仍以扩大再生产为核心，产业结构调整较为缓慢。

工业化是经济发展过程中一个重要的环节，是产业结构能够发生迅速转变的关键阶段，抚顺市当前仍然处于工业化中期，以工业带动全产业链发展、带动城市经济增长仍然是未来一段时间内抚顺市经济社会发展的核心。在目前的研究中，通常会将资源型城市产业发展阶段大致划分为基地阶段、转型阶段、分化阶段三大阶段。基地阶段主要是指以矿产资源初级加工产业为主导，是资源型城市兴起的起点，产业格局相对单调，多以矿产资源开采和粗加工为主；转型阶段主要是指资源型城市逐步打破单调的产业格局，向多元化发展，城市功能开始逐步增强，这一阶段往往会伴随出现人口与产业低速增长的状况，进入城市经济发展的阵痛期；分化阶段主要是指，在经历转型发展后，一部分自身发展条件较好的城市逐渐摆脱矿产资源型产业的桎梏，发展较为稳定的多元化产业格局，成为新兴中心城市，另一部分受限于自身的发展条件，在矿产资源枯竭之后难以找到新兴发展业态从而逐步没落。抚顺市作为我国典型的资源型城市，其产业发展必然会面临着大致相同的发展阶段，经综合分析，目前的抚顺市正处于产业格局转型的关键期。

当前抚顺市产业发展的主要问题就在于产业结构不平衡，通常而言，这也是多数资源型城市在发展过程中必然会遇到的问题，一般均呈现为第二产业比重极高，第一产业较低，第三产业最为薄弱。本书截取2012—2017年抚顺市三大产业比重，第一产业∶第二产业∶第三产业的数据分别为：2012年6.8∶59.8∶33.4，2013年7∶59.3∶33.7，2014年7.3∶54.3∶38.4，2015年8∶48.9∶43.1，2016年7∶46.7∶45.6，2017年6.1∶53∶40.9。通过图8—3能够较为直观地看出抚顺市第一产业比重极低，第二产业占比最高，第三产业发展速度十分缓慢。随着产业转型发展，抚顺市呈现第二产业比重缩小，第三产业比重有所增加的趋势，但第三产业增速过缓，在一定程度上限制了抚顺市产业多元化发展。

通常而言，以工业为主导的城市，随着工业结构的持续升级，轻工业比重会逐步下降，重工业比重会持续提升，与此同时，随着

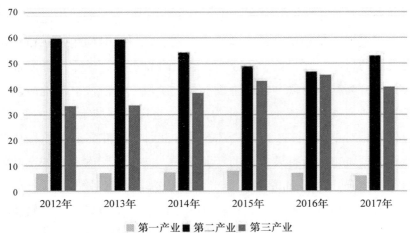

图 8—3　2012—2017 年抚顺市三大产业占比

资料来源：辽宁省统计局、国家统计局辽宁调查总队：《辽宁省统计年鉴》（2012—2017 年），中国统计出版社 2013—2018 年版。

技术的进步，重工业产品的附加值会逐步增加。按其发展规律，可分为轻工业阶段、原材料重工业阶段、加工重工业阶段、深加工重工业阶段以及后工业阶段这几大发展阶段，在发达国家重工业比率一般在 60% 以上，并且长期稳定。抚顺市作为以工业为主导的城市，工业发展处于城市经济社会发展的核心地位，重工业在其工业体系中始终处于主导地位，但在抚顺市众多重工业产业中，仍以石油粗加工、金属冶炼、煤炭采掘工业为主导，而大型机械制造、设备加工组装等产业发展速度十分缓慢。由此可见，抚顺市当前仍处于原材料重工业阶段向粗加工重工业阶段转变，距离深加工重工业阶段仍有不小的差距。

三　抚顺市经济转型发展 SWOT 分析

SWOT 分析是以表格列举形式，将研究对象的内外部优劣势及外部机遇与威胁进行统筹分析，从而得到更加客观、有具体依据的分析结论，为相关决策提供借鉴。本部分基于前文抚顺市城市发展现状的梳理，通过 SWOT 分析，旨在厘清当前抚顺市经济转型发展所面对内外部的优劣势，以及在经济转型过程中可能会出现的机遇与威胁，从而为提出抚顺市经济转型发展的相关政策建议提供分析依据。

（一）内部优势分析

1. 地理区位优势

抚顺市地理位置上紧邻沈阳经济开发区，是沈阳经济区副中心城市，地处我国东北老工业基地核心地带，距离沈阳桃仙机场仅 40 千米，距离营口海港 200 千米，距离大连海港 400 千米，高速公路与铁路四通八达，交通便利具有良好的区位优势。

2. 矿产资源优势

抚顺市作为我国典型的资源型城市，是我国东北地区最大的煤矿之一，素有"煤都"之称，因其大部分可露天开采的高产高质煤炭资源，在 1901 年便受到广泛关注，仅新中国成立后几年时间内就贡献出高达 10 亿吨的煤量，是我国最早依靠矿产资源摆脱农业社会的城市之一。除去煤炭资源，抚顺市还拥有金、铜、铁等 17 种优势矿产资源，分别形成了以煤炭开采为主的抚顺矿业集团和新宾县、以铜矿和锌矿开采为主的抚顺红透山铜矿、以金矿和铁矿开采为主的清原县、以铁矿和菱镁矿开采为主的抚顺县四大矿业格局。

3. 工业优势

抚顺市是我国工业化起步较早的地区之一，已经形成相对完善稳定的矿业产业集群，基础原材料及相关配套设施完善，传统重工业的技术、管理、经营发展经验丰富，同时伴随着矿产资源延展出众多产业链条有待整合发展。如抚顺矿业集团是由以煤炭产品开发，逐步扩展到加工生产机械设备、承接大型建筑施工、经营电铁运输、供电通信、医疗卫生等相关产业，基本形成以煤炭资源、油母页岩为核心，其他延伸配套产业为辅助的多元化产业体系，具有极大的发展潜力。

4. 经济与人口优势

据《抚顺市 2018 年国民经济和社会发展统计公报》显示，全市地区生产总值为 1048.8 亿元，三大产业增长值分别为 54.9 亿元、575 亿元、418.98 亿元，占生产总值比重为 5.2∶54.8∶40，可见第二产业仍占绝对优势，第三产业增长显著。同年，全市户籍人口为 208.9 万人，其中 18—59 岁人口总数为 129.8 万人，占总人数的 62%，可用劳动力优势明显。

5. 科技优势

抚顺市凭借石油化工、煤炭生产等方面的优势，吸引辽宁石油化工大学和辽宁石油化工大学顺华能源学院两所本科大学落户，同时拥有煤炭科学研究院、抚顺石油化工研究院、抚顺石化设计院等一系列科研院所在此扎根，在为抚顺市科技转型打下坚实基础的同时，受到辽宁省政府、抚顺市政府等管理部门大力的财政支持，陆续打造了多个技术园区，如抚顺望花经济开发区、抚顺高湾经济开发区、抚顺胜利经济开发区等，不仅为工业产业技术创新提供有力的智力支撑，更为产学研一体化、项目专利落地实施建立优良的孵化基地，助力抚顺市煤炭资源枯竭型城市转型发展。

6. 成本优势

受地理区位的影响，抚顺市相较于东部沿海地区，其开放发展力度相对较小，加之资源优势使其成为重要原材料产地，因此，劳动力成本、土地使用成本、原材料成本等一系列成本具有东部沿海地区无可比拟的绝对优势。充分利用好本土的成本优势，可吸引具有规模效益的大型企业入驻，为城市转型发展注入新鲜血液，倒逼本土企业的创新发展。

7. 旅游资源优势

抚顺市是典型的多民族聚居城市，根据全国第六次人口普查显示共有 34 个民族在此繁衍，满族人口数仅次于汉族，有 55.58 万人，有着"中华满族第一乡"的美誉。抚顺市是汉文化与满文化的汇聚地，有着浓郁的地域文化特色，同时有着壮丽的北国风光，是一座优秀的旅游城市，拥有包括赫图阿拉城遗址、雷锋纪念馆、红河峡谷、清永陵、元帅林、萨尔浒风景区、西露天矿、猴石风景区等在内的一系列国家3A级及以上风景区，旅游资源极为丰富。并且作为我国煤炭、石油等重工业基地，自清末抚顺煤矿公司成立以来，抚顺市的东西露天矿、胜利矿、老虎台矿等为其留下了深厚的工业文化，以此为基础所融合发展的旅游资源成为抚顺市的一大优势。

（二）内部劣势分析

1. 产业结构不合理，链条不健全

抚顺市是以煤炭资源开采和初加工、金属冶炼等"重工业独大"的产业结构，1992—2008年期间，工业为全市创造了50%的产值，即便在2000年后，随着煤炭、有色金属、石油资源的陆续衰竭，工业占GDP比重有所下降，但仍占50%左右。因开发初期的矿产资源优势，一直处于产业链的最低端，产品附加值低，生产技术含量低，产品议价能力较差，其产业发展始终受到上游产业发展的限制。

2. 企业体制不丰富

受计划经济体制的影响，煤炭、原油加工、冶金等重工业都掌握在国有大中型企业手中，并以其为中心呈现企业办社会现象，既承担了社会功能，又缺乏市场竞争意识，未给民营企业、中小微企业提供良好的发展空间，发展形势缓慢。

3. 科研创新能力较低

依托矿产资源和能源强市的理念在抚顺市已根深蒂固，多注重眼前利益，将科研重心投入矿产资源和能源方面，高新技术投入相对较少，进而制约了企业对新产品、新技术的创新，也使重工业的设备和技术落后于国内外先进水平。同时，抚顺市对人才引进的投入力度较低，生产生活环境未得到改善，出现人才难留的问题，高端技术人才更为缺乏，对未来产业经济的发展产生了严重影响。

4. 人口结构不合理，老龄化问题十分严峻

《2016 年抚顺市老年人口基本信息和老龄事业发展状况报告》对抚顺市老龄化问题做了全面分析指出，截至 2016 年底 60 周岁及以上人口达 47.36 万人，同比增长 7.00%，占全市总人口的 22.05%，其中"空巢老人""失能老人""半失能老人"分别占全市 60 周岁及以上人口的 42.67%、4.56%、9.45%，人口老龄化趋势十分明显，"空巢老人""失能老人"比重呈递增趋势，所带来的养老、民生等问题对抚顺市的财政资金产生巨大压力，从适龄劳动力人口和金融支持两大方面制约了抚顺市经济转型的速度。

5. 生态环境问题严峻

抚顺市的产业发展高度依赖于矿产资源开采及初加工，并且在过去几十年里一直采用粗放型经济发展模式，高排放、高污染、低效益、粗开采为抚顺市的生态环境造成严重破坏。如抚顺市西露天矿底部受开挖角度的影响，未及时回填，将可能导致严重的泥石流及其他地质灾害。而且在 2012 年政府工作报告中曾提及，抚顺市区将有 42.5% 的面积会受到泥石流的侵害。

（三）外部机会分析

1. 东北老工业基地振兴的工作推进

振兴东北老工业基地的战略于党的十六大正式提出，随之"辽沈转型发展的战役"便拉开了序幕，不仅给予资金、项目投入，还有更多方面的政策扶持，但国有经济把控全局的形式未全面改革，加之思想固态化，振兴之路受到重重阻碍。2016 年 10 月，国务院提出了《关于深入推进实施新一轮东北振兴战略 加快推动东北地区经济企稳向好若干重要举措的意见》和"东北振兴'十三五'规划"，这为"一帮就好，一放就差"的抚顺市经济发展又创造了一次新的机遇。

2. 国家经济技术开发能源资源的需求量大

2000 年为了解决东部沿海同中西部经济发展不均衡问题，缩短东西部经济、政治、文化、社会、生态的发展差距，着重对 12 个省

（自治区、直辖市）展开全面的战略部署，尤其加大制约发展的核心问题——交通基础设施的投资建设力度，煤炭、钢材等能源材料成为急需产品。同时，国家给予核电、焊工、高铁、高端装备制造业等行业大力的支持，对能源资源的需求不断扩大，为抚顺市的优势产业发展带来诸多机会。

3."绿水青山就是金山银山"为抚顺市发展指明方向

依托矿源而建的抚顺市自建城以来就开始对自然生态环境展开了掠夺，因历史欠账太多，对抚顺市生态环境修复带来巨大挑战。"绿水青山就是金山银山"的发展理念凸显出我国对生态环境保护的核心方向和重视程度，"生态产业化，产业生态化"发展战略则从产业发展实际角度为生态环境保护做出明确部署，加大对生态环境治理投入力度，对绿色产业、新型环保产业等更是不遗余力地扶持，以此推动资源型城市绿色可持续发展。

4."大众创业，万众创新"战略举措为抚顺市提供契机

"大众创业，万众创新"战略举措的实施，一方面有利于缓解下岗职工再就业的难题，以及以各类优惠条件带动中小微企业发展，调和优化传统产业结构，加快资源型城市第三产业发展；另一方面通过鼓励科技创新、加强国内外技术交流、强化重工业创新力度等措施，不仅有助于传统产业的转型升级，还可集聚人才，从而带动高新技术产业的快速发展。

5.国际合作与发展为抚顺市转型发展带来有利的外部机遇

"一带一路"倡议的提出、金砖五国的团结合作等，尤其是"一带一路"沿线国家的基础设施建设，为资源型城市相关建材、矿产、能源的出口带来巨大的需求市场，为传统产业的可持续发展带来新的生机。

（四）外部威胁分析

1.赖以生存的矿产资源逐渐枯竭

抚顺市经济社会赖以生存发展的基础是不可再生矿产资源，受不

可再生性和储量的影响，已逐步走向枯竭，想要在短期内探寻到最新的支柱资源非朝夕之事，无法短时间内满足资源型城市经济转型升级的需求。

2. 产能过剩，利润空间缩小

在当前市场经济中，煤炭、冶金、石油化工行业普遍存在产能过剩问题，行业内的竞争日趋激烈，尤其是抚顺市当前的产业处于整个产品价值链的下游，利润空间越来越小，且提供的产品由于差异性太小，非常容易被其他地区的同类产品替代。特别是国家对于产能过剩行业的政策调控也在一定程度上制约了抚顺市的经济转型发展。

3. 传统产业技术含量低，无特色，易被取代

抚顺市的资源加工行业整体技术水平较低，操作流程简单，设备落后，效率较低，同时其产业与经济发展的方式易被模仿，难以做出特色。

4. 人才缺失

当前互联网、金融等知识密集型产业正飞速发展，而抚顺市在这方面的人才极为匮乏，对抚顺市长期经济发展产生不利影响，对创新的长期发展造成一定程度的威胁。

四　抚顺市经济转型发展的政策建议

通过前文对抚顺市城市发展现状，以及抚顺市经济转型发展的SWOT分析，我们能够清楚地看到当前抚顺市经济转型过程中遇到的阻碍与威胁，同时我们也能够清楚地了解当前抚顺市经济转型发展过程中自身所具备的优势与外部的机会。"机会与威胁"并存可以说是抚顺市当前经济转型所面临的现实状况。基于抚顺市经济转型发展的SWOT分析与城市发展现状，并结合国内外资源枯竭型城市的成功转型经验，本书提出以下多个方面的政策建议。

（一）加快政府职能转变

抚顺市依靠资源开启城市发展之路，经济结构长期不合理，国有

大中型企业、重工业均占比过高，民营经济发展极其缓慢，而地方政府为了完成国家下达的各项考核指标，维系支持国有大中型企业的发展，将推动重工业发展作为抚顺市政府的首要工作，这无形之中限制了当地政府的工作方式。加之东北地区经济通常都有"帮扶好转，放手变差"的现象。因此，各级政府都无法让"市场"这一"无形的手"真正参与到经济发展中来。在当前我国振兴东北老工业基地，扶持资源枯竭型城市的大环境下，抚顺市各级政府应当真正做到"简政放权"，在"简政放权"过程中注重监管体系的建设，加快政府职能转变，真正发挥市场机制的作用，实现向市场经济发展方式的转变。加快政府职能转变应当着力把握好以下几个方面：一是厘清政府、市场与社会发展三者间的内在联系；二是依据当前地区经济发展的现实状况，灵活转变政府职能；三是做到真正的放权，要避免"明放权，暗收权"的现象，更要避免出现下放的权力没有单位承接的问题。同时，要注重放权效果的评估，随时进行改进，更要注重放权过程的监管过程。

（二）传统产业转型升级，转变经济发展方式，调整产业结构

抚顺市由于历史原因，产业结构不合理，为此应当首先对产业结构进行调整，在当前部分产业生产过剩的大环境下，抚顺市应当着力淘汰落后的产能，通过传统产业转型升级，摆脱抚顺市工业产业长期处于价值链下游的尴尬局面。例如，近年来，对于新材料的生产创新国家一直予以高度重视，而该产业的产品也属于高附加值的产品，有助于抚顺市的长期经济发展，并且精细化工产品在我国相对匮乏，且具有较大的发展潜力。通过发展精细化工产业，建立国家级产业基地，不但可以在一定程度上缓解因经济转型带来的失业问题，同时有利于促进抚顺市经济的整体转型。与此类似的还有将煤炭产业向煤炭精细化工方向发展，水泥相关产业向预制件制作升级，石油化工着力向乙烯、润滑油等高附加值产品生产升级，铝的生产要向航空铝、高铁铝等高附加值产品生产升级。这样一来，既有力地发挥了抚顺市重工业的工业基础优势，同时也克服了产品长期处于价值链下游的状况，为抚顺市的整体经济转型提供有力的支撑。

目前我国正处于新常态的背景之下，抚顺市经济能否成功转型发展，很大程度取决于是否能够快速地转变经济发展方式，当前抚顺市经济发展的特征仍然是高能耗、高污染、高排放的粗放型经济发展方式，在现如今我国整体经济发展方式已经开始由要素驱动逐步转型为创新驱动的大背景下，抚顺市必须紧跟形势，接受并尽快适应新的发展方式。虽然从短期来看，抚顺市的经济增速或许会减缓，甚至可能出现经济下滑，但从长期来看，创新驱动必定会将抚顺的经济推向新的历史高度。

抚顺市要注重产业结构合理布局，重视轻工业与重工业的协调有序发展，从而实现抚顺市经济的可持续发展，不仅要发挥大中型国有企业的龙头带动作用，还要依靠民营企业的通力合作。既要发挥出抚顺市作为我国东北老工业基地重要城市之一的传统优势，也要依靠创新带动抚顺市新型工业化进程，更要统筹好抚顺市经济短期发展与长期发展之间的关系。

（三）扩大抚顺市的开放程度

抚顺市的地理位置靠近俄罗斯、日本、韩国、蒙古国等国家，具有良好的对外开放的地理区位优势，但多年来抚顺市对外开放取得的效益并不理想，这是由于抚顺市出口产品结构仍然以劳动密集型产品、原材料类产品等低附加价值的产品为主。因此，拥有良好的区位优势是不够的，还需进一步扩大并开放国内外的市场，合理吸引外资，转变产品出口结构，提升出口产品附加价值，进一步深化与周边国家在设备制造、精细化工、科技创新等领域的合作，从而助力抚顺市经济转型发展。

（四）深化沈阳—抚顺"同城化"发展

抚顺市紧邻沈阳经济开发区，距离仅不到 60 千米，早在 2007 年，辽宁省就提出了沈阳—抚顺的"同城化"战略。沈阳市与抚顺市同为我国的重工业基地城市，发展沈阳—抚顺"同城化"战略对促进抚顺市经济转型发展具有重要作用。以"沈抚新城"作为抚顺经济转型发展的重要契机，加强两市合作，优势互补，能够优化资源配置。发展"同城化"首先能够增强抚顺市的吸引力，能够更好地吸引投资与人才，增强抚顺市产业创新能力；其次"同城化"过程中，抚顺市与沈阳市有诸多产业相关联，通过沈阳市的机械制造、医药、纺织服装等产业的发展，带动抚顺市关联产业的发展，实现合作共赢；最后从区域经济的差异性来看，沈阳的整体实力远高于抚顺，因此也为两市的合作与产业互补提供了较为充足的空间。综上所述，持续深化"同城化"能够提升抚顺市的竞争力，形成优势产业互补，为抚顺市的经济转型发展提供助力。

（五）持续发展旅游业，促进第三产业发展

随着抚顺市经济发展方向的逐步转变，旅游业已经被抚顺市定位为战略支柱性产业，旅游产业具有低能耗、低污染、高效益等优势，对于抚顺市而言，在当下经济转型的关键时期，持续促进旅游业的蓬勃发展具有重要意义。首先，如前文所述抚顺市第三产业当前增速缓慢，而提高第三产业增速较为有效的方式就是进一步深度开发旅游资源，发挥抚顺市的历史、地理等旅游资源的优势；其次，持续发展旅游业创造出新的就业机会能够解决因经济转型发展而造成的失业率升高这一严重的社会问题，减少因经济转型而带来的不稳定因素；最后，发展旅游业也是向外部宣传抚顺市，使更多人了解抚顺市，进一步提升抚顺市在世界范围内的形象，提起抚顺人们不仅能想到抚顺市是重工业基地、"煤都"，而且还能知道抚顺市有美丽的红河峡谷、五大国家森林公园、赫图阿拉城。

发展抚顺市的旅游产业，一是需要打造旅游的精品路线，针对抚顺市较为出名的景点，开发出具有特色的旅游线路，例如红河谷漂流作为抚顺市最为著名的旅游项目之一，可以围绕红河谷漂流，打造相应的精品旅游线路。也可以借着"同城化"的东风，开发沈阳—抚顺游，充分利用周边旅游资源。二是加强旅游基础设施建设，规范旅游商品开发与销售，优质的旅游基础设施建设是开发好旅游产业的基础，给予游客更好的游玩感受，开发旅游商品，销售抚顺当地特产，能够为旅游产业提供新的增长点。三是加大宣传力度，因为抚顺在多数人的印象中仍然是"煤都""重工业基地"的形象，因此，抚顺市应当加大旅游业的宣传力度，让"美丽旅游好去处——抚顺"深入人心。四是加强旅游行业监管，"创品牌容易，守住品牌难"，抚顺市在持续开发旅游行业的同时，应当进一步加强对旅游行业的监管，保障抚顺市旅游产业健康有序发展。

（六）培育引进人才，积极发展产学研相结合

人才集聚是产业创新的重要环节，产学研道路被无数次证明对经济发展具有重要的推动作用。因此，积极培育引进人才，积极发展产学研相结合，在当前"大众创业，万众创新"的背景下，对于抚顺市的经济转型发展具有重要的价值。抚顺市企业当前对于研发能力重视程度不够，且由于待遇较低，不利于留住人才。但如前文所述抚顺市有一定的科研基础，也有丰富的高校资源，因此抚顺市是有机会和能力培育引进人才，充分实现产学研有效结合。为此提出以下几点建议：

第一，育才、引才、留才，为城市经济转型创建人才智库。人才是产学研合作的重要环节，抚顺市应依托当地高等院校和科研院所进一步加强人才培养和引进，在借鉴国内外经验的基础上，探索出适合自身产学研结合的人才培养与引进方式，推进高校与企业的深入合作，建设实训基地，实现人才与产业一线的紧密衔接，同时鼓励有经济实力的企业与高校共同建立博士后工作流动站，共同培养高水平人才。借助高校资源，让高校尖端科研人员参与企业创新，提高企业的产品创新、管理创新能力。并且通过相关政策的出台，提升高水平人才的待遇，只有这样才能培育出人才，吸引到人才，最后留住人才。

第二，构建产学研合作平台，持续推进产学研发展。政府应当积极推进产学研平台的搭建工作，通过建设高新技术产业基地，搭建产

学研合作平台。以此为基础，吸引有能力的企业与国内外高校广泛合作，持续推进产学研结合发展，从而促进经济转型发展。

第三，持续完善产学研服务支撑体系。大力发展特色产业的技术支撑体系，完善科技创新体系的建设，政府需要为产学研平台提供有力的政策支撑与相关服务，加大对产学研发展的投入力度，引导企业争取国家相关创新基金的支持，并用政策保障产学研合作的健康运行。

第四节　内蒙古乌海市经济转型发展考察

乌海市位于内蒙古西南部，陕甘宁蒙交界处，矿产资源丰富，素有"塞外煤城"之称，是我国西北地区重要的煤炭化工基地。乌海市炼焦用煤占内蒙古地区已探明焦煤储量的60%左右，在已探测的焦煤储量中，优质焦煤占75%，为乌海市化工业发展提供了重要的能源支撑。国务院于1988年设立乌海市经济体制改革试验区，享有省级经济特权。① 得益于西部大开发战略实施，包兰铁路开通，乌海市作为煤炭资源重要储备城市之一，掀起资源开发热潮，并在数十年的资源开发中，乌海市为国家重工业的发展提供了重要的能源基础和保障。②

乌海市以煤炭资源为导向形成了以能源开采挖掘初加工为链条的工业体系。由于过度依赖于资源消耗，产业结构高度单一化，第一、第二、第三产业结构比例严重失衡。鉴于矿产资源的不可再生性和矿产企业的发展周期性，煤炭资源逐渐衰竭，煤炭资源型企业难逃关、停、并的命运，加之环保政策缺位，导致环境污染问题严重，社会稳定问题层出不穷。在此背景下，乌海市政府于2007年启动乌海市产

---

① 乌海市人民政府、内蒙古发展研究中心：《内蒙古乌海市资源型城市转型与可持续发展规划》，2012年。

② 于江：《资源枯竭型城市转型中发挥政府职能作用的研究——以内蒙古自治区乌海市为例》，硕士学位论文，西北大学，2015年。

业转型升级战略计划，历经十多年的产业转型升级，取得一定成果。

一 乌海市经济转型前状况

乌海市被列为"一五"时期国家主要煤炭资源型城市之一，由此拉开对乌海市以煤炭资源开发换取经济发展模式的帷幕。过度依赖于煤炭资源开采、初加工和单一追求 GDP 增长的经济发展方式，形成了乌海市特殊的不可持续产业格局和经济发展模式，造成了资源枯竭、产业结构畸形化严重、产品附加值低、环境污染等复杂难题，导致乌海市迫不得已走上了转型发展之路。

（一）煤炭资源趋于枯竭

截至 2011 年乌海市被列入国家资源枯竭型城市前夕，乌海市政府管理的煤炭资源可利用储量仅为 9.65 亿吨。由国家勘测队勘测得出在可利用的煤炭资源中，可以开采的煤炭仅占储量的一半。按照煤炭行业 65% 的采区回采率计算，可最终被利用的煤炭资源仅为 5 亿吨左右。出于国家发展战略调整要求以及环境保护需要，乌海地区煤炭资源年可消耗量仅为 3400 万吨，据此计算，乌海市行政区内，煤炭资源开采已不足 14 年，即在 2025 年之后乌海市将难有煤炭资源可供开采，乌海市已进入资源枯竭型城市行列。

（二）产业结构畸形、产品附加值低

由于长期依赖于煤炭资源开采、初加工，逐步形成以煤炭型产业为核心的第二产业独大，其他产业均以其为基础环绕发展，三大产业呈现不均衡发展趋势。从图8—4、图8—5中分析可知，2001年乌海市第一产业生产总值占比2.87%，第二产业生产总值占比65.13%，第三产业生产总值占比32%。2006年乌海市第一产业生产总值占比1.34%，第二产业生产总值占比63.59%，第三产业生产总值占比35.07%。对比2001年至2006年不同产业产值比重发现，整体上第一、第二、第三产业比例变化不大，尤其是第二产业长期占据高比例份额，而第一产业产值占比微弱。

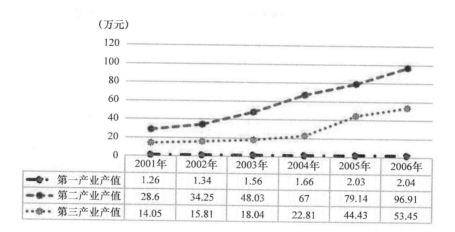

（万元）

	2001年	2002年	2003年	2004年	2005年	2006年
第一产业产值	1.26	1.34	1.56	1.66	2.03	2.04
第二产业产值	28.6	34.25	48.03	67	79.14	96.91
第三产业产值	14.05	15.81	18.04	22.81	44.43	53.45

图 8—4　2001—2006 年乌海市三大产业产值

资料来源：中华人民共和国国家统计局：《中国统计年鉴》（2001—2006 年），中国统计出版社 2002—2007 年版。

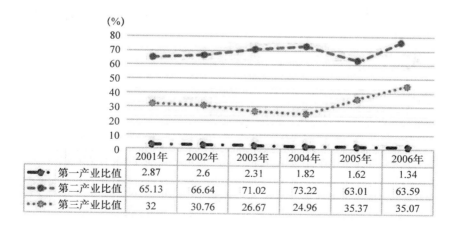

（%）

	2001年	2002年	2003年	2004年	2005年	2006年
第一产业比值	2.87	2.6	2.31	1.82	1.62	1.34
第二产业比值	65.13	66.64	71.02	73.22	63.01	63.59
第三产业比值	32	30.76	26.67	24.96	35.37	35.07

图 8—5　2001—2006 年乌海市三大产业产值比重

资料来源：中华人民共和国国家统计局：《中国统计年鉴》（2001—2006 年），中国统计出版社 2002—2007 年版。

导致产业结构失衡的主要原因有以下几方面：一是坐享资源优

势，全力发展技术含量低的开采、初加工为主导的第二产业，未给第一、第三产业发展足够的财政优惠扶持；二是为满足市场需求，乌海市形成了能源、化工、建材和冶金四大支柱产业，但仅停留在科技含量低的初加工产品，其产品附加值远远低于其生产过程中所产生的资源浪费、环境污染等综合价值，并且与一、三产业关联度低，未能促进一、三产业协同发展；三是煤炭型企业大都掌握在国有大中型企业手中，受矿产资源优势和利益驱使，以 GDP 增长论经济发展成为主导模式，加之管理体制不健全，轻重工业发展不均衡，更缺乏高、精、尖产业，致使乌海市产业结构转型难上加难。

（三）环境污染严重

乌海市地处毛乌素沙地、乌兰布和沙漠和库布其沙漠三大沙漠交界处，春秋季风沙不断，地处大陆深处，日照时间长，雨水稀少，土地严重干旱，近年来年平均温度呈上升趋势。长期以来，乌海市凭借矿产资源建立中心聚集点，"靠山吃山"的习惯使其哪里有矿就在哪里建立工业体系，走"先污染后治理"的经济粗放增长路线，以牺牲环境为代价换取 GDP 的增长，企业过度追求经济利益忽视生态环境保护。由于依靠开采煤矿建立的产业链条，消耗大量的资源给生态环境带来各种有害物质，如在开采运输过程中产生大量生产垃圾，对水、空气、土壤等分别带来不同程度的污染和破坏：

第一，水资源浪费污染严重。多数中小型企业通过土法炼焦，使用该法生产过程中要消耗大量水资源，产生的废水既未实现有效处理回收利用，也没有集中排放，反而直接排放至地表或地下导致地下水资源破坏，目前已导致乌海地下水近 50% 低于饮用水标准。

第二，空气污染严重。乌海地理位置特殊，中间低四周高，生态环境脆弱，自我净化能力差，不利于空气中污染物的自我扩散。由于长期以来煤炭等资源的单一化产业结构模式，加之普遍开发较早，设备陈旧，多以 20 世纪的老工业设备为主，更新换代跟不上，尤其是当地取暖等以锅炉供给热量能源较多，采用土法炼焦的大中小企业比比皆是，导致乌海市工业企业生产时向大气中排放大量的以 CO_2、SO_2 为主的有害气体。此外，乌海市市民日常生活中多数家庭以消耗煤炭资源为主，其中所产生的近 96.7% 的生活废气直接排入空气中，加之地理区位和季风影响，乌海市冬季雾霾十分严重。[①]

第三，生态破坏严重。由于煤炭资源特殊的形成过程，多埋藏于地表以下，对其的开采挖掘极易对地表植被、土壤造成直接破坏。加之有些企业环境保护责任意识较差，对开采区域后续维护处理不到位，即一次毁坏和二次维护不到位，使得地表生态环境毁灭性破坏，大量稀有物种走向灭绝。

第四，固体垃圾污染严重。由于长期坐享煤炭资源优势，乌海市多数企业选择煤炭作为主要能源燃料，并且以开采、初加工为主的企业占乌海市的半壁江山。因此，生产垃圾多以煤炭废弃物为主，一般采取直接倒掉的处理方式，利用效率极低，难以循环再利用，不仅浪费严重，还对存放垃圾的地表、地下水、土壤等造成严重污染破坏。[②]

二　产业转型升级 SWOT 分析

基于 SWOT 分析法，对乌海市转型升级中所面临的优势、劣势、机遇和威胁进行全面分析，有助于深入剖析影响其转型升级的经济因素、社会因素、生态环境因素等，为其他煤炭资源枯竭型城市转型升级提供借鉴。

（一）优势分析

1. 资源优势

乌海市由于特殊的地域形成过程，其资源独特且丰富。其中主要包括：

第一，煤炭资源。即便乌海市煤炭资源受过度开采影响趋于枯

---

① 边境祥：《乌海市资源型产业转型战略研究》，硕士学位论文，内蒙古大学，2013 年。

② 杨美霞：《乌海市大气污染现状及污染防治对策》，《内蒙古环境保护》1995 年第 1 期。

竭，但其存储量依旧巨大，可达 32 亿吨，全市总共 13.6 亿吨可开采。此外，乌海市周边地区煤炭存量仍十分丰富，目前已探明煤炭储量有 1000 亿吨之多。[①]

第二，电力资源。受不均衡产业结构的影响，乌海市供电系统和设备相对完善，尤其在国家的"十二五"计划之后，多个电力供应项目投入建设。截至 2007 年乌海市产业转型升级前夕，海电三期 2×30 万千瓦、蒙华热电二期 2×20 万千瓦等发电项目尽数投入使用，还有煤炭、黄河化工和京海等发电项目基本建成并也陆续投入使用。

第三，矿产资源。除煤炭资源外，乌海市目前已探明金属资源、非金属等共计 37 种，其中黏土储量约 3.85 亿吨、石灰石储量约 200 亿吨以上、食用盐储量约 1.6 亿吨、高岭土储量约 11 吨以上，且多数资源易挖掘开采，工业效用价值巨大。[②]

2. 位置优势

乌海市地处陕、甘、宁、蒙四省交界处，属于沿黄河经济带重要节点，是东部地区通往西北地区的重要咽喉要道，为东西部地区经济来往提供基点。鉴于此，乌海市自新中国成立之初就注重道路等交通基础设施的建设，截至目前，乌海市共建有 8 个铁路货运站、2 个铁路客运站，铁路整体货运能力达 1 亿吨，为货物的来往提供巨大的交通便利。此外，乌海市于 2009 年建成大型物流中心，为货物的东西往来提供分流。

3. 政策优势

自中华人民共和国成立以来，我国对乌海市经济社会发展高度重视。"一五"计划期间，被列为我国煤炭资源型城市，成为我国重点建设的重工业产业基地，国家对其给予更多的优惠政策偏向，乌海市

---

① 徐红燕等：《乌海市转型发展的经验及其启示》，《中国矿业》2016 年第 10 期。

② 于江：《资源枯竭型城市转型中发挥政府职能作用的研究——以内蒙古自治区乌海市为例》，硕士学位论文，西北大学，2015 年；高红艳：《乌海市产业转型研究》，硕士学位论文，内蒙古师范大学，2013 年。

不均衡的产业结构也由此产生。自改革开放以来，为逐步摆脱资源经济束缚，加大对外开放力度，乌海市结合内蒙古自治区鼓励招商引资举措，制定了多项优惠政策，加大招商引资力度。进入 21 世纪以来，西部大开发战略为乌海市转型发展带来新的机遇，鉴于乌海市东西重要节点的区位优势，为辅助其做好东西部衔接工作，在相关政府部门政策引导下，大量人力、物力源源不断输入乌海市，为其转型发展奠定坚实基础。

4. 工业产业优势

历经 50 多年依煤而建的发展，乌海市煤炭产业体系十分成熟，其中不仅有能源、化工、建材和特色冶金为基础的大规模产业，兼有轻工和机械等相关产业。截至 2007 年，能源方面，煤炭生产能力约为 1500 万吨，焦炭生产能力约为 500 万吨；化学工业方面，建立了以初加工为主的化工基础原材料工业生产体系，主要产品包括电石、聚氯乙烯、煤焦油等；建材方面，凭借自身资源优势，水泥产量 350 万吨，各类建材形成规模；金属方面，依靠金属资源基础，生产各种钢材制品和稀有金属制品。[①]

（二）劣势分析

1. 人才劣势

由于乌海市地处西北地区，生活居住条件相较于东部沿海地区仍有一定差距，外来引入人才相对稀少，人力资源多为自给自足的方式繁衍和聚集，人才体系也以当地人才构成为主。此外，由于乌海市第二产业从业人员占比较多，且第二产业对从业人员的劳动技能、职业素养等要求相对较低，当地居民均可满足工作需求，导致乌海市政府企业等相关部门无暇于加大人才引进力度，育才、引才、留才相关政策不够灵活，人才体系不健全。因此，乌海市整体人才紧缺，急需大

---

① 何志红：《乌海市资源型产业转型升级战略研究》，硕士学位论文，内蒙古大学，2013 年。

量人才涌入。[1]

2. 交通劣势

位于西北内陆地区的乌海市，物资运输多以铁路和公路为主，由此推动了乌海市公路交通迅猛发展的同时，不可避免地忽略了其他运输方式的发展，例如航空运输发展，乌海市虽然于2002年建立乌海机场，但转型前期仍以客运为主。随着产品生产能力和货运的增加，航空运输条件受限逐渐成为转型发展的制约因素。

3. 产业劣势

毫无疑问，不均衡的产业发展结构是导致乌海市资源枯竭面临转型的根本原因。享资源红利，不费吹灰之力得到经济快速发展，致使第二产业"一枝独大"，忽视第一、第三产业发展。在资源红利消失时，第一、第三产业无法及时衔接，新兴产业未得到应有发展，导致经济发展出现停滞甚至倒退，临时抱佛脚的应急措施也于事无补，为产业结构调整转型发展带来巨大困难。

4. 其他

乌海市属于温带大陆气候，常年降水稀少，日晒时间长，城市水资源需求量较大。到目前为止，乌海市水资源多以黄河流域地下水供给为主，但是伴随全球气候变暖和我国水土流失问题的加剧，黄河水资源多次出现枯竭，导致乌海市出现水资源危机。

总体来看，乌海市转型发展面临优劣势并存的局面，虽然产业发展不均衡，但依赖于以煤炭资源为主的第二产业体系发展相对成熟，形成以能源、化工、冶金和建材为支柱的四大特色产业板块，为转型发展奠定了一定基础。在乌海市转型发展过程中，应将重点放在发挥优势、弥补劣势、综合分析利用优劣势资源，以此打开转型发展的大门。

---

① 吴鹏：《资源枯竭型城市转型中人才发展规划研究——以乌海市为例》，硕士学位论文，内蒙古大学，2015年。

（三）转型发展机遇

1. 政策机遇

2000 年我国实施西部大开发战略，乌海作为重要节点城市，国家在宏观政策方面有意扶持，引导乌海市在资源、环境、经济等方面做好承上启下的衔接工作。2011 年乌海市被列入第三批资源枯竭型城市行列，国家为其产业转型升级提供专门化和系统化的战略性指导政策扶持，尤其允许当地税收用于地区城市产业转型升级建设，有效缓解转型过程中资金匮乏的难题。2013 年提出的"一带一路"国际多边合作倡议中，中蒙俄经济带（东北方向）也为乌海市创造了新的发展机遇，依托"一带一路"倡议扩大企业对外投资贸易，在延伸国外市场的同时倒逼产业链的拓展深化，拉动城市经济社会转型发展。

2. 市场发展机遇

内蒙古地区注重打造黄河主交通干线经济带，建立呼和浩特、乌海市和鄂尔多斯为主的小"金三角"经济带，通过政策扶持和资金补贴，重新整合小"金三角"经济带各类产业要素，以此带动非资源型产业发展。推动小"金三角"经济带工业体系的持续深化与发展，为乌海市同周边区域协同发展创造良好外部环境。同时，基于新基建建设工作的不断推进，对于能源、建材等原材料的需求进一步扩大，为乌海市四大产业板块的发展带来良好的市场机遇。此外，东部沿海地区劳动力等产业要素成本持续走高，迫切需要向基础原材料丰富、劳动力充足的中西部地区进行产业转移，乌海市在承接相关产业的同时，既可缓解转型过程中的就业压力，又可为转型发展吸纳外来资金、技术、人才等。

（四）威胁

1. 能源市场不稳

在市场经济中，产品通过自由竞争实现供给与市场之间均衡价格。随着我国对外开放程度不断加大，国际能源市场也对我国产生了一定冲击，虽然我国长期以来对能源等原材料采取计划经济手段，但在面临国际市场供大于求的局面，煤炭等能源不可避免遭遇国际市场的滑铁卢，价格犹如过山车般上下不定。此外，随着国家对生态环境保护力度不断加大，一般生产生活用煤需求开始持续走低，加之现代化科技的发展，多种煤炭可替代产品的出现必然对煤炭等自然能源产生威胁。

2. 周边城市的威胁

乌海市周边城市大多以资源开采、初加工为主，且产业结构、发展状态相似度高，几乎面临着相同的产业结构调整、生态环境修复等一系列转型问题，在争取国家、地区财政支持等方面竞争相对较大。同时，在众多相似城市中，乌海市没有绝对优势，在转型过程中"牵一发而动全身"，所以采取的转型措施相对保守。此外，小"金三角"经济带跨越不同城市，涉及众多利益相关方，并且各自为政，产权、技术等要素相对分散，对乌海市的转型升级带来一定阻碍。

3. 民生问题威胁

乌海市是以煤炭资源为主导的第二产业作为发展重心，职工整体技术技能偏低，如何安置因产业转型导致的大量下岗职工成为一大难题。此问题不仅关系到经济社会的平稳发展、地区劳动人口的民生保障，还关系到地区的社会稳定和长治久安。同时，乌海市以煤炭资源为主的中小企业众多，在关、停、并等相关措施实施下，此类中小企业面临巨大的债务问题，尤其是下岗职工安置费，对于乌海市的产业转型发展存在严峻考验。

三 乌海市经济转型升级和措施

（一）改造升级传统产业

乌海市凭借煤炭资源建立的产业体系已成为内蒙古乃至西北地区的支柱产业，但这种不均衡的产业结构严重制约了乌海市的可持续发展，为扭转此局面乌海市提出并实施了"三化"战略：传统产业新型化、支柱产业多元化、新兴产业规模化，① 主要采取了强化传统优势产业，开拓现代服务业，注重生态环境保护等措施，加快全市的经济转型和产业升级。乌海市通过对煤炭等支柱型产业改造升级，发展新材料、新能源、精细化和含有当地特色的加工制造产业，深化产业链条，逐步建立多元化产业体系。同时，因地制宜探寻循环发展和绿色可持续发展之路，以此实现资源的综合高效利用、降低污染。②

1. 四大产业改造升级

在国家政策和资金的支持下，乌海市一方面利用传统产业优势，深化产业链条，提高科技含量，另一方面引进高新技术推动基础产业改造升级，尤其是实现煤炭和氯碱工业的"两化"融合，以此实现循环发展和绿色可持续发展。

一是能源产业。乌海市以多元、清洁、高效的新型能源为标准建立能源生产体系，均衡能源产业结构体系，逐步减少煤炭等易耗能源的消耗、淘汰落后的能源供应链，加强新能源研发投入，实现能源企业的技术现代化，鼓励和引导大中小型企业合并，布局集中化，以此逐步实现以风、地热、电等能源对传统能源的替代。

二是化工产业。乌海市全面贯彻落实可持续发展战略，凭借成熟的煤炭资源型产业优势，着重发展以化学化工为主导的新兴产业，培育焦化、煤化工、硅化工为特色的重工业生产体系，着力促进产品向中高端化、多元化发展延伸。

三是冶金产业。通过对冶金业传统技艺实施改造，以新生产方式逐步取代落后的冶金生产方式。突破传统生产模式，发展生产合金产品、耐火、耐温等金属合成产品，逐步整合小规模企业，对以硅、镁等金属资源实现集群化、规模化生产加工，努力打造地方特色支柱性

① 何志红：《乌海市资源型产业转型升级战略研究》，硕士学位论文，内蒙古大学，2013 年。
② 魏洁：《乌海市绿色转型问题研究》，硕士学位论文，内蒙古大学，2017 年。

产业。

四是建材产业。引入高端科学技术，推动建材产品的深加工、精加工，创高端新兴建材之路。充分利用电石渣和粉煤灰发展水泥的同时，注重系列产品的延伸，提高产品附加值。利用当地高岭土、石灰石等资源优势对非金属矿物质深加工，实现经济新增长点。依靠丰富的硅资源发展玻璃制造和深度加工，大力发展玻璃制造业。

2. 实现传统产业链的延伸

在对传统支柱性产业改造的同时，利用产业优势深化产品加工，推动产品产业链的横向联合与纵向延伸，实现产业链的自我集群化和链条化，建立煤炭—电源—电网、电石—PVC 精加工，煤炭—焦油—焦油产品加工等产业集群。建设新兴产业园区，积极开展产品上下游互联互动，实现生产—加工—研发链条的充分结合。促进煤焦化、氯碱化等工业融合，提高产业衔接度，打造产业链稳固化、复杂化和相互依赖化生态体系。

（二）多元化产业培植

1. 旅游业

乌海市不均衡的产业结构致使第一、第三产业发展缓慢，旅游业更未得到有力扶持和发展，主要问题：一是旅游资源有限，人文建设等不尽完善。乌海市地域面积广阔，但有大片面积属于荒漠，旅游资源质量层次较低，同时忽视城市建设、人文历史保护，人文建设相对落后。二是旅游发展模式相对落后。长期以来旅游业未得到乌海市政府等相关部门重视，以旅游促进经济发展的意识淡薄，旅游公司稀少，缺乏创新规划，旅游产品开发程度低，大部分旅游景点处于原始初级状态，旅游业对经济贡献较小。三是财政资金缺位。乌海市旅游业始终未成为推动城市产业发展的重点产业，政策、资金常年缺位，并且社会资本投入的积极性也不高。

针对以上问题，乌海市自 2007 年产业转型升级，尤其是 2011 年划为资源枯竭型城市行列后，开始逐步关注旅游业对产业转型升级的重要性，由此拉开对旅游业的战略性规划和发展，采取主要措施主要如下：

第一，打造地方品牌，构建地方特色旅游。一是以甘德尔上台景区为龙头，利用黄河传统文化，打造黄河精神和黄河人文。二是利用乌海市地处三大沙漠交界处的地理区位优势，以金沙湾生态旅游区为龙头，以沙漠植被为核心，打造西北特色植被园林，发展自然原始风貌旅游业。三是利用蒙古族少数民族文化特色，挖掘民族文化艺术、宗教信仰、民族风情等历史优秀文化遗产发展旅游。尤其是将蒙古族传统特色运动项目，同游客的诉求点相结合，不定期地举办赛事活动。

第二，加大营销宣传。乌海市本着"统一规划、内外宣传、广泛宣传、重点推介"的原则，在打造自身旅游业过硬基础的同时，加大营销力度。利用多种宣传手段，在电视、广播、网站等媒介进行轰炸式的宣传，积极申办国际性、全国性以及省级赛事活动，并借势"造市"，深化旅游文化营销。

第三，政策及金融支持。乌海市政府利用各项减免优惠政策扶持旅游业发展。一是制定并实行税费减免政策，对于乌海市新建新兴景区，推出免除注册期起两年内所有税收的优惠政策；二是新建景区的政务管理费用一律按照最低限收取；三是旅游项目和基础设施建设的贷款给予最低贷款利率；四是与旅游业相关产业的建设，如餐饮、住宿等实施税率减免。与此同时，对于景区的不合法管理经营和其他不合法事件给予严厉打击，努力打造安全、健康、文明的旅游生态产业体系。[①]

2. 特色农业

乌海市地处黄河沿线，除沙漠地带以外，多数土壤肥沃，地广人稀使得多数土地未被充分利用，土地充足，价格相对低廉且污染面积

---

　①　甄春霞：《基于文化旅游产业融合发展的乌海市转型升级研究》，硕士学位论文，内蒙古大学，2017年。

较小。同时，乌海市虽然因煤炭开采造成了相对的水污染、水资源浪费，但未出现匮乏局面，可为以灌溉为主的农业提供富足的水资源。为此，乌海市加大对第一产业的重视，推进农业现代化、特色化、科学化发展，全面提高农业效益，整体提升农业发展水平。一是以当地气候条件和土壤类型为依据，通过培植大型农产品企业，发展蔬菜、瓜果等农作物产品，实现现代化经营管理，并通过引进龙头企业建立现代化农产品加工业，不断提高农产品生产能力，实现农产品效益的提升；二是通过发展绿色、无机有机、无毒农产品产业链，打造地方蔬菜生产区；三是建立农业生态、高新种植和技能培训相结合的产业基地，对农业从事人员加大培训；四是建立现代化的农牧业，实现农畜规模化养殖。①

（三）打造现代金融，建设商业服务平台

第一，乌海市结合地方需要，构建现代金融服务体系。一是通过多渠道构建融资多元化、金融现代化的服务平台；二是培育大中小金融机构，构建股份制金融机构，建立与地区发展相配套的金融网络，尤其是设立多网点的贷款服务中心；三是不断降低外资进入门槛，积极引导外资向多元化新兴产业汇集，建立金融信贷体系，重点培育投资现代化、服务标准化的金融体系。

第二，通过正确引导中介服务、总部经济和发展经济三大方向，建立完备的现代商务服务中心，构建各行业与金融体系相匹配的服务格局。一是通过建立商务区，实现产业与金融等服务的协调发展；二是以"书法城"为切入点，利用地方特色优势开展特色产业博览会；三是逐步吸引外商在乌海市设立分支机构和合作中心，提高产业服务平台集群度。②

---

① 宋玥霞：《乌海资源型城市经济转型研究》，硕士学位论文，内蒙古大学，2011年。
② 张垚：《内蒙古资源型城市产业转型升级的财政政策研究》，硕士学位论文，内蒙古财经大学，2015年。

第三，利用地理区位优势，发挥物流中心作用。乌海市作为资源和产品输出地和集散中心，不断加大物流配套设施，设立各产业和产品的相关物流集散中心，实现产品由生产到集散运输的无缝连接，提升完善物流服务功能。同时，规范市场网点，积极引进培育各种物流链，发展大中心物流类型实现多渠道的物流流通方式。

第四，大力发展房地产行业。在中央政府政策的指引下，利用地方特色打造"乌海情节""宜居乌海"的地产品牌，发展高端地产、生态地产，大力培育地产行业的龙头企业，完善现代地产行业与各产业的相互支撑体系，培育多元化支撑链条。

（四）生态环境保护

1. 从产业转型升级入手，实施绿色化生产运营

第一，将产业结构调整作为改善其生态环境的工作重心。对于高污染、高耗能、低产出的企业一律实行限期整改，对于限期整改不合格的企业采取直接关停，着重对四大支柱产业进行改造升级。政府给予相应的政策偏向和资金补贴，鼓励企业改善传统技术，自主创新，提高资源的有效利用率，鼓励企业走绿色可持续发展之路。在相关工业园区建立配套的工业废水废物处理中心，强制企业清洁生产，切实控制污染物排放。

第二，改变传统生产模式，实施绿色化生产运营。资源型城市发展初期一般是以矿产资源开采、初加工为主导产业，在生产过程中多数初级产品直接进入生产链，产生了大量价值含量高、再利用程度高的"三废"产品，最适合发展循环经济。因此，乌海市对"三废"产品的用途进行深入分析，建立相对应的"三废"产品再加工利用产业链条，逐步实现整个产业链条的循环发展。借助传统的煤焦化和氯碱产业已有的基础优势，通过引进关系链项目，加大投资，发展焦炉煤气制天然气、抽水蓄能、太阳能光伏发电等接续产业，能源消耗中多以清洁能源替代传统初级能源，实现绿色生产，通过对生产过程"三废"的再处理实现循环生产。同时，紧抓传统产业在生产过程中

技术设备改造、生态环境保护、循环利用等问题，逼迫企业自行改变传统生产模式，实施绿色化生产运营，建立绿色发展方式。[①]

2. 加大生态环境保护力度，构建宜居、宜业生态环境

以"两化论"为指导，从发展理念和实践两方面共同践行"两化论"绿色发展理念，正确处理生产生活和生态环境之间的关系，逐步引导企业走绿色发展之路，也同时意识到生态环境的经济效益，使两者相辅相成共同发展。建立地方生态环境保护中心，一方面加强黄河湿地、森林、耕地等保护力度，另一方面构建绿洲防线，实施沙漠综合治理，搭建山、水、路、景相协调的生态绿化带，有效遏制沙漠入侵。此外，建立环境审查监督机构，对企业生产和城市管理实施有效及时追踪调查，特别对企业生产实行调研监督机制，对在生态环境保护中的不作为或违法行为严厉查处打击。

四 乌海市经济转型升级取得积极成效

（一）传统产业得以强化升级，产业结构更加协调优化

乌海市于 2007 年开始探索城市产业转型升级之路，尤其是于 2011 年划为国家资源枯竭型城市之列后，不断加大产业升级力度，历经十余年的产业转型升级之路，产业结构更加优化，三大产业生产总值占比趋于协调，第一、第二、第三产业呈逐步均衡的发展态势。如图 8—6 和图 8—7 所示：

从图 8—7 中我们不难看出，2006—2016 年，第一产业整体变动不大，仍处于下降趋势，2006 年与 2016 年相比第一产业生产总值占比下降了近一半。第二产业生产总值占比自 2011 年起出现下降，特

---

① 徐红燕等：《乌海市转型发展的经验及其启示》，《中国矿业》2016 年第 10 期；吴鹏：《资源枯竭型城市转型中人才发展规划研究——以乌海市为例》，硕士学位论文，内蒙古大学，2015 年；宋玥霞：《乌海资源型城市经济转型研究》，硕士学位论文，内蒙古大学，2011 年；曲娜：《内蒙古煤炭资源枯竭型城市转型效果及影响因素研究》，硕士学位论文，内蒙古师范大学，2015 年。

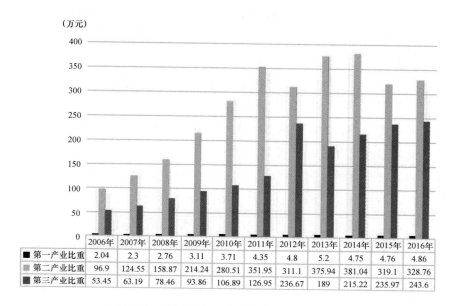

图 8—6 2006—2016 年乌海市三大产业产值

资料来源：中华人民共和国国家统计局：《中国统计年鉴》（2006—2016 年），中国统计出版社 2007—2017 年版。

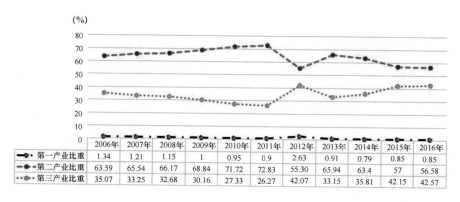

图 8—7 2006—2016 年乌海市三大产业产值比重

资料来源：中华人民共和国国家统计局：《中国统计年鉴》（2006—2016 年），中国统计出版社 2007—2017 年版。

别是自 2014 年开始呈逐年下滑趋势。但可喜的是第三产业生产总值占比于 2011 年起呈逐年递增的良好态势。仅此看来，乌海市经济转型颇具成效。

在此期间，乌海市积极推动创新驱动工作，科研经费投入逐年提升。截至 2016 年，全市共有研究院 6 家，研发中心 15 家。初步形成了以传统优势产业为基底向多元化产业发展的新格局，以深化产业链而形成的多元化产业，不仅解决了单一化产业结构带来的发展制约，同时为未来经济的发展选择提供多样性的着力方向。其中装备制造业便是乌海市转型发展的典型代表。2012 年乌海市以成熟的金属生产制造业为基础，通过引进新产品生产线发展以组装制造为主的产业链板块，产品零件生产制造组装基地。截至 2015 年初，装备加工制造业已成为乌海市成熟的支柱产业之一。此外，以精细化产业为龙头的产业链在乌海市初步建立，精细化产业链对乌海市产业总值的贡献逐年提升。到目前为止，乌海市已建立 36 家精细化工业企业，产品种类齐全，科技含量高。

（二）新兴产业取得长足发展

乌海市经济发展模式长期受制于不合理不协调的产业结构，自经济转型以来，注重培育发展新兴产业，并在转型中取得一定成效，其中以旅游业和服务业最为显著，特别是旅游业逐渐成为转型舞台上的重要角色，开始"登台唱戏"。

乌海市利用"西北风情"民族特色的优势，充分挖掘整合乌海地区旅游资源，打造乌海当地旅游品牌。自 2011 年至 2015 年底，乌海市入境游客人数达 168.18 万人次，实现旅游业收入 23.97 亿元，占 2015 年 GDP 的 2.4%，容纳就业人数达 0.75 万人。旅游业的突破式发展主要体现在三方面：一是以水为魂，整合特色旅游资源。乌海市围绕母亲河和乌海湖，打造乌海路、乌兰淖尔生态园、龙游湾湿地等著名旅游休闲区；构建了以乌兰布和沙漠、金沙湾景区、龙游湾湿地公园、四合木生态文明景区为主体的生态观光游；结合民族特色打造了以"中国书法城"、蒙古族家具博物馆等为主题的文化体验游；依托传统产业基地，打造工业矿业园区，与旅游充分结合实现资源的多方位利用。二是各方互动，共谱旅游蓝图。乌海市通过与宁夏、阿拉善等周围地区合作，建立沙漠绿洲农家乐，实行宁夏、阿拉善和乌海市的"一票游"，充分促进了旅游业的发展。三是服务水平提升，基础设施逐步完善。乌海市为促进旅游业的发展举办各种文化活动，实现旅游业与地方经济的融合，营造旅游氛围。截至目前乌海市已建国家 A 级旅游景区 9 个，旅行社 24 家，星级酒店 16 家，地方旅游纪念品种门类多达 11 种。

乌海市"十二五"期间服务业发展迅速，年均增长 9.8%，尤其是以物流为统领的现代服务业的建立，为乌海资源和产品的转换提供了媒介。截至 2017 年，乌海市快递服务企业业务量累计完成 192.78 万件，同比增长 21.8%，业务收入累计完成 4430.46 万元，同比增长 20.5%。[①] 物流服务业的发展为经济转型升级不仅提供了产品的交易媒介，也实现了服务业对经济增长的新贡献。

（三）就业民生问题得到有效解决

乌海市在经济转型发展中，注重妥善解决就业民生问题，取得了可喜成效，具体可从图 8—8 中得到体现。如图显示，乌海市 2007—2016 年三大产业就业比例中，第一产业从业人口比重变动微弱，近 10 年发展较为均衡。第二产业从业人口比重出现下降趋势，第三产业从业人口比重开始逐步上升。由于产业的转型升级，受惠最大的职工群体收入特征变化最为明显：2001 年乌海市城镇居民家庭人均可支配收入为 5101 元，而 10 年后的城市居民人均可支配收入达到 22349 元，2014 年城镇居民人均可支配收入达到 27991 元。人均收入的提升不仅反映产业转型升级的成效，也反映了城市民生问题得到了良好解决。

---

① 《乌海市 2017 年国民经济和社会发展统计公报》，乌海市统计局门户网站，2018 年 4 月 25 日，http：//tjj. wuhai. gov. cn/website/publishServlet? publish_ id =437886。

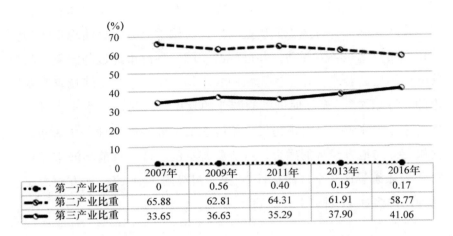

	2007年	2009年	2011年	2013年	2016年
••• 第一产业比重	0	0.56	0.40	0.19	0.17
→ 第二产业比重	65.88	62.81	64.31	61.91	58.77
— 第三产业比重	33.65	36.63	35.29	37.90	41.06

图 8—8　2007—2016 年乌海市三大产业从业人口比重

资料来源：中华人民共和国国家统计局：《中国统计年鉴》（2007—2016 年），中国统计出版社 2008—2017 年版。

（四）环境保护

　　生态环境问题的有效解决是转型升级成功与否的重要衡量标准。乌海市矿业工业所产生的生产垃圾，因环保意识不到位、重视程度不够等原因，多数在生产、运输、销售过程中被直接丢弃处理，造成了严重的生态环境问题。自转型以来，矿业企业积极探索垃圾处理无害化工作，所取得的效果显著。如图 8—9 所示，自 2007 年开始注重对有害垃圾实行分类处理，转化为无害垃圾，垃圾无害化处理率保持在80％以上，并逐年提高。同时，着重解决工业粉尘、扬尘污染等空气污染和水资源污染问题，逐渐将空气达标率提升至 63.7％，污水处理率也基本保持在 80％以上水平。

　　为解决地表植被破坏等绿色植被的生态问题，乌海市先后投入 40亿资金，建立林业项目。目前为止，乌海市林地面积达 50 多万亩，绿地覆盖率达 42.2％，前后被评为我国国家园林城市和全国绿化模范城市。

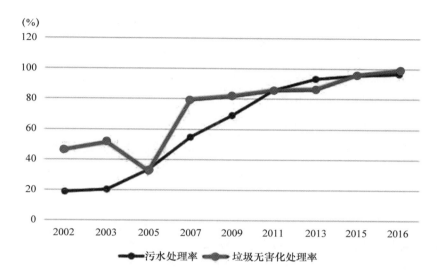

图 8—9 2002—2016 年乌海市污水、垃圾变化趋势

资料来源：中华人民共和国国家统计局：《中国统计年鉴》（2002—2016 年），中国统计出版社 2003—2017 年版。

五 乌海市产业转型升级过程存在的问题及不足

（一）绿色发展较弱

作为"依煤而建"的资源型城市，乌海市传统煤炭资源型产业仍是其支柱产业之一，虽然在转型升级过程中积极推行绿色生产方式，但由于处于从传统高耗能生产方式向绿色生产方式转型的过渡期，特别需要较高的调节成本来支撑，尤其是利用传统生产方式生产产品的作坊或企业，其自我生产设备的改善等同于重新创业和发展，一切从零开始，加之企业对绿色生产方式认识不足，依旧过度依赖于过去的生产方式，导致企业绿色生产实施程度较低，资源利用不足，产出低下。[1] 生产设备的更新换代并不代表企业能够实现

---

① 徐红燕等：《乌海市转型发展的经验及其启示》，《中国矿业》2016 年第 10 期；甄春霞：《基于文化旅游产业融合发展的乌海市转型升级研究》，硕士学位论文，内蒙古大学，2017 年。

绿色生产和绿色管理运营。企业的绿色发展必须以人为基础，但鉴于从业人员整体绿色发展观念意识淡薄，绿色发展能力不足，企业培训不到位，导致多数企业存在从硬件设备实现了绿色升级，而人工理念等软性能力并不强。

因此，在企业绿色生产程度较低的情况下，部分企业仍旧存在污染严重、资源浪费、产能低下等问题。绿色发展作为产业升级的重要目标之一，对乌海市而言任重而道远。

（二）创新能力不足

创新是企业赖以生存的源泉，是产业转型升级的动力，是产业实现长足发展的保障。但目前由于多数传统产业企业的发展技术含量低，对创新需求较小，甚至少数企业选择低创新甚至不创新。部分企业在实现产业升级过程中，面对产业优化能力不足，尤其是资金的缺位、不到位和地方创新扶持政策不完善，加之企业对产业转型升级认识不到位，导致企业囿于过去的生产运营方式，而非选择内部创新实现产业转型升级。乌海市资源型企业多以国有企业为主，国有企业的体制惯性在一定程度上限制了企业的创新。国有企业管理者满足于现状，甚至把国有企业作为养老平台，对于企业创新和人才培训投入远远不足，多数资金用于管理者的奖励考核中而非科研人员，这促使企业满足于现有运营状态，缺乏创新主动性。此外，乌海市地处西北地区，地方高校数量有限，教育资源不足和人才匮乏，乌海市创新人才资源有限，即便存在部分创新，由于创新的转化动力不足，使得创新无法用于企业生产和产业的转型升级，这进一步导致乌海市创新力度不足。

（三）区域协调有待加强

乌海市位于三省区交界处，周围多以资源型城市为主，在乌海市产业转型升级过程中，必定牵一发而动全身，对周边城市带来一定影响。因此，乌海市转型升级不能"闭门造车"，要与国家和周边城市协调发展。乌海市与周边城市之间由于发展所依赖的资源雷同，产业结构相似度高，相关产业竞争激烈，逐步形成了以利益为中心的城市关系。但在区域协调发展期间，仅靠一个城市的转型升级之力是不足的，需要打破行政区划的界限，实现政策体制机制、金融支撑体系、监督体系等协同发展。特别需要关注民众的生态环保意识，从根本理念上转变为绿色生产生活方式。乌海市在转型升级过程中，虽然取得了一定成效，但与周边城市间的协调度不够，个别企业仍处于自我独立运行发展状态，无法将产业向周边城市横向拓展，导致企业可持续发展受限。同时，受行政区划限制，在跨区域生态环境治理、产业联合发展等方面不得快速推进，转型发展依旧困难重重。

六　乌海市经济转型升级政策建议

（一）加大创新力度

第一，同步发挥市场自由调节和政府宏观调控作用。自中华人民共和国成立以来，资源要素定价一直掌控在国家手中，市场经济也没有充分发挥其原有的作用，想要实现资源型城市的成功转型，就必须将市场和政府两只手相结合，在实现市场自动配置资源的同时，发挥政府的引导和扶持功能。在乌海市资源型产业发展过程中，主要以国家宏观调控为主，大型资源型企业均为国有企业，乐享资源优势，可持续发展理念淡薄，致使管理、监督等体制不健全，政府未能充分发挥"看得见的手"的作用，加之市场调控的缺失，城市经济社会发展受限。因此，在资源型城市经济转型过程中更要同步发挥市场自由调节和政府宏观调控作用，从发展理念、行政管理等方面进行体制机制创新，以创新型政府引导，市场主体主导，从根本上不断优化转型升级的发展环境。

第二，加速培育创新型人才队伍。人才作为创新的主体，是推动资源型城市转型升级的核心力量，要着眼于建立发现、培养、引进和利用全方位综合性人才培养机制，充分发挥各层次人才在城市转型升级中的积极性、创新性、创造性等优势。尤其可以龙头产业、重点项目为依托，在产业升级改造过程中，建立人才培养体制机制，一方面以资金奖励等形式，鼓励自家企业员工提升技能、自主创新，另一方面以多元合作等形式，加强与高校科研院所中高端知识人才合作，实现人才促进产业升级，产业促进人才培养的良性循环。同时，在人才引进和培养过程中注意人才的配套设施建设，帮助其解决生活问题，尤其是为科研人才提供并确保便利条件。[①]

第三，不断优化自主创新环境。营造良好的自主创新环境是资源型城市成功转型升级的基础。一是营造良好的营商环境。通过对自主创新企业加大税收减免力度，提供财政和金融支持，实现企业向自主创新转变；二是营造良好的法律环境。通过建立完备的产权知识保护体系，促进科研成果的产权保护和转化，保障科研人员自主创新的积极性。

（二）促进绿色发展

第一，培育绿色发展理念。城市转型升级是经济、社会、政治、生态、文化共同转型发展的过程，要从根本思想中植入绿色可持续发展理念，才能真正推动资源型城市成功转型升级。企业作为产业转型升级的主体，其发展模式直接决定着产业升级是否成功。产业转型升级过程必须以绿色发展理念作为指导，实现绿色生产运行。企业自身首先需要培育绿色发展理念，以绿色可持续发展作为企业的发展指导，促使企业从观念上改变传统的发展方式，培育新型的绿色发展方式。[②]

第二，实施绿色资金管理。企业在资金财务的管理过程中需要改

---

① 吴鹏：《资源枯竭型城市转型中人才发展规划研究——以乌海市为例》，硕士学位论文，内蒙古大学，2015 年。

② 罗福周、陆邦柱、邢孟林：《循环经济视角下产业集群转型中优势产业的选择研究》，《南京社会科学》2017 年第 12 期；魏洁：《乌海市绿色转型问题研究》，硕士学位论文，内蒙古大学，2017 年。

变过去财务统计方式和列报方式，推出新型的绿色指标，使得绿色财务体系代替传统财务体系，促进绿色财务管理体系融入产业的各个价值链板块。加快建立绿色金融体系，有效防范绿色风险。政府对绿色发展企业予以政策上的优惠支持，资金上的补贴，尤其是对绿色可持续发展项目，加大扶持力度，促进企业的绿色可持续发展，进而实现产业升级和企业发展的同步进行。①

第三，鼓励绿色创新。创新作为企业发展的动力，能够从根本上左右企业的发展方式和运营方式。为此，政府需要鼓励企业践行绿色创新，将绿色创新和企业发展方式相结合，并通过规范市场环境，加大对市场上绿色产品税收减免等优惠力度，对于高耗能、高污染、低附加值的产品实施严格管控，进而倒逼企业选择绿色可持续发展方式，实现绿色创新。

（三）促进协调发展，实现成果共享

第一，促进城乡产业同步发展。城乡差距是各大城市普遍存在的问题。资源型城市因资源优势及利益驱使，有规模大小不一的作坊或企业坐落于乡镇中，带来了一时的发展，却因技术缺乏导致的生态环境等问题与城市间拉开了更大的距离。因此，资源型城市转型发展要对城乡产业统筹协调，对城乡内规模小、污染重的中小型企业进行改造、合并，并对乡镇政府和企业给予相应的技术、资金等偏向支持，促进城乡间经济、资源、环境等协调运行。

第二，促进区域同步发展。资源型城市往往因资源种类相似，与周边城市形成"抱团式"发展模式。"一枝独大"的转型升级发展无法带动整个区域的发展，由此可见，协调区域统筹发展共同致力于城市经济转型升级尤为重要。为此，可与周边城市建立区域产业升级平

---

① 孙龙涛：《资源枯竭型城市循环经济发展评价及实证研究》，硕士学位论文，北京化工大学，2012年；赵雁琴：《循环经济发展模式在煤炭企业发展中的运用》，《现代经济信息》2017年第9期。

台，定期与不定期地举行城市转型发展联席会，制定共同发展战略，融入区域整体发展，参与制定和享受区域贸易优惠政策，促进区域贸易协调，实现产业升级成果共享。

参考文献

著作

《十九大报告关键词》编写组：《十九大报告关键词》，党建读物出版社 2017 年版。

曹洪军：《环境经济学》，经济科学出版社 2012 年版。

曹洪军：《中国环境经济学的现代理论与政策研究》，经济科学出版社 2018 年版。

丁鸿富、虞富洋、陈平：《社会生态学》，浙江教育出版社 1987 年版。

高吉喜：《可持续发展理论探索：生态承载力理论、方法与应用》，中国建材工业出版社 2001 年版。

李秀果：《大庆区域发展战略研究》，《区域发展战略研究·总论》，人民出版社 1992 年版。

齐建珍：《资源型城市转型学》，人民出版社 2004 年版。

孙雅静：《资源型城市转型与发展出路》，中国经济出版社 2006 年版。

王恒礼、毕孔彰：《地学哲学与构建和谐社会》，中国大地出版社 2006 年版。

于言良：《资源型城市转型研究——以阜新经济转型试点市为例演绎》，辽宁工程技术大学出版社 2005 年版。

张米尔：《市场化进程中的资源型城市产业转型》，机械工业出版社 2004 年版。

中共中央文献研究室：《习近平关于社会主义生态文明建设论述摘编》，中央文献出版社 2017 年版。

中央党校哲学教研部：《五大发展理念》，中共中央党校出版社 2016 年版。

周一星：《城市地理学》，商务印书馆 1995 年版。

朱德元：《资源型城市经济转型概论》，中国经济出版社 2005 年版。

译著

［阿］穆罕默德·本·拉希德·阿勒马克图姆：《我的构想——迎接挑战、追求卓越》，张宏、薛庆国、齐明敏译，外语教学与研究出版社 2007 年版。

［美］詹姆斯·W. 沃克：《人力资源战略》，吴雯芳译，中国人民大学出版社 2001 年版。

［英］阿尔费雷德·马歇尔：《经济学原理》，廉运杰译，华夏出版社 2005 年版。

［英］大卫·皮尔斯：《绿色经济蓝图》，何晓军译，北京师范大学出版社 1996 年版。

［英］克里斯多夫·M. 戴维森：《迪拜：脆弱的成功》，杨富荣译，社会科学文献出版社 2014 年版。

［英］威廉·配第：《赋税》，邱霞、原磊译，华夏出版社 2006 年版。

［英］威廉·配第：《政治算术》，陈东野译，商务印书馆 1978 年版。

论文

安慧、张斓奇：《资源枯竭型城市可持续发展定量评价：以黄石市和潜江市为例》，《中国矿业》2017 年第 12 期。

陈芬、张琛琛：《绿色发展的价值思考》，《长沙理工大学学报》（社会科学版）2018 年第 6 期。

陈红霞：《资源枯竭型城市的经济发展路径——以枣庄市为例》，《城市问题》2011 年第 8 期。

陈可嘉、臧永生、李成：《福建省产业结构演进对城市化的动态影响》,《城市问题》2012 年第 12 期。

陈茜:《煤炭资源枯竭型城市转型发展路径研究》,《煤炭经济研究》 2017 年第 12 期。

陈强、高峰、李丁:《资源型城市转型期老城区规划研究——以平顶 山市新华区为例》,《现代城市研究》2013 年第 5 期。

崔文静:《资源型城市转型的制约因素与途径研究》,《企业改革与管 理》2017 年第 7 期。

代嗣俊、董殿文:《政府行为对煤炭资源型城市转型的影响研究》, 《煤炭经济研究》2018 年第 9 期。

丁湘城、张颖:《资源型城市转型与发展模式选择——基于生命周期 理论的研究》,《江西社会科学》2008 年第 8 期。

董锁成、李泽红、李斌等:《中国资源型城市经济转型问题与战略探 索》,《中国人口·资源与环境》2007 年第 5 期。

杜辉:《资源型城市可持续发展保障的策略转换与制度构造》,《中国 人口·资源与环境》2013 年第 2 期。

杜勇:《我国资源型城市生态文明建设评价指标体系研究》,《理论月 刊》2014 年第 4 期。

樊杰、孙威、王玉平:《"矿产资源—基础工业"发展战略的综合集 成研究——以中国东部地区为例》,《中国矿业大学学报》2004 年 第 4 期。

樊杰:《我国煤炭城市产业机构转换问题研究》,《地理学报》1993 年 第 3 期。

方大春、张凡:《人口结构与产业结构耦合协调关系研究》,《当代经 济管理》2016 年第 9 期。

方行明、魏静、郭丽丽:《可持续发展理论的反思与重构》,《经济学 家》2017 年第 3 期。

傅永贞、卫晓燕:《金融支持煤炭资源型城市经济升级转型探析—— 以陕西韩城市为例》,《西部金融》2013 年第 11 期。

谷国锋、张媛媛、姚丽：《东北三省经济一体化与生态环境的耦合协调度研究》，《东北师大学报》（哲学社会科学版）2016年第5期。

谷缙等：《山东省生态文明建设评价及影响因素——基于投影寻踪和障碍度模型》，《华东经济管理》2018年第8期。

顾朝林：《城市转型发展和创业城市综论——兼论广州的转型发展》，《城市问题》2013年第11期。

官锡强：《国外资源型城市经济转型思路及对我国的启示》，《改革与战略》2005年第12期。

韩学键、元野、王晓博等：《基于DEA的资源型城市竞争力评价研究》，《中国软科学》2013年第6期。

何雄浪、姜泽林：《自然资源禀赋、制度质量与经济增长——一个理论分析框架和计量实证检验》，《西南民族大学学报》（人文社会科学版）2017年第1期。

胡鞍钢、周绍杰：《绿色发展：功能界定、机制分析与发展战略》，《中国人口·资源与环境》2014年第1期。

胡雅蓓、邹蓉：《新常态下碳减排与经济转型多目标投入——产出优化研究》，《资源开发与市场》2018年第8期。

黄晓军、李诚固、黄馨：《东北地区城市化与产业结构演变相互作用模型》，《经济地理》2008年第1期。

纪明、杜聪聪：《产业结构演进对城镇化影响的实证检验》，《统计与决策》2017年第17期。

江崇莲、赵红梅：《资源型城市可持续发展内生增长路径研究》，《煤炭经济研究》2018年第1期。

焦华富：《试论我国煤炭城市的可持续发展》，《安徽师范大学学报》（人文社会科学版）2001年第1期。

金悦、陆兆华、檀菲菲等：《典型资源型城市生态承载力评价——以唐山市为例》，《生态学报》2015年第14期。

兰国辉、荀守奎：《供给侧改革下我国资源型城市发展转型研究》，

《江淮论坛》2017 年第 6 期。

李程骅：《国际城市转型的路径审视及对中国的启示》，《华中师范大学学报》（人文社会科学版）2014 年第 2 期。

李峰：《深入实施新旧动能转换重大工程 加快资源型城市创新转型持续发展步伐》，《山东经济战略研究》2018 年 2 月 15 日。

李贵芳、马栋栋、徐君：《典型资源型城市脆弱性评估及预测研究——以焦作—大庆—铜陵—白山市为例》，《华东经济管理》2017 年第 11 期。

李江龙、徐斌：《"诅咒"还是"福音"：资源丰裕程度如何影响中国绿色经济增长?》，《经济研究》2018 年第 9 期。

李晶、庄连平、舒书静：《城市化质量与产业结构协调发展度的测算》，《统计与决策》2014 年第 19 期。

李晟晖：《矿业城市产业转型研究——以德国鲁尔区为例》，《改革与理论》2002 年第 6 期。

李文彦：《煤矿城市的工业发展与城市规划问题》，《地理学报》1978 年第 1 期。

李彦军、叶裕民：《城市发展转型问题研究综述》，《城市问题》2012 年第 5 期。

李仲均：《中国古代用煤历史的几个问题考辨》，《地球科学（武汉地质学院学报)》1987 年第 6 期。

连璞、黄桦：《关于中国煤炭价格市场化形成机制第一周期的思考》，《中国煤炭》2010 年第 4 期。

梁官考、李维：《内蒙古现代煤化工产业发展现状及趋势分析》，《中国煤炭》2018 年第 7 期。

刘春燕、谢萍、毛端谦：《资源衰退型城市接续产业选择研究——以江西萍乡市为例》，《地理科学》2014 年第 2 期。

刘刚、陈真：《资源型城市的产业结构调整策略研究》，《中国国土资源经济》2008 年第 11 期。

刘刚：《资源和要素价格改革初探》，《宏观经济管理》2005 年第
　7 期。

刘金林：《黄石工业遗产开发与利用对策研究》，《湖北理工学院学
　报》（人文社会科学版）2016 年第 2 期。

刘吕红：《西部资源枯竭型城市转型路径选择及政策设计》，《青海社
　会科学》2009 年第 6 期。

刘吕红：《"资源诅咒"与我国资源型城市可持续发展路径》，《经济
　管理》2008 年第 13 期。

刘思华：《科学发展观视域中的绿色发展》，《当代经济研究》2011 年
　第 5 期。

刘益宇：《可持续性的突现：社会—生态系统的知识生产模式探析》，
　《自然辩证法研究》2017 年第 12 期。

刘永强等：《土地利用转型的生态系统服务价值效应分析——以湖南
　省为例》，《地理研究》2015 年第 4 期。

柳泽、周文生、姚涵：《国外资源型城市发展与转型研究综述》，《中
　国人口·资源与环境》2011 年第 11 期。

鲁春阳等：《基于改进 TOPSIS 法的城市土地利用绩效评价及障碍因子
　诊断——以重庆市为例》，《资源科学》2011 年第 3 期。

陆小成、冯刚：《生态文明建设与城市绿色发展研究综述》，《城市观
　察》2015 年第 3 期。

吕建文：《走绿色发展之路 实现资源型城市转型——以山西省阳泉市
　为例》，《中共山西省直机关党校学报》2017 年第 6 期。

罗福周、陆邦柱、邢孟林：《循环经济视角下产业集群转型中优势产
　业的选择研究》，《南京社会科学》2017 年第 12 期。

罗怀良：《改革开放以来中国资源（枯竭）型城市转型实践》，《四川
　师范大学学报》（自然科学版）2015 年第 5 期。

马立敏、李友俊、孙菲等：《东北地区资源衰退型城市工业遗产旅游
　开发研究》，《黑龙江八一农垦大学学报》2017 年第 4 期。

马世骏、王如松：《社会—经济—自然复合生态系统》，《生态学报》1984 年第 1 期。

麦方代：《煤炭矿区规划环评实践——以新疆白杨河矿区总体规划环评为例》，《环境保护》2017 年第 22 期。

牛文元：《可持续发展理论的内涵认知——纪念联合国里约环发大会 20 周年》，《中国人口·资源与环境》2012 年第 5 期。

逄锦聚：《"十三五"经济发展的新动力》，《中国高校社会科学》2016 年第 1 期。

秦志琴、郭文炯：《区域空间结构的"资源诅咒"效应分析——基于山西的实证》，《中国人口·资源与环境》2016 年第 9 期。

任建雄：《资源型城市产业转型的有序演化与治理对策》，《生态经济》2008 年第 7 期。

沙占华：《习近平新时代中国特色社会主义思想中的生态文明观探析》，《中共石家庄市委党校学报》2018 年第 10 期。

邵帅、范美婷、杨莉莉：《资源产业依赖如何影响经济发展效率？——有条件资源诅咒假说的检验及解释》，《管理世界》2013 年第 2 期。

邵帅、杨莉莉：《自然资源丰裕、资源产业依赖与中国区域经济增长》，《管理世界》2010 年第 9 期。

沈镭、程静：《矿业城市可持续发展的机理初探》，《资源科学》1999 年第 1 期。

沈正平：《优化产业结构与提升城镇化质量的互动机制及实现途径》，《城市发展研究》2013 年第 5 期。

宋丽敏：《城镇化会促进产业结构升级吗？——基于 1998—2014 年 30 省份面板数据实证分析》，《经济问题探索》2017 年第 8 期。

宋飏、肖超伟、王士君等：《国外典型矿业城市空间可持续发展的借鉴与启示》，《世界地理研究》2011 年第 4 期。

苏文：《政府转型——中国资源型城市经济转型之路》，《北京联合大学学报》（人文社会科学版）2009 年第 4 期。

孙浩进：《我国资源型城市产业转型的效果、瓶颈与路径创新》，《经济管理》2014 年第 10 期。

孙明琦：《促进资源枯竭型城市转型的政策支持系统构建》，《商业经济》2012 年第 15 期。

孙平军、修春亮：《脆弱性视角的矿业城市人地耦合系统的耦合度评价——以阜新市为例》，《地域研究与开发》2010 年第 6 期。

佟新华：《吉林省人口城市化与产业结构的动态关系研究》，《人口学刊》2015 年第 4 期。

涂正革：《环境、资源与工业增长的协调性》，《经济研究》2008 年第 2 期。

王保乾、李靖雅：《中国煤炭城市资源开发对经济发展影响研究——基于"资源诅咒"假说》，《价格理论与实践》2017 年第 9 期。

王保忠、李忠民、王保庆：《基于代际公平视角的煤炭资源跨期配置机制研究——以晋陕蒙为例》，《资源科学》2012 年第 4 期。

王军生、张晓棠、宋元梁：《城市化与产业结构协调发展水平研究——以陕西省为例的实证分析》，《经济管理》2005 年第 8 期。

王利伟、冯长春：《资源型城市发展演化路径及转型调控机制——以甘肃省白银市为例》，《地域研究与开发》2013 年第 5 期。

王玲玲、张艳国：《"绿色发展"内涵探微》，《社会主义研究》2012 年第 5 期。

王圣、雷宇、王慧丽：《基于生态文明建设的经济转型期我国煤炭消费路径思考》，《中国煤炭》2018 年第 10 期。

王树义、郭少青：《资源枯竭型城市可持续发展对策研究》，《中国软科学》2012 年第 1 期。

王小明：《我国资源型城市转型发展的战略研究》，《财经问题研究》2011 年第 1 期。

王新城：《价格杠杆促进资源型城市产业转型升级研究——以河北省

唐山市为例》，《价格理论与实践》2017 年第 8 期。

吴要武：《资源枯竭型城市的就业与社会保障问题分析》，《学术研究》2004 年第 10 期。

吴云勇、向涵：《辽宁省资源型城市转型的金融支持研究》，《中国商贸》2015 年第 4 期。

肖劲松、王东升：《资源型城市生态经济系统的价值双向流失及评估》，《资源科学》2010 年第 11 期。

徐红燕等：《乌海市转型发展的经验及其启示》，《中国矿业》2016 年第 10 期。

徐杰芳、田淑英、占沁嫣：《中国煤炭资源型城市生态效率评价》，《城市问题》2016 年第 12 期。

徐君、李巧辉、王育红：《供给侧改革驱动资源型城市转型的机制分析》，《中国人口·资源与环境》2016 年第 10 期。

徐康宁、王剑：《自然资源丰裕程度与经济发展水平关系的研究》，《经济研究》2006 年第 1 期。

严太华、李梦雅：《资源型城市产业结构调整对经济增长的影响》，《经济问题》2019 年第 12 期。

杨波、赵黎明：《资源"诅咒"破解、锁定效应消除与转型空间建构——"中国金都"招远市资源型城市转型模式探索》，《现代财经（天津财经大学学报)》2013 年第 11 期。

杨浩、蒲海霞：《京津冀地区产业结构变化与城市化协调发展研究》，《城市发展研究》2018 年第 6 期。

杨俊、超汉华、胡军：《中国环境效率评价及其影响因素实证研究》，《中国人口·资源与环境》2010 年第 2 期。

杨利雅：《资源枯竭型城市生态补偿机制研究——以辽宁阜新为例》，《东北大学学报》（社会科学版）2008 年第 3 期。

杨涛、王开明：《建设生态经济 走绿色发展之路》，《发展研究》1995 年第 7 期。

杨显明、程子彪：《枯竭型煤炭城市转型绩效评估及发展对策研究——以淮北市为例》，《煤炭经济研究》2015 年第 2 期。

杨显明、焦华富、许吉黎：《煤炭资源型城市空间结构演化过程、模式及影响因素——基于淮南市的实证研究》，《地理研究》2015 年第 3 期。

姚平、姜曰木：《资源型城市产业转型与实现路径分析——基于技术创新和制度创新协同驱动机理》，《经济体制改革》2013 年第 2 期。

姚喜军、吴全、靳晓雯等：《内蒙古土地资源利用现状评述与可持续利用对策研究》，《干旱区资源与环境》2018 年第 9 期。

姚震寰：《资源型城市转型与绿色发展》，《合作经济与科技》2016 年第 9 期。

余建辉、张文忠、王岱：《中国资源枯竭城市的转型效果评价》，《自然资源学报》2011 年第 1 期。

余中元、李波、张新时：《社会生态系统及脆弱性驱动机制分析》，《生态学报》2014 年第 7 期。

喻从书：《金融支持城市资源型企业转型的调查研究——以黄石市为例》，《法制与社会》2016 年第 3 期。

袁男优：《低碳经济的概念内涵》，《城市经济与城市生态》2010 年第 1 期。

曾坚、张彤彤：《新常态下资源型城市经济转型问题、对策及路径选择》，《理论探讨》2017 年第 1 期。

曾贤刚、段存儒：《煤炭资源枯竭型城市绿色转型绩效评价与区域差异研究》，《中国人口·资源与环境》2018 年第 7 期。

翟彬、聂华林：《资源型城市转型中城乡协调发展研究——以甘肃省白银市为例》，《城市发展研究》2010 年第 4 期。

张良、戴扬：《经济转型理论研究综述》，《开放导报》2006 年第 6 期。

张文举、刘嗣明、郑永丹：《国内资源型城市经济转型文献综述》，

《资源与产业》2015 年第 3 期。

张文武、陈叶茂：《创新发展理念的科学内涵》，《湖南工程学院学报》（社会科学版）2018 年第 3 期。

张晓棠：《陕西省城市化与产业结构协调发展水平研究》，《经济与管理》2005 年第 1 期。

张友祥、支大林：《论资源型城市转型发展及政府责任》，《学术探索》2012 年第 7 期。

张正贤：《绿色金融在我国资源型城市经济转型中的应用研究》，《金融经济》2017 年第 12 期。

赵开功、李彦平：《我国煤炭资源安全现状分析及发展研究》，《煤炭工程》2018 年第 10 期。

赵雁琴：《循环经济发展模式在煤炭企业发展中的运用》，《现代经济信息》2017 年第 9 期。

支航、金兆怀：《不同类型资源型城市转型的模式与路径探讨》，《经济纵横》2016 年第 11 期。

中华人民共和国国家计划委员会宏观经济研究院课题组：《我国资源型城市的界定与分类》，《宏观经济研究》2002 年第 11 期。

周海林：《资源型城市可持续发展评价指标体系研究——以攀枝花为例》，《地域研究与开发》2000 年第 1 期。

周敏、陈浩：《资源型城市的空间模式、问题与规划对策初探》，《现代城市研究》2011 年第 7 期。

朱阿丽、石学军：《关于资源城市绿色转型的研究》，《山东理工大学学报》（社会科学版）2016 年第 5 期。

邹建新：《生态文明战略下资源型城市转型过程中的困境与策略》，《四川理工学院学报》（社会科学版）2017 年第 4 期。

学位论文

边境祥：《乌海市资源型产业转型战略研究》，硕士学位论文，内蒙古大学，2013年。

曹孜：《煤炭城市转型与可持续发展研究》，博士学位论文，中南大学，2013年。

车康模：《我国煤炭资源价格形成机制研究》，硕士学位论文，山西财经大学，2011年。

冯惠尧：《迪拜多元化经济转型模式研究》，硕士学位论文，大连外国语大学，2018年。

冯思静：《煤炭资源型城市生态补偿研究》，博士学位论文，辽宁工程技术大学，2010年。

高红艳：《乌海市产业转型研究》，硕士学位论文，内蒙古师范大学，2013年。

郭忠杰：《代际外部性与可持续发展——基于资源代际配置角度下的可持续发展与代际外部性问题研究》，硕士学位论文，暨南大学，2006年。

郝栋：《绿色发展道路的哲学探析》，博士学位论文，中共中央党校，2012年。

何志红：《乌海市资源型产业转型升级战略研究》，硕士学位论文，内蒙古大学，2013年。

胡卓群：《中国要素市场的价格扭曲——基于投入产出表的分析》，硕士学位论文，复旦大学，2013年。

姜晓璐：《资源枯竭型煤炭城市的煤炭资源价值核算与补偿机制研究——以萍乡市为例》，硕士学位论文，南昌大学，2009年。

李孔燕：《绿色发展视域下内蒙古自治区节能减排的困境、问题及对策研究》，博士学位论文，内蒙古大学，2017年。

李照成：《青岛产业结构与城市化进程的耦合研究》，硕士学位论文，青岛大学，2015年。

李州：《清代盛京地区煤炭业研究》，硕士学位论文，渤海大学，2019年。

马欣：《山西省煤炭城市新型城镇化建设工程管理标准体系研究》，硕士学位论文，太原理工大学，2015年。

倪超：《资源枯竭型城市转型发展政策研究——以山西省孝义市为例》，硕士学位论文，山西大学，2013年。

曲娜：《内蒙古煤炭资源枯竭型城市转型效果及影响因素研究》，硕士学位论文，内蒙古师范大学，2015年。

曲天骄：《黑龙江省七台河市煤炭资源型城市产业转型的政策研究》，硕士学位论文，哈尔滨商业大学，2016年。

任益佳：《资源型城市产业结构调整、人口流动与房价波动关系研究》，硕士学位论文，山西财经大学，2018年。

沈镭：《我国资源型城市转型的理论与案例研究》，博士学位论文，中国科学院研究生院，2005年。

宋玥霞：《乌海资源型城市经济转型研究》，硕士学位论文，内蒙古大学，2011年。

孙宏达：《煤炭资源枯竭矿井煤层气（瓦斯）资源分布规律及资源评价方法研究》，硕士学位论文，中国矿业大学，2014年。

魏洁：《乌海市绿色转型问题研究》，硕士学位论文，内蒙古大学，2017年。

吴鹏：《资源枯竭型城市转型中人才发展规划研究——以乌海市为例》，硕士学位论文，内蒙古大学，2015年。

徐杰芳：《煤炭资源型城市绿色发展路径研究——基于生态效率的研究》，博士学位论文，安徽大学，2018年。

于江：《资源枯竭型城市转型中发挥政府职能作用的研究——以内蒙古自治区乌海市为例》，硕士学位论文，西北大学，2015年。

张玺：《陕西省资源型城市转型分析——以铜川为例》，硕士学位论文，西安外国语大学，2011年。

张垚：《内蒙古资源型城市产业转型升级的财政政策研究》，硕士学位论文，内蒙古财经大学，2015年。

甄春霞：《基于文化旅游产业融合发展的乌海市转型升级研究》，硕士学位论文，内蒙古大学，2017 年。

郑文升：《我国资源型地区发展的补偿与援助——对东北地区典型问题的研究》，博士学位论文，东北师范大学，2008 年。

支航：《吉林省资源型城市绿色转型方式与机制研究》，硕士学位论文，东北师范大学，2017 年。

朱昶：《企业绿色发展战略及其体系研究》，博士学位论文，武汉理工大学，2003 年。

后　记

　　我系中国海洋大学环境科学与工程学院环境规划与管理专业的在读博士，本书是我在攻读博士学位期间完成的科研成果，也是集体合作的结晶。课题由我执笔完成主要的研究任务，最终修改和定稿。在课题研究过程中，非常感谢我的导师曹洪军教授对我的悉心指导，不仅在课题思路确定、框架调整和内容完善等方面对我给予指点和建议，还从学习生活方面给予我支持与鼓励。同时，对刘鹏程、王小洁、陈泽文、韩贵鑫、蔡学森、房甄、梁敏、王雨枫等协助我做了部分书稿的修订工作的课题组成员表示特别感谢，是你们给予我关怀和动力，让我度过了学业生涯中最美好的时光。

李　昕

2022 年 3 月